Rudolf Egg

DIE UNHEIMLICHEN RICHTER

Rudolf Egg

DIE UNHEIMLICHEN RICHTER

Wie Gutachter die Strafjustiz beeinflussen

C. Bertelsmann

Verlagsgruppe Random House FSC® N001967

2. Auflage
© 2015 by C. Bertelsmann Verlag, München,
in der Verlagsgruppe Random House GmbH,
Neumarkter Str. 28, 81673 München
Umschlaggestaltung: buxdesign München
Satz: Uhl + Massopust, Aalen
Druck und Bindung: GGP Media GmbH
Printed in Germany
ISBN 978-3-570-10242-8

www.cbertelsmann.de

Für Annette

Inhalt

Einleitung

»Ach, Sie sind also einer von denen, die diese Kerle am Ende wieder rauslassen, weil sie angeblich eine schlimme Kindheit hatten.« So oder so ähnlich reagieren Menschen, die mir im Alltag begegnen, wenn sie erfahren, dass ich Rechtspsychologe bin und Gutachten über Straftäter schreibe. Mit dürren Worten versuche ich in solchen Situationen zu erklären, was ich tatsächlich mache und dass ich meinen Beruf trotz aller Schwierigkeiten gerne mag. »In Ihrer Haut möchte ich aber trotzdem nicht stecken«, heißt es dann manchmal mitleidig, und auf mein erstauntes »Warum?« antwortete mir etwa der Musiker Dieter Bohlen am Rande einer Fernsehsendung einmal: »Weil Sie mit so viel Bekloppten zu tun haben.«

In der Tat ist es nicht einfach, einem Laien in wenigen Sätzen nahezubringen, welche Aufgaben ein forensischer Psychologe hat, welche Fragen er wie bearbeitet und welche Position er innerhalb des Justizsystems einnimmt. Das gilt in ähnlicher Weise sicherlich auch für andere akademische Berufe, doch bestehen hinsichtlich der Kompetenz von Gerichtsgutachtern bei vielen Personen offenbar wesentlich mehr grundsätzliche Zweifel und Vorbehalte als bei anderen Professionen. Immer wieder gibt es nämlich Strafverfahren, bei denen der Eindruck entsteht, die Justiz sei einseitig und falsch von Psycho-Sachverständigen beraten worden, wie etwa in dem Prozess gegen Gustl Mollath. Oder man fühlt sich an das Sprichwort erinnert, dass zu viele Köche den

Brei verderben, weil gleich mehrere Gutachter beauftragt wurden, jeder etwas anderes sagt und am Ende zwar ein Urteil gefällt wird, das aber etliche Fragen offenlässt und darum von Vielen als unbefriedigend empfunden wird. Das Misstrauen der Bürger gegenüber dem Zustandekommen eines richterlichen Urteilsspruchs und die Befürchtung, dass oft die Gutachter die eigentlichen, die heimlichen oder gar unheimlichen Richter seien, bekommt durch solche Vorfälle immer wieder neue Nahrung.

Dabei spielt vor allem die mediale Berichterstattung über Strafverfahren eine nicht geringe Rolle, wenngleich es hier sowohl positive als auch negative Effekte gibt. Einerseits können öffentliche Medien als »Vierte Gewalt« – neben Exekutive, Legislative und Judikative – eine wichtige gesellschaftliche Kontrollfunktion ausüben, indem sie auf Schwachstellen und wesentliche Mängel hinweisen und damit darauf hinwirken, dass Fehler korrigiert werden, wie dies offenbar im Fall Gustl Mollath geschehen ist. Andererseits führt eine bloße Skandalisierung von Justizvorgängen nicht automatisch zu Verbesserungen, sondern verstärkt mitunter lediglich pauschale Vorurteile oder fördert Halbwissen und Ängste. Sachliche Aufklärung über die tatsächliche Bedeutung von Gerichtsgutachten und über die »wahre Macht« von Gutachtern ist daher dringend notwendig.

Doch nicht nur aus Empörung und medial geförderter Wut über eine als undurchschaubar, ja kafkaesk erlebte Justiz erlangt das Thema viel Aufmerksamkeit, oft spielt auch die Sorge um eine mögliche persönliche Betroffenheit eine große Rolle, die Frage also, was wäre, wenn es um einen selbst ginge.

- Muss ich Angst haben, selbst einmal Opfer der Justiz zu werden, weil mich ein Gutachter für verrückt erklärt und ich dann in der Psychiatrie lande?
- Wie kommt es, dass im Strafprozess gegen den norwegischen Massenmörder Anders Breivik zwei Psycho-Gutachten erstellt

wurden, die zu völlig verschiedenen Ergebnissen gekommen sind? Ist es so schwer, zwischen geistig gesunden und kranken Tätern zu unterscheiden?

– Wieso erhalten manche Schwerverbrecher von einem Gutachter eine günstige Prognose und werden bald nach der Entlassung doch wieder rückfällig?
– Wie zuverlässig sind sogenannte Glaubwürdigkeitsgutachten? Warum wird in Deutschland nicht einfach der Lügendetektor-Test verwendet?

Solche und ähnliche Fragen werden mir beinahe täglich gestellt. Ich habe den Eindruck, dass die gutachterliche Praxis, die normalerweise im Verborgenen stattfindet, zwar durch Presseberichte vermehrt ans Licht der Öffentlichkeit gerät, dort dann aber nicht differenziert genug diskutiert oder schlichtweg nicht verstanden wird. Außer Fachkollegen, spezialisierten Gerichtsreportern und anderen Kennern der Szene durchschaut offenbar kaum jemand die Arbeit forensischer Gutachter, die gleichwohl vehement angezweifelt und kritisiert wird.

Ich bin seit vielen Jahren Kriminalpsychologe und Gerichtsgutachter, und man erwartet von mir deshalb nicht ganz zu Unrecht, dass ich über die Beurteilung von Straftätern und Verbrechensopfern Bescheid weiß. Wenn ich gelegentlich den Medien Rede und Antwort stehe, dann bleiben für meine Auskünfte meist nur wenige Minuten Zeit. Wen wundert es, dass bei solch engen zeitlichen Vorgaben nur ein paar allgemeine Punkte angesprochen werden können und am Ende vielleicht mehr Fragen offen bleiben, als Antworten gegeben wurden?

»Schreiben Sie doch ein Buch darüber!«, empfahl mir vor einiger Zeit ein Kollege. »Dann können Sie sich zu diesen Themen viel ausführlicher äußern.«

»Fachliteratur dazu gibt es aber doch wahrlich genug«, erwiderte ich spontan.

»Aber nirgendwo wird einem Laien verständlich erklärt, wie Gutachter wirklich arbeiten, also was sie konkret tun, wenn sie bei einem Prozess zu Rate gezogen werden. Welche Rolle, welche Aufgaben, welche Möglichkeiten, aber auch welche Grenzen sie haben. Und was das für Betroffene, die Angeklagten oder Verurteilten, die Zeugen und letztlich auch für die Gesellschaft bedeutet.«

Das Argument saß. Es war eine Herausforderung. Eine Idee, die sich seitdem in meinem Kopf festsetzte und mich nicht mehr losließ. Das Ergebnis sehen Sie vor sich.

Um es gleich vorweg zu sagen: Weil ich selbst als Gutachter tätig bin, kann ich hier nicht die Position eines neutralen Außenstehenden einnehmen, also so tun, als würde ich mir quasi bei meiner eigenen Arbeit zusehen, um diese dann kritisch zu bewerten. Dennoch ist das Buch keine billige Lobrede auf Gerichtsgutachten oder Sachverständige. Es geht mir nicht darum, alle Gutachterinnen und Gutachter pauschal in Schutz zu nehmen oder zu sagen: »Fehler? WIR sind bestimmt nicht schuld. Wir machen alles richtig, ihr da draußen versteht es nur nicht.« Im Gegenteil, ich sehe in meinem Beruf viele Probleme und Ungereimtheiten, Vieles, was es zu verbessern gibt. Das soll in diesem Buch nicht verschwiegen werden.

Und noch ein zweiter wichtiger Punkt: Ich bin Rechtspsychologe, kein Psychiater. Ich habe also Psychologie studiert, nicht Medizin. Obwohl es viele Berührungspunkte dieser beiden Berufe in der praktischen Arbeit gibt, insbesondere bei der Erstellung von Gutachten für Gerichte und Justizbehörden, handelt es sich dennoch um zwei grundsätzlich verschiedene Fachgebiete. Das wird im Alltag, nicht selten auch in Reportagen und Fernsehkrimis, oft durcheinandergebracht. Deshalb hier eine kurze Erläuterung:

Die Psychiatrie ist ein Teilgebiet der Medizin; deren Spezialgebiet ist die Diagnose und Behandlung psychischer Krankheiten, etwa einer Schizophrenie oder Depression. Wenn eine solche Erkrankung für das Zustandekommen einer Straftat eine wesentliche Rolle gespielt hat oder wenn ein solcher Zusammenhang jedenfalls möglich erscheint, dann ist in der Regel die Beauftragung eines psychiatrischen Sachverständigen sinnvoll. Dieser ist mit seinen Spezialkenntnissen am ehesten in der Lage, das Ausmaß der psychischen Störungen, deren Verlauf und Behandlungsmöglichkeiten zutreffend einzuschätzen. Dies schließt freilich nicht aus, dass zur Ergänzung des psychiatrischen Gutachtens auch eine psychologische Expertise eingeholt wird.

Die Psychologie wird heute vor allem als Sozialwissenschaft verstanden. Bei der Betrachtung der Entstehung von Straftaten stehen hier insbesondere soziale und persönlichkeitsbezogene Aspekte im Vordergrund. Bei Tätern, für die nicht schwere psychische Erkrankungen, sondern primär andere Defizite, etwa eine unzureichende Bildung, eine erhöhte Reizbarkeit und Aggressivität oder auch ein labiles Bindungsverhalten, als wesentliche Faktoren für deren straffälliges Verhalten anzunehmen sind, dürften in der Regel meine Kolleginnen und Kollegen der Rechtspsychologie die richtige Wahl bei der Begutachtung der Schuldfähigkeit oder der Kriminalprognose sein. Die Analyse des abweichenden Verhaltens von Menschen, die grundsätzlich als psychisch gesund anzusehen sind, ist schließlich das Spezialgebiet der Kriminalpsychologie. In solchen Fällen könnte selbstverständlich eine psychiatrische Zusatzuntersuchung das diagnostische Bild abrunden.

Ich werde mich in diesem Buch weitgehend darauf beschränken, ja beschränken müssen, die einzelnen Themen vorwiegend aus meiner eigenen beruflichen Perspektive, aus der Sichtweise eines Rechtspsychologen also, zu betrachten. Selbstverständlich soll dabei das Nachbarfach forensische Psychiatrie nicht gänzlich ausgeblendet werden.

Und noch eine Einschränkung gibt es: Neben den im Buch erläuterten Gutachten in Strafverfahren gibt es auch rechtspsychologische Expertisen in Zivilprozessen, insbesondere im Familienrecht. Obwohl dies ein sehr wichtiger Bereich ist, der auch in jüngster Zeit immer wieder in die öffentliche Diskussion geraten ist, werde ich mich dazu nicht äußern, weil die damit verbundenen Fragen doch zu weit weg sind von meinem derzeitigen Arbeitsgebiet.

Die Fragestellungen, die in Strafverfahren, im Strafvollzug und bei Entscheidungen über die vorzeitige Entlassung aus dem Gefängnis oder aus einer psychiatrischen Klinik an forensische Gutachter herangetragen werden, spielen in vielen Fällen eine große, manchmal sogar entscheidende Rolle. Deshalb ist es aus meiner Sicht längst überfällig, dass darüber eine offene Diskussion geführt wird. Denn die Kompetenz zu entscheiden, wann eine Aussage als glaubhaft und verwertbar gilt und wann nicht, wer als allgemeingefährlicher Täter identifiziert wird und wer nicht, liegt in der Hand einer überschaubaren Anzahl von Menschen, und die Gesellschaft sollte diese Tätigkeit, wie ich finde, dringend besser kennenlernen und durchaus kritisch betrachten.

Sie finden in diesem Buch einige der erstaunlichsten Fälle aus meiner Praxis als Gutachter, also besonders schwierige, ungewöhnliche oder eindrucksvolle Beispiele. Anhand dieser Fallgeschichten möchte ich erläutern, welche Fragen durch gerichtspsychologische Gutachten geklärt werden sollen und welche Methoden dabei zur Anwendung kommen. Ich will zudem auch zeigen, dass unsere Arbeit nicht nur vor Gericht passiert, sondern, grob gesagt, drei Zeitpunkte kennt, denen jeweils eigene Besonderheiten innewohnen:

- die vorgerichtliche Begutachtung, also im Rahmen von Ermittlungsverfahren der Staatsanwaltschaft, etwa um zu klären, ob eine belastende Zeugenaussage glaubhaft ist und zur Anklage eines Beschuldigten herangezogen werden kann,
- die Begutachtung während des Gerichtsverfahrens

– und jene nach der Urteilsverkündung, im Rahmen der Vollstreckung von Strafen oder Maßregeln wie der Unterbringung in einem psychiatrischen Krankenhaus. Dazu zählen zum Beispiel Gutachten zur Entscheidung über sogenannte »vollzugsöffnende Maßnahmen« wie stundenweise Ausgänge und die Arbeit als Freigänger. Auch die vielfach diskutierten Rückfall-Prognose-Gutachten bei Sexual- und Gewaltstraftätern gehören hierher.

Alle in diesem Buch von mir dargestellten Fälle haben sich so zugetragen wie geschildert oder ergeben sich zumindest so aus den Akten und Gesprächen. Lediglich Namen, Orte und einige unwesentliche Details wurden von mir verändert, vor allem um die beteiligten Personen und deren Umfeld zu schützen. Die dabei abgegebenen Einschätzungen und Bewertungen sind selbstverständlich nicht als endgültig oder unumstößlich zu betrachten, sondern geben lediglich meine subjektive Sicht der Dinge wieder. Andere Sichtweisen sind zweifelsohne möglich, manchmal vielleicht sogar zutreffender.

Ich will nicht verhehlen, dass ich meine Tätigkeit als Gerichtsgutachter zwar abwechslungsreich, interessant und manchmal sogar spannend finde, weil es immer wieder um neue Personen und Lebensgeschichten geht. Es gibt dabei aber auch belastende Momente, die eine besondere Herausforderung darstellen und auch einen erfahrenen Gutachter weit über den eigentlichen Auftrag hinaus beschäftigen können. Nie werde ich etwa den Fall eines siebenjährigen Mädchens vergessen, das eines Morgens im Bett mit anhören musste, wie auf dem Flur vor dem Kinderzimmer ein brutaler Mord an einer jungen Frau geschah, und das ich wenige Tage danach auf Bitten der Staatsanwaltschaft über seine Erlebnisse befragen sollte. Das Kind hatte den verzweifelten Todeskampf des Mordopfers mit angehört – die Schreie und das hilflose Trampeln auf dem Boden –, hatte sich lange im Bett verkrochen und schließlich die Polizei angerufen. Erst sehr viel später stellte sich heraus, dass der Vater des Mädchens der Täter war; er war an jenem Morgen mit seiner neuen Freundin in Streit geraten und hatte sie erstochen.

Die Begutachtung eines Kindes, das eine derartige Bluttat hautnah miterleben musste und dabei selbst massive Ängste auszuhalten hatte, erfordert großes Fingerspitzengefühl und ist für einen Gutachter eine heikle Angelegenheit. Er selbst hat eine Sachfrage zu klären – Was hat das Kind erlebt? –, gleichzeitig muss er aber das Wohl des Kindes stets fest im Blick haben und deshalb alles unterlassen, was zu einer Verstärkung der durch die Tat hervorgerufenen Traumatisierung beitragen könnte. Ein solches Abwägen zwischen dem bloßen Gutachtenauftrag und der Berücksichtigung von Gefühlen und Empfindlichkeiten findet sich auch bei anderen Fragestellungen und Personen. Die Gefahr, durch ein allzu schematisches, einheitliches Vorgehen den Blick für das Besondere eines Menschen, das Einmalige eines konkreten Falles zu verlieren, ist groß.

Bei der Begutachtung von Angeklagten oder Verurteilten gehe ich zudem davon aus, dass es trotz verschiedener kriminologischer Fallgruppen den »typischen Verbrecher« nicht gibt; jeder Fall, jeder Mensch ist darum neu zu betrachten. Als Gutachter habe ich es immer wieder erlebt, dass ich Personen vor mir hatte, deren Tat ganz und gar nicht zu ihrem bisherigen Leben zu passen schien, sodass deren kriminelle Handlungen völlig fremd und unerklärlich wirkten. Offenbar können auch schwere und schwerste Gewalttaten von an sich unauffälligen, ja eigentlich harmlosen Menschen verübt werden, zum Beispiel dann, wenn diese in scheinbar ausweglose Situationen geraten, die sie buchstäblich überfordern.

Die populäre These, dass praktisch jeder zum Mörder werden kann, halte ich zwar für überzogen. Richtig ist jedoch nach meiner Erfahrung, dass niemand wissen kann, ob er einmal mit einem Sachverhalt konfrontiert wird, der ihn an die Grenzen seiner psychischen Kraft und Handlungskontrolle bringt. Im Kapitel »Blick in die Zukunft« stelle ich dazu das Beispiel eines Mannes vor, der eigentlich nur seiner Tochter zu Hilfe eilen wollte und dennoch fast einen Menschen getötet hätte.

Wie ermittelt man in solchen Fällen die Wahrscheinlichkeit eines Rückfalls, einer neuen Straftat? Ich kann nur für mich sprechen, aber ich versuche stets, mich nach dem Grundsatz zu richten, einen Menschen immer ganzheitlich zu beurteilen, also sein ganzes bisheriges Leben zu betrachten und ihn nicht lediglich auf seine Straftaten zu reduzieren.

Gelegentlich werde ich mich bei meinen Ausführungen auch auf prominente (und vor allem problematische) Fälle beziehen, die durch die Medien bekannt geworden sind. Ich bin kein Gerichtsreporter, und an Verhandlungen, bei denen ich nicht als Sachverständiger geladen bin, nehme ich so gut wie nie teil. Die öffentliche Wahrnehmung solcher Fälle und die gesellschaftliche Bedeutung und Beurteilung von Gerichtsgutachten spüre ich jedoch auch bei meiner eigenen Arbeit, die ich nach dem Gesetz »unparteiisch und nach bestem Wissen und Gewissen« (§ 79 StPO) zu leisten habe. Deshalb werde ich die Frage, ob und inwieweit man als Gutachter auch informellen Zwängen ausgesetzt ist, die mit allgemeinen kriminalpolitischen Debatten oder mit besonders stark medial skandalisierten Fällen zusammenhängen, offen ansprechen. Dasselbe gilt für die Frage einer möglichen direkten Beeinflussung durch Verfahrensbeteiligte.

Manchmal werde ich gefragt, ob ich mich denn bei meinen Gutachten schon einmal gewaltig geirrt habe, also ob zum Beispiel jemand aufgrund einer von mir erstellten günstigen Prognose entlassen wurde, der dann aber doch erneut Straftaten beging. Oder ob jemand wegen meiner Expertise zu Unrecht oder zu schwer verurteilt wurde und später doch noch seine Unschuld bewiesen werde konnte. Eine vielleicht peinliche, aber sicherlich wichtige und durchaus berechtigte Frage, denn nicht zuletzt seit Gustl Mollaths Freilassung sind Zweifel an der Qualität und Kompetenz psychiatrisch-psychologischer Gutachten auch in einer breiten Öffentlichkeit aufgekommen. Die Sensibilität für dieses Thema scheint mir wichtig und wird wohl auch andauern.

Wie in jedem Beruf gibt es gewiss auch bei Gerichtsgutachten immer wieder Fehler und Irrtümer; ich kann mich da keinesfalls ausschließen. Um meine eigenen Schwächen zu erkennen, ist es freilich nötig, dass ich weiß, wie ein Gerichtsverfahren ausgegangen ist und welche Folgen meine Empfehlungen hatten. Dies aber ist nicht die Regel. Wenn ich einmal ein Gutachten abgeschlossen habe, dann gibt es kein automatisches Feedback über die weitere Umsetzung und die folgenden Schritte. Dazu muss ich schon gezielt nachfragen. Erst recht weiß ich zumeist nichts darüber, was aus einer Person, über die ich vor etlichen Jahren ein Gutachten geschrieben habe, längerfristig geworden ist. Wenn es sich also nicht um einen besonders gravierenden Fall handelt, über den später auch in den Medien berichtet wird, oder der mir anderweitig zugetragen wurde, dann sind mir bestimmte nachträgliche Erkenntnisse weitgehend nicht vergönnt. Auf die Frage, wie man trotz dieser lückenhaften Rückmeldung und Erfolgskontrolle versuchen kann, die Qualität der gutachterlichen Arbeit zu verbessern, werde ich an verschiedenen Stellen in diesem Buch eingehen.

Wer nicht von vornherein davon überzeugt ist, immer alles richtig oder jedenfalls besser zu machen als andere, für den ist der kritische Erfahrungsaustausch mit Kollegen besonders wichtig. Dabei fällt es erfahrungsgemäß leichter, Fehler anderer zu kritisieren als über eigene Schwächen zu sprechen. Denn auch für Gutachter gilt offenbar das Bibelwort, dass der Splitter im fremden Auge leichter zu sehen ist als der Balken im eigenen. Von einer kritischen Darstellung kriminalpsychologischer Aufgaben und Tätigkeiten wird man allerdings mit Recht erwarten dürfen, dass nicht nur – wenn überhaupt – skeptisch auf andere geblickt wird, sondern dass auch eigene Irrtümer offen angesprochen werden, jedenfalls solche, die man erkannt hat und aus denen man seine Schlüsse gezogen hat. Auch über solche Lehrstunden meiner Berufspraxis werde ich berichten.

Im Übrigen sollten Gerichtsgutachten aber nicht als in Stein gemeißelte letzte Wahrheiten angesehen werden, sondern lediglich als Momentaufnahmen mit zeitlich, örtlich und inhaltlich begrenzten Stellungnahmen. So können etwa Sachverhalte, die zum Zeitpunkt einer Gutachtenerstellung nicht oder noch nicht bekannt waren, eine einmal getroffene Beurteilung im Nachhinein massiv verändern. Von einem Fehler zu Lasten des Gutachters lässt sich in solchen Fällen schwerlich sprechen, wenn diese Informationen unzweifelhaft nicht oder jedenfalls noch nicht verfügbar waren. Etwas anderes gilt selbstverständlich für die Bewertung von bekannten Tatsachen, die falsch gewichtet wurden. Auch das werde ich anhand verschiedener Beispiele erläutern.

Ich werde also im Folgenden wesentliche Inhalte meiner Arbeit als Gutachter, denkwürdige Begegnungen und Erlebnisse vor Gericht so anschaulich und lebhaft wie möglich darstellen. Außerdem hoffe ich, dass die einzelnen Kapitel und die dort dargestellten Fallbeispiele Ihnen zu neuen Innenansichten und Einsichten verhelfen. Seien Sie neugierig auf die Beantwortung folgender Fragen:

– Welche Aufgabe hat ein Gerichtspsychologe? Wer wählt Gutachter aus und wer prüft deren Kompetenz und Integrität?
– Wie groß ist das Risiko für einen Gutachter, sich zu irren? Wird er dann bestraft?
– Kann man als Betroffener einen Gutachter ablehnen und einen anderen wählen?
– Sind Gutachten nach Aktenlage sinnvoll und zulässig?

- Welche Nähe, welche Distanz sollen/dürfen Gerichtsgutachter zu den von ihnen beurteilten Personen haben?
- Wie mächtig sind Gutachter im Hinblick auf die Urteilsfindung bei Gericht wirklich? Sind sie heimliche oder gar unheimliche Richter?
- Muss man Sorge haben, dass man einmal unschuldig in die Hände von Gutachtern gerät, dass dann eine falsche Diagnose gestellt wird und dass man deshalb für immer weggesperrt wird?
- Welchen Einfluss hat die öffentliche Diskussion über ein Strafverfahren auf das Verhalten und die Entscheidung von Gutachtern?
- Wie kann es sein, dass zwei Gutachter zu völlig verschiedenen Ergebnissen kommen?
- Zwischen Wahrheit und Lüge: Wann ist eine Zeugenaussage glaubhaft und wie sicher lässt sich dies feststellen?
- Gibt es bei Zeugen falsche, also lediglich eingebildete oder suggerierte Erinnerungen?
- Wird er es wieder tun? Wie bestimmt man die Gefährlichkeit eines Täters? Kann man das sicher vorhersagen oder ist alles nur Kaffeesatzleserei?
- Wie kann es geschehen, dass ein verurteilter Sexualverbrecher eine günstige Prognose bekommt und bald nach seiner Entlassung doch wieder rückfällig wird?
- Wie erkennt man als Gutachter, ob sich ein Proband lediglich verstellt, um eine günstige Beurteilung zu erhalten?
- Wie kann ein Laie die Qualität eines forensischen Gutachtens beurteilen?

Doch nun genug der Vorreden. Die Reise in die Welt der Gerichtspsychologie kann beginnen.

Aussage gegen Aussage

Ein kurzer Prozess

Das Telefon klingelte am späten Nachmittag. Ein mir unbekannter Rechtsanwalt meldete sich:»Ich vertrete einen Angeklagten in einem Berufungsverfahren und wollte Sie fragen, ob Sie bereit wären, eine Stellungnahme zur Glaubwürdigkeit einer Belastungszeugin zu schreiben. Ich habe vor einiger Zeit ein Interview von Ihnen gelesen, das mir sehr gefallen hat.«

Mir war nicht klar, welches Interview er meinte, ich hakte aber nicht nach, sondern nahm es als netten Versuch, mich als Gutachter zu gewinnen:»Wie Sie offenbar schon wissen, bin ich Rechtspsychologe, und die Begutachtung von Zeugenaussagen zählt zu meinem Arbeitsgebiet. Allerdings habe ich mit Gutachtenaufträgen von Anwälten nicht immer die besten Erfahrungen gemacht; nicht mit den Auftraggebern selbst, sondern damit, wie ich im Prozess als Sachverständiger wahrgenommen werde. Es ist mir daher lieber, wenn ich vom Gericht als Gutachter bestimmt werde.«

»Kein Problem, das kann ich ja in der Verhandlung beantragen«, hieß es prompt. »Zunächst bräuchte ich aber Ihre grundsätzliche Bereitschaft. Hätten Sie denn Zeit und Interesse?« Um die Sache abzukürzen, schlug ich dem Anwalt vor, mir zunächst ein paar Unterlagen zu schicken, damit ich mir ein erstes Bild machen könnte. So leicht ließ sich mein Anrufer aber nicht abschütteln. Er wollte mir gleich die kompletten Ermittlungsakten, das Urteil der ersten Instanz und die Begründung seiner Berufung zusenden. Es handelte sich um den Vorwurf einer Vergewaltigung, die sich vor zwei Jahren in der Wohnung der Zeugin ereignet haben sollte. Bei der ersten Verhandlung hatte der nun involvierte Anwalt den Angeklagten noch gar nicht vertreten, und es hatte damals auch kein Gutachten gegeben. »Das Urteil allein würde mir fürs Erste schon genügen«, wandte ich ein. Doch zwei Tage später brachte mir die Post ein umfangreiches Aktenpaket. Aus dem Urteil erschloss sich mir eine ziemlich komplizierte Geschichte zwischen Nachbarn, Arbeitskollegen und Eheleuten. Der Verlauf stellte sich danach wie folgt dar.

Manfred I., 37 Jahre alt, verheiratet, Familienvater, wurde beschuldigt, eine Bekannte und frühere Nachbarin, die 30 Jahre alte Anna S., bei einem abendlichen Besuch in deren Wohnung vergewaltigt zu haben, nachdem sich deren Ehemann Peter S., 38 Jahre, der vorher noch mit beiden gemütlich gegessen und wohl auch, ebenso wie sein Besucher Manfred I., reichlich Alkohol getrunken hatte, ins Schlafzimmer zurückgezogen hatte. Es war spät geworden, und er sagte, er sei müde.

Nach der Tat soll Frau S. laut schreiend in das eheliche Schlafzimmer gestürmt sein und über heftige Leibschmerzen geklagt haben. Der schlaftrunkene Ehemann rief daraufhin den Notarzt, der Frau S. nach kurzer Untersuchung in die Notaufnahme eines nahe gelegenen Krankenhauses einwies. Manfred I. hatte zu diesem Zeitpunkt bereits die Wohnung ohne weiteres Gespräch verlassen.

Die Ursache der diffusen Bauchschmerzen von Frau S. konnte in dieser Nacht durch verschiedene Untersuchungen in der Klinik nicht ermittelt werden. Von einer Vergewaltigung erzählte Anna S. den Ärzten anscheinend nichts. Als man ihr zur weiteren Abklärung der Schmerzen eine gynäkologische Untersuchung vorschlug, verweigerte sie diese und entließ sich auf eigene Verantwortung am nächsten Vormittag aus dem Krankenhaus. Auch gegenüber ihrem Ehemann erwähnte sie nach ihrer Rückkehr nichts mehr von der angeblichen nächtlichen Gewalttat.

Gut zwei Wochen später besuchte Manfred I. erneut das Ehepaar S., diesmal aber am Tag und in Begleitung seiner Ehefrau Carola, 36 Jahre, in deren Firma sowohl er als auch der Mann von Anna S. beschäftigt waren. Arbeitsaufträge waren zu besprechen, doch rasch kam es zum Streit. Carola I. bezichtigte dabei Frau S., bereits seit längerer Zeit ein Verhältnis mit ihrem Ehemann zu haben, was Anna S. offenbar heftig bestritt, während Manfred I. gesagt haben soll, dass er sich von ihr wegen ihrer knappen Bekleidung herausgefordert gefühlt habe. Es folgte ein hitziger Schlagabtausch zwischen allen Beteiligten, bei dem Anna S. schließlich einwarf, dass Manfred sie an jenem Abend vergewaltigt habe. Er sollte sich entschuldigen. Laut schimpfend verließ dieser daraufhin die Wohnung.

Nun ging es Schlag auf Schlag. Peter S. betrank sich am darauffolgenden Tag alleine in seiner Wohnung, packte ein Dekorationsschwert und rief bei der Polizei an. Er teilte mit, dass er auf dem Weg zu jenem Mann sei, der versucht habe, seine Frau zu vergewaltigen, um ihm den Kopf abzuschlagen. Dort angekommen traf er jedoch nicht seinen Arbeitskollegen Manfred I., sondern zwei Polizeibeamte, die ihn in Gewahrsam nahmen. Anna S. erfuhr erfuhr erst auf der Polizeistation, dass ihr Ehemann als Grund für seine geplante Schwertattacke besagte Vergewaltigung genannt hatte. Daraufhin gab sie den Bericht über die Ereignisse an jenem Abend zu Protokoll, der zur Grundlage für die Anklageschrift der Staatsanwaltschaft wurde.

Bei der Polizei und vor Gericht bestritt Manfred I. alle Vorwürfe und berichtete von einem längeren außerehelichen Liebesverhältnis zu Anna, das an diesem Abend im Streit – aber ohne Vergewaltigung – zu Ende gegangen sei. Offenbar verwickelte er sich dabei jedoch mehrfach in Widersprüche, sodass ihm das Gericht keinerlei Glauben schenkte. Er wurde daraufhin von dem Schöffengericht, bestehend aus einem Vorsitzenden und zwei Schöffen, zu einer Freiheitsstrafe von zwei Jahren und sechs Monaten verurteilt. Dagegen hatte der Anwalt mit Erfolg Berufung eingelegt, deshalb jetzt dieser neue Prozess.

Die damalige erste Hauptverhandlung – von der Verlesung der Anklageschrift über die Beweisaufnahme und die Plädoyers von Staatsanwaltschaft, Verteidigung und Nebenklage bis hin zur Urteilsverkündung – fand an einem einzigen Tag statt. Ein kurzer Prozess also. Dabei stand Aussage gegen Aussage. Sachbeweise, etwa Verletzungsspuren, gab es anscheinend keine. Gutachter wurden nicht gehört. Wenn man bedenkt, wie viel Aufwand das Landgericht Mannheim in einem nahezu zeitgleich geführten Prozess bei einem ähnlich gelagerten Fall betrieben hatte, um die Vorwürfe der Radiomoderatorin Claudia D. gegen den Wettermoderator Jörg Kachelmann aufzuklären – immerhin beanspruchte jenes Verfahren 44 Verhandlungstage, verteilt auf neun Monate, und es traten insgesamt zehn Sachverständige auf –, dann stellt sich die Frage, ob vor dem Gesetz wirklich alle gleich sind beziehungsweise ob Gerichte in Abhängigkeit von der Prominenz eines Angeklagten oder der gesellschaftlichen und medialen Aufmerksamkeit eines Falles mit zweierlei Maß messen.

Die Lektüre des Urteils ließ auf ein komplexes Geflecht von Auseinandersetzungen zwischen Bekannten, Kollegen, Ehemännern und Ehefrauen schließen. Möglicherweise spielten auch außereheliche Beziehungen eine Rolle. All das konnte für die Aufklärung dieses Falles von Bedeutung sein. Eine gründlichere Prüfung, als es die erste Instanz versucht hatte, erschien mir deshalb außerordentlich sinnvoll. Dabei wollte ich im Rahmen meiner Möglichkeiten als Gerichtspsychologe mithelfen. Ich sagte dem Anwalt des Angeklagten also meine Mitarbeit zu.

Drei Monate später saß ich als »präsenter Sachverständiger«
im kleinen Gerichtssaal 102 des Landgerichts. Wenige Minuten
nach 9 Uhr betrat die Kleine Strafkammer, ein Berufsrichter als
Vorsitzender und zwei Schöffen – ein Rentner und ein Zimmer-
mann –, den Saal. Alle erhoben sich.

Kein Deal, aber ein Gutachtenauftrag

Nach Feststellung der anwesenden Personen und nach Verlesung
einiger Ausschnitte aus dem erstinstanzlichen Urteil sah es so
aus, als könnte alles ganz schnell gehen. Der Vorsitzende hielt
eine Art Vorrede. Er erklärte, dass er in letzter Zeit auch in zwei
anderen Verfahren mit dem Thema Vergewaltigung befasst war.
Im ersten Fall habe dies zu einem Freispruch geführt, im zweiten Fall sei eine Freiheitsstrafe verhängt worden. Ein Geständnis
des Angeklagten, so der Richter, könnte für den weiteren Verlauf eine erhebliche Zeit- und Aufwandsersparnis bedeuten, weil
man dann auf die Aussagen verschiedener Zeugen verzichten
könnte. Der Prozess käme also viel rascher zum Abschluss. Zudem gab er zu bedenken, dass sich die Kammer in einem solchen
Fall auch vorstellen könnte, lediglich eine Freiheitsstrafe zur Bewährung auszusprechen. Voraussetzung für dieses Verfahren sei
allerdings das Einverständnis aller Beteiligten.

Ich war einigermaßen überrascht. Derartige Absprachen oder
»Deals« sind als »Verständigung im Strafverfahren« inzwischen
auch bei deutschen Strafprozessen nicht unüblich, wenngleich
sie oft heftig kritisiert werden, weil sie bei Gegnern als System-
bruch gelten. Leitbild des deutschen Strafprozesses sei schließlich die Suche nach der sogenannten materiellen Wahrheit, und
dies, so argumentieren Kritiker, könne nicht in das Belieben der
Verfahrensbeteiligten gestellt werden. Gleichwohl wurde 2009
mit § 257c StPO eine Vorschrift geschaffen, die solche Abspra-

chen verbindlich regeln soll. Danach darf etwa der Schuldspruch selbst nicht Gegenstand einer Verständigung sein, und das Vorliegen eines Geständnisses wird vorausgesetzt. So war es auch hier.

Nach einer kurzen Unterbrechung erklärte der Verteidiger, dass sein Mandant mit der vorgeschlagenen Absprache einverstanden sei, allerdings nur, sofern das Urteil dann »BGH-sicher« sei. Das Risiko einer Revision durch die Staatsanwaltschaft wollte er nicht eingehen. Auch der Anwalt von Frau S., der Nebenklagevertreter, erhob keine Bedenken. Nur die Staatsanwältin blieb in der Sache hart. Sie lehnte das Angebot ab. Eine Bewährungsstrafe im Vorfeld zu vereinbaren sei nicht sachgerecht, sagte sie und bestand deshalb auf einer Fortsetzung der Verhandlung wie vorgesehen. Kein Deal also.

Der Verteidiger erklärte daraufhin, dass sein Mandant, der Angeklagte Manfred I., von seinem Recht auf Aussageverweigerung Gebrauch machen werde. Anschließend beantragte der Verteidiger die Einsetzung eines Sachverständigen – gemeint war ich – zur Begutachtung der Glaubhaftigkeit der Aussage der Nebenklägerin Anna S. Eine ausführliche Begründung seines Antrags folgte und wurde anschließend in Schriftform an das Gericht und an die Staatsanwältin verteilt.

Schließlich verkündete der Vorsitzende, dass dem Antrag der Verteidigung stattgegeben werde. Ich als Psychologe war also jetzt offiziell als Gerichtssachverständiger eingesetzt und nicht mehr nur Zuhörer. Zusätzlich wurde ein Psychiater damit beauftragt, mögliche gesundheitliche Einschränkungen der Aussagefähigkeit der Nebenklägerin zu prüfen. Man wollte anscheinend ganz sichergehen. Der nächste Sitzungstermin wurde in zwei Wochen anberaumt, als Hauptpunkt war die Vernehmung von Anna S. vorgesehen.

Mein Gespräch mit ihr wollte ich unbedingt vorher führen und wandte mich deshalb noch im Sitzungssaal an sie und ihren Anwalt. Üblicherweise führe ich psychologische Gespräche, sogenannte Explorationen, bei der Begutachtung von Zeugen in meinem Büro oder in einem Raum des jeweiligen Gerichtsgebäudes. Letzteres war anscheinend hier nicht möglich, und eine Reise zu mir nach Wiesbaden schien Frau S. zu umständlich und zu teuer. Sie bot mir deshalb an, sie in ihrer Wohnung zu besuchen. Ich zögerte zunächst, denn der vermeintliche »Tatort« schien mir wenig geeignet für ein Gespräch, das für die Zeugin emotional belastend sein könnte und deshalb Ruhe und Distanz benötigte. Doch Frau S. hatte sich inzwischen von ihrem Mann getrennt und war in eine andere Wohnung umgezogen. Unter diesen Umständen stimmte ich zu.

Exploration im Wohnzimmer

Zum vereinbarten Zeitpunkt fand ich mich bei Anna S. ein. Sie wohnte im Erdgeschoss eines schlichten Mietshauses – keine besonders teure Gegend, aber wohl auch kein »sozialer Brennpunkt«. Mir fiel auf, dass Anna S., die im Gerichtssaal etwas scheu und unsicher gewirkt und oft nur zu Boden geblickt hatte, in ihren eigenen vier Wänden recht souverän agierte.

Zu Beginn bedankte ich mich bei ihr, dass sie sich Zeit für dieses Gespräch – bewusst vermied ich den Begriff Vernehmung – genommen hatte. Dann erläuterte ich ihr kurz meine Rolle als Gerichtspsychologe und sagte, dass ich dem Gericht bei der Aufklärung der Tatsachen in diesem Verfahren helfen soll. Ich sei also weder ein Ankläger noch ein Verteidiger, aber auch kein Therapeut mit Schweigepflicht, da ich die mir mitgeteilten Inhalte in mein Gutachten aufnehmen und in der Verhandlung vortragen würde. Ich bat sie darum, wahrheitsgemäße Angaben zu machen. Sie müsse nicht auf jede meiner Fragen antworten, und wenn sie etwas nicht mehr genau wisse, dann dürfe sie dies ruhig sagen. Was sie mir aber sage, solle der Wahrheit entsprechen. Frau S. nickte zustimmend und war auch damit einverstanden, dass ich das Gespräch mit einem Diktiergerät aufnahm. Nur so ist es für mich möglich, die Aussage zu den behaupteten Geschehnissen exakt zu protokollieren.

Natürlich fragte ich sie nicht sofort nach der fraglichen Nacht und auch nicht nach Manni, so nannte sie Manfred I., sondern bat sie, mir zunächst etwas über sich und ihr bisheriges Leben zu berichten. Dabei machte ich keinerlei Vorgaben, kein Frage-und-Antwort-Interview, sondern überließ ihr die Wahl der angesprochenen Themen. Ohne Zögern begann sie zu erzählen:»Ich bin 30 Jahre alt und als Kind bei meiner Großmutter auf dem Land aufgewachsen. Das war eine sehr schöne Zeit. Meine Mutter war bei meiner Geburt erst 14 Jahre alt, meinen Vater habe ich selten gesehen. Es gab viel Streit zwischen seiner und meiner Familie.« Ich erfuhr weiter, dass sie nach der Schule keine Ausbildung machen konnte, sondern auf dem Hof mithelfen musste. Mit 17 Jahren lernte sie Thomas kennen, ihren ersten festen Freund, ein Jahr später zog sie zu ihm – endlich weg vom Hof, der von ihrem Onkel geführt wurde.»Eine Heirat kam aber nicht infrage, weil mein Onkel ihn nicht mochte. Ein Zugereister, der nichts hat, sagte er immer. Der ist nichts für dich. Da war meine Oma leider schon tot, und wir beide hatten nicht genug Geld für eine Hochzeit.«

Als sich Thomas ein paar Jahre später in eine andere Frau verliebte, war die Beziehung zu Anna von einem Tag auf den anderen zu Ende.»Ich habe einige Zeit gebraucht, um das zu verstehen, aber ich wollte ja niemandem im Wege stehen. Er hat mir gesagt, dass er sie liebt, und gegen Liebe kann man doch nichts machen, oder?« Nun musste sie sich eine eigene kleine Wohnung nehmen.»Eigentlich nur ein Zimmer mit Kochnische und einem kleinen Bad. Viel konnte ich mir ja nicht leisten.« Nach wie vor ohne Ausbildung, jobbte sie mal hier und mal da. Von einem neuen Partner wollte sie zunächst nichts wissen. »Dann habe ich Peter kennengelernt, ganz zufällig, beim Kaffeetrinken im Einkaufszentrum. Er hat mich gefragt, ob ich ihm Kleingeld wechseln kann, und er war ganz locker drauf. Er war mir von Anfang an sympathisch.« Die beiden kamen ins Gespräch und tauschten am Ende die Handynummern aus; ein paar Tage später hatten sie ihr erstes Date. »Im Jahr danach haben wir geheiratet, das ist jetzt sechs Jahre her.«

Auch Peter S. war ein Gelegenheitsjobber. Er hatte zwei Ausbildungen begonnen, aber keine abgeschlossen. Dass er die zweite Lehrstelle als Kfz-Mechaniker wegen einer Haftstrafe verloren hatte, erfuhr Anna S. erst später. Mit Kumpels war er nachts in die Werkstatt seines Meisters eingebrochen, um Werkzeuge zu klauen. »Es war natürlich gut, dass in dem Mietshaus gleich unter uns ein Ehepaar wohnte, das einen Handwerksbetrieb hatte. Wir verstanden uns zunächst prima, und als sie Peter dort eine Stelle anboten, schien alles wie am Schnürchen zu laufen.« Spontan kam Anna S. nun auf Manfred und Carola I. zu sprechen, und dieses Thema bestimmte den weiteren Verlauf.

»Am Anfang lief alles normal. Die Männer arbeiteten zusammen; ab und zu gingen wir beide auf einen Kaffee nach unten oder sie besuchten uns.« Sehr bald aber fühlte sich Anna S. an den Rand gedrängt, vor allem von Frau I. »Carola wurde immer frecher und mischte sich in unser Privatleben ein. Sie kam zu jeder beliebigen Zeit zu uns und verdrehte meinem Mann den Kopf. Ich habe Peter darauf angesprochen, doch er hat alles abgestritten.« Das belastete natürlich ihre Ehe, zugleich änderte sich aber auch der Kontakt von Anna S. zu Manfred I. »Der hat mir oft erzählt, welchen Stress er mit Carola hat. Er hat sich richtig bei mir ausgeweint. Bei denen hat es ja ständig gekriselt, weil sie ihn immer fix und fertig gemacht hat.«

Als Peter S. wegen einer Reststrafe wieder für ein paar Monate ins Gefängnis musste, eskalierte die Situation vollends. »Das war für mich die Hölle auf Erden. Sie hat ihm ständig geschrieben, und einmal hat sie ihn auch ganz alleine im Knast besucht. Dabei hat sie auch einen Ring für ihn eingeschmuggelt, einen Gefühlsring oder wie das heißt.«

Frau S. kam nun richtig in Fahrt und erzählte mir eine ärgerliche Begegnung nach der anderen mit Carola und Manni. Ständig habe sie deswegen mit ihrem Mann Streit gehabt, und sie sei sich bloß noch wie ein kleines Dummchen vorgekommen. Peter soll aber abgewunken haben. »Du bist ja nur eifersüchtig.«

»Auch Manni ist dann immer öfter zu mir gekommen und hat mir erzählt, wie viel er arbeiten muss und dass Carola das ganze Geld verschwendet usw. Ich habe es aber bald nicht mehr hören wollen, denn auch meine Ehe war schon fast kaputt.« Am Ende habe sie ihren Mann Peter vor die Wahl gestellt: »Entweder wir suchen uns gemeinsam eine neue Wohnung, oder ich ziehe alleine aus. Das hat ihm anscheinend die Augen geöffnet, und nach zwei Wochen hatten wir eine neue Bleibe ein paar Straßen weiter.«

Es war offensichtlich, dass diese Streitereien mit Carola I. und mit ihrem Mann Peter von ihr als außerordentlich belastend erlebt wurden, auch heute noch, während Manfred I. bei ihren Erzählungen einigermaßen gut wegkam. »Er hat mir zwar leidgetan, aber ich konnte einfach nicht mehr.« Das Gespräch näherte sich dem Hauptpunkt, der vermeintlichen Tat: »Jetzt kommt der schwierigste Punkt.«

Sie erzählte mir nun den Ablauf dieses Abends weitgehend so, wie ich ihn schon aus dem Urteil kannte. Wie sie nach der Arbeit nach Hause kam, wie die beiden Männer – Peter und Manfred – im Wohnzimmer saßen, dass sie Bier und auch harte Sachen tranken und noch etwas essen wollten, und wie sie selbst, obwohl extrem müde, dabei geblieben war und dass sich ihr Mann am Ende ins Schlafzimmer zurückzog, während Manfred noch sitzen blieb. »Ich konnte doch nicht zu ihm sagen, er soll gehen. Das ist doch unhöflich.«

Manfred soll danach wieder von seinen Eheproblemen angefangen haben. »Das übliche Thema. Ich habe zu ihm gesagt, dass ich das nicht mehr hören möchte, und dann hat er über die Arbeit und über Gott und die Welt geredet. Allmählich ist er immer näher zu mir gerutscht. Das ist halt so seine Art, und dann hat er meine Hand genommen.« Urplötzlich soll Manfred I. versucht haben, sich auf sie zu legen. »Ich hab gesagt, er soll aufhören, und hab meinen Mann gerufen, doch der hat mich nicht gehört. Wir haben dann auf dem Sofa und auf dem Boden gekämpft, aber der hat halt mehr Kraft als ich – leider.«

Danach soll es ganz schnell gegangen sein. Er soll ihr den Mund zugehalten und versucht haben, ihren Rock hochzuschieben. »Und da habe ich gemerkt, irgendwas ist in mir rein, etwas Festes. Ich habe ihn in die Hand gebissen und konnte mich dann losreißen und ins Schlafzimmer flüchten. Da ist mein Mann wach geworden, und ich habe zu ihm gesagt: ›Du schläfst und ich werde fast vergewaltigt!‹ Dann bin ich weg gewesen, also, ich hab da nichts mehr mitbekommen, das mit dem Arzt und der Klinik. Ich hatte aber saumäßige Schmerzen.«

Um ihr die Szene noch einmal ins Gedächtnis zu rufen, bat ich sie darum, den Grundriss ihrer damaligen Wohnung, die im Wohnzimmer befindlichen Möbel und die Position der einzelnen Personen auf einem Blatt Papier aufzuzeichnen. Sich selbst und Manfred I. fügte sie am Schluss als kleine Strichfiguren ein. »Da lag ich auf dem Boden und er darüber. Ich hab dann nur gemerkt, dass es irgendwas Festes war. Es hat höllisch wehgetan.«

Alles Weitere entsprach dem, was bereits den Akten zu entnehmen war. In der Klinik hatte sie eine gynäkologische Untersuchung abgelehnt und sich am Vormittag selbst entlassen. Ihrem Mann hatte sie erzählt, dass es Nierensteine gewesen seien. »Ich wollte mich nicht weiter untersuchen lassen, denn ich wusste nicht, was die finden würden. Dann hätte ich ja sagen müssen, was da passiert ist. Ich musste es aber erst mal für mich verstehen.«

Sehr ausführlich erzählte sie mir von dem späteren Streit in der Wohnung und von dem Vorwurf, sie habe eine sexuelle Beziehung mit Manni gehabt. Besonders schlimm war für sie, dass er ihr die Schuld dafür gegeben hatte:»Du hast mich angemacht mit deinem kurzen Rock!« Und um mir zu beweisen, wie gemein er zu ihr war, zeigte sie mir eine SMS, die er ihr offenbar kurz nach diesem Streit geschickt hatte:»Meine Frau wusste von Anfang an bis heute alles. Sie hat gesagt, das ist billiger als Puff. Es war alles nur ein großes Spiel.« Anna S. war den Tränen nahe, als sie mir diese demütigende Nachricht zeigte.

Ihre Ehe sei inzwischen kaputt, sagte sie mir.»Wir sind vor einiger Zeit wieder umgezogen und wohnen zwar noch im selben Haus, aber jeder hat jetzt eine eigene Wohnung. Zum Essen kommt er noch manchmal zu mir runter, aber ich mag ihn nicht ständig in meiner Nähe haben. Dieser eine Abend hat mein ganzes Leben zerstört ...«

Nach gut drei Stunden verabschiedete ich mich von ihr. Sie wirkte sichtlich erleichtert und drückte mir fest die Hand. Vielleicht hatte sie noch nie mit jemandem so ausführlich über ihr Leben und ihre bedrückende Situation gesprochen. Es gab für mich nicht den geringsten Zweifel, dass sie sich von Carola und Manfred I. massiv verletzt und gekränkt fühlte und dass sie auch gute Gründe dafür hatte. Dass sie im Moment auch zu ihrem Mann Peter Distanz haben wollte, konnte ich ebenfalls gut nachvollziehen. Es sprach für sie, dass sie mir, einem Fremden, so ausführlich Einblick in ihr aus den Fugen geratenes Leben gewährt hatte.

Der schwere Weg zum Urteil

Bei dem Prozess, der wenige Tage später fortgesetzt wurde, ging es aber im Kern nicht um Nachbarschaftsstreitigkeiten oder um Eifersüchteleien zwischen Ehepaaren, auch die zweifellos beleidigende SMS war kein Hauptpunkt der Verhandlung, vielmehr war der Vorwurf einer Vergewaltigung zu klären. Genau dazu aber hatte mir Anna S. trotz ihrer recht umfangreichen Ausführungen nur sehr wenig gesagt. Auch bei ihrer Vernehmung im Gerichtssaal blieb sie im Wesentlichen bei der knappen Aussage, es sei »irgendetwas Festes« in ihr drin gewesen und sie habe danach starke Schmerzen gehabt. Selbst auf mehrere Nachfragen konnte sie keine weiteren Details nennen, sie habe nichts gesehen und könne sich nicht weiter erinnern. So erklärte sie auch einige Widersprüche zwischen ihrer ersten Aussage bei der Polizei und jetzt vor Gericht.

Auch weitere Zeugen brachten keine brauchbare Aufklärung des angeblichen Tathergangs:

Ehemann Peter S., der recht unruhig, beinahe ängstlich wirkte, hatte damals geschlafen und konnte sich an den ganzen Vorgang nur noch schwach erinnern.

Ein älterer Nachbar wollte in der Nacht – war es überhaupt diese Nacht? – irgendwelche lauten Stimmen gehört haben, die er aber niemandem so recht zuordnen konnte. Offenbar verwechselte er auch Verschiedenes, weil seine Angaben an einigen Stellen nicht stimmig waren. Gesehen hatte er ohnehin nichts.

Der Notfallarzt, die Sanitäter und der Arzt in der Klinik hatten von einer Vergewaltigung nichts gehört, nur von starken Bauchschmerzen, für die es aber keine eindeutige Diagnose gab. Anders als von Anna S. berichtet, sei ihnen damals auch nicht aufgefallen, dass Frau S. verwirrt oder geistig abwesend gewesen sei. »Davon ist nichts im Protokoll vermerkt. Das hätten wir sicher notiert.«

Die Polizeibeamten, die Manfred I. nach dem angekündigten Schwertangriff festgenommen und verhört hatten, hatten nur noch vage Erinnerungen an den Vorfall. Sie bestätigten lediglich ihr damaliges Protokoll: »Wenn es da so steht …«

Die Polizistin, die Frau S. gleich am selben Tag und einige Zeit später noch einmal vernommen hatte, berichtete, dass sie von Anfang überzeugt gewesen sei, dass es sich um eine »echte Vergewaltigung« gehandelt habe. Sie habe der Zeugin geglaubt, schließlich habe diese bei der Vernehmung auch geweint. Als ich Näheres dazu wissen wollte, sagte sie nur, dass das eben ihr Eindruck gewesen sei. Und nein, eine besondere Schulung in Aussagepsychologie habe es bei ihrer Ausbildung nicht gegeben. »Kriminologie und Psychologie waren aber schon Fächer auf der Polizeischule«, ergänzte sie entschuldigend.

Als Carola I. als Zeugin aufgerufen wurde, war ich zunächst gespannt auf ihren Auftritt. Schon in der Pause waren mir auf dem Flur ihre kräftige Statur – sie war deutlich größer als ihr Mann und erst recht als Anna S. – und ihre laute Stimme aufgefallen. »Carola I., 37 Jahre, selbstständige Unternehmerin«, stellte sie sich selbstbewusst vor. Nach Belehrung durch den Vorsitzenden wollte sie aber – als Ehefrau des Angeklagten – von ihrem Zeugnisverweigerungsrecht Gebrauch machen.

Die jüngere Schwester von Manfred I. aber wollte reden. Sie schilderte ihren Bruder als fleißig, friedfertig und harmlos: »Ich wusste schon, dass die beiden ein Verhältnis hatten. Das hatte sich so rumgesprochen, aber ›so etwas‹ macht er nicht.« Zur Sache selbst konnte sie indes gar nichts sagen, sie wohnte schon lange an einem anderen Ort.

Immer wieder kamen bei den Zeugenvernehmungen Dinge zur Sprache, die mit dem Kern der Verhandlung – jenem Geschehen in der fraglichen Nacht – nichts zu tun hatten, aber dennoch viel Zeit beanspruchten. Eine Beleidigung da, eine Bedrohung dort, ein echter oder erfundener Disco-Besuch des Angeklagten mit Anna S., ein angebliches gemeinsames Wochenende von Peter S. und Carola I. Vorwürfe und Gegenvorwürfe wechselten sich ab, ohne dass damit etwas Brauchbares zur Sache gesagt wurde. Manchmal hatte ich Sorge, der Prozess könnte am Ende in einem Nebel von Ungereimtheiten und Behauptungen, deren Wahrheitsgehalt sich nicht überprüfen ließ, versinken. Mir fiel der böse Spruch ein, dass wohl nur bei Grabreden noch mehr gelogen wird als bei Gerichtsverhandlungen.

Nach mehreren Prozesstagen waren die Zeugenvernehmungen abgeschlossen, und nun sollten die beiden Gutachter sprechen. Der Psychiater neben mir kam in seinem knapp zehnseitigen Papier zu dem Schluss, dass die Zeugin Anna S. offensichtlich nicht unter einer psychischen Erkrankung litte, die ihre Zeugnisfähigkeit, also Wahrnehmung, Denken, Gedächtnis, beeinträchtigen könnte. Alles andere hätte mich auch gewundert.

Ich erläuterte zunächst ausführlich – um nicht missverstanden zu werden – die von mir gewählte Methode der Aussagepsychologie (die ich auch im folgenden Kapitel genauer darstellen werde). Dabei machte ich deutlich, dass es sich hierbei nicht um eine Art Lügendetektor-Test handelt, sondern lediglich um die Prüfung der Frage, ob eine Aussage auch anders als durch ein reales Erlebnis erklärbar ist. Neben einer vorsätzlichen Lüge könnte nämlich zum Beispiel ein Irrtum, eine Autosuggestion oder eine nachträglich gefundene falsche Interpretation eines Erlebnisses eine Rolle spielen. Die Aussage von Frau Anna S., die ich anhand meiner Aufzeichnungen noch einmal eingehend darlegte, war, soweit sie das Kerngeschehen ihrer Vorwürfe betraf, aus meiner Sicht äußerst knapp und wenig präzise und im Vergleich zu ihren Angaben bei der Polizei auch wenig konstant. Dies begründete starke Zweifel, ob ihr Bericht wirklich und ausschließlich auf eine tatsächlich erlebte Vergewaltigung zurückzuführen war. Ein Streit, wahrscheinlich sogar ein Kampf, vielleicht auch ein versuchter sexueller Übergriff – dies alles hatte offensichtlich einen realen Bezug. Auch an den beleidigenden Äußerungen in der SMS von Manfred I. war nicht zu zweifeln. Doch ob Anna S. wirklich vergewaltigt worden war, dafür erschien mir ihre Aussage letztlich zu wenig tragfähig, obwohl ich mir natürlich nicht ganz sicher sein konnte.

Im Anschluss gab es ein paar kritische Nachfragen, und ich war entlassen. Die Plädoyers der Staatsanwaltschaft, der Verteidigung sowie der Nebenklagevertretung und schließlich den Urteilsspruch hörte ich nicht mehr. Meine Aufgabe war erfüllt. Ich hatte allerdings um eine Abschrift des Urteils gebeten. So erfuhr ich erst nach mehreren Wochen – die Schriftfassung von Urteilen kann sich manchmal lange hinziehen –, dass das Gericht mein Gutachten zwar detailliert dargestellt hatte und auch meine Arbeitsmethode und meine Sachkunde nicht grundsätzlich anzweifelte, am Ende aber doch zu einer anderen Einschätzung gekommen war: »Die Kammer gelangte nach Abwägung aller für und gegen den Angeklagten sprechenden Umstände zu dem Ergebnis, dass er sich der Vergewaltigung gemäß § 177 StGB schuldig gemacht hat.«

Das Urteil der ersten Instanz wurde somit bestätigt, das Strafmaß aber auf zwei Jahre Freiheitsstrafe herabgesetzt, die Vollstreckung wurde zur Bewährung ausgesetzt. Ins Gefängnis musste Manfred I. also nicht gehen, vorerst jedenfalls. Damit blieb das Gericht an der untersten Grenze dessen, was das Gesetz als Strafrahmen bei einer Vergewaltigung vorsieht: mindestens zwei, höchstens fünfzehn Jahre. Weniger wäre also gar nicht möglich gewesen, es sei denn, man hätte – im Zweifel zu Gunsten des Angeklagten – grundsätzlich anders entschieden. Zweifel gab es freilich viele, die in dem fast 45-seitigen Urteil auch benannt wurden, am Ende aber hieß es lapidar: »Die Kammer folgt den Aussagen der Nebenklägerin und vermag insoweit den Feststellungen des Sachverständigen nicht zu folgen.« Das musste ich selbstverständlich so akzeptieren; doch drängte sich mir der Eindruck auf, dass das Gericht seine Zweifel an der Schuld des Angeklagten lediglich in diesem vergleichsweise sehr milden Strafmaß zum Ausdruck brachte, um nicht an dem Schuldspruch an sich rütteln zu müssen. Als Kompromiss zwischen Freispruch und harter Strafe sozusagen. Das sieht das Gesetz zwar so nicht vor, doch ist mir Ähnliches in meiner Praxis immer wieder begegnet.

Drei Tote – Strafzumessung als Kompromiss?

Besonders krass habe ich dies vor vielen Jahren bei einem Prozess erlebt, dessen Urteil gleich zweimal (!) vom Bundesgerichtshof kassiert – eine Seltenheit – und erst beim dritten Mal rechtskräftig wurde. Dabei ging es um die vorsätzliche Tötung der Ehefrau und der beiden leiblichen Kinder des Angeklagten Gernot W., der ein zuvor unbescholtener Mann war und als geradezu vorbildlicher Familienvater galt. Eines Tages waren er und seine Familie plötzlich verschwunden. Das schmucke Häuschen am Stadtrand mit dem kleinen, stets gepflegten Garten, aus dem sonst oft das Lachen von Kindern zu hören war, wirkte jetzt wie ein Spukschloss. Alles war noch da, die Möbel, die Kleider, die Spielsachen der Kleinen, nur die Menschen fehlten. Gernot W., seine Frau Rita und die Kinder Hannah und Felix, dreieinhalb und eineinhalb Jahre alt, waren wie vom Erdboden verschluckt. Nichts in dem Haus deutete auf eine geplante Abreise der vier hin, und auch Spuren eines Kampfes gab es nicht – alles war aufgeräumt.

Die Polizei vermutete zunächst eine Entführung oder gar eine politische Affäre; immerhin war Gernot als Beamter in einer Landesbehörde tätig. Doch als man nach und nach die Leichen von Rita und den Kindern an drei verschiedenen Orten, immer in der Nähe von Autobahn-Rastplätzen, fand, suchte man nur noch nach Gernot. Monatelang gab es Aufrufe der Polizei in den Medien, und die Boulevardpresse übertraf sich mit wüsten Spekulationen über das Verschwinden dieses »Familienauslöschers mit den zwei Gesichtern«.

Gernot W., damals 40 Jahre alt, befand sich tatsächlich auf der Flucht. Er hatte sich ins Ausland abgesetzt, nachdem er sein Auto verkauft und sein Konto leergeräumt hatte. Nun irrte er von einem Ferienort zum anderen und wusste nicht, wie es weitergehen sollte. Tag für Tag hielt er seine Gedanken, Gefühle und Erinnerungen in einem makabren Tagebuch fest: Er schrieb »Briefe« an seine toten Familienmitglieder. Dabei schilderte er auch die letzten gemeinsamen Stunden sehr ausführlich. Als er am späten Abend von der Arbeit nach Hause gekommen sei, habe er seine Frau weinend auf der Couch vorgefunden. Die beiden Kinder seien zu diesem Zeitpunkt tot in ihren Bettchen gelegen – ermordet von Rita. Er habe die Kinder noch einmal kurz geschüttelt, doch es sei alles zu spät gewesen. In seiner Wut und Verzweiflung habe er sich dann auf seine Frau Rita gestürzt und sie erwürgt.

Irgendwann hatte er dieses Brief-Tagebuch in einem Hotel liegen gelassen – Zufall oder Absicht? –, und wenige Tage später wurde er bei einem Grenzübertritt festgenommen. Von da an schwieg er zu allen Vorwürfen, bei der Polizei, bei der Staatsanwaltschaft und beim Gericht. Die Anklage lautete auf dreifachen Totschlag, die Tatversion in den Briefen wurde als Schutzbehauptung angesehen. Auch für die Medien, die nun noch ausführlicher über den Fall berichteten – zum Teil sogar mit wörtlichen Zitaten aus den Briefen, wo auch immer sie diese herhatten – stand längst fest, dass ausschließlich Gernot für diese grausame Tat infrage kam.

Wegen der zweimal erfolgreichen Revisionen befassten sich insgesamt drei verschiedene Strafkammern mit dem Fall. Während Gernot beharrlich schwieg, konnten die befragten Zeugen kaum Licht in das Dunkel dieses schwierigen Falles bringen. Beim dritten Prozess wurde ich als Sachverständiger hinzugezogen. Wie vom Bundesgerichtshof empfohlen, sollte nun aus kriminalpsychologischer Sicht geprüft werden, »ob der Inhalt der vom Angeklagten im Hotel zurückgelassenen Aufzeichnungen Rückschlüsse auf Ursachen und Ablauf des Tatgeschehens gestattet«.

Der Angeklagte Gernot W., der vor Gericht konsequent schwieg, lehnte es zwar nicht völlig ab, mit mir im Gefängnis zu sprechen, zu den Briefen und zu der Tat selbst äußerte er sich jedoch nicht. Mir blieben also nur diese schriftlichen Aufzeichnungen – insgesamt 43 handschriftlich verfasste Seiten – für die sehr schwierige Analyse, welche Motivation, welche Zielsetzung, welche persönliche Verfassung hinter der Tat liegen könnten. Kaum ein Fall hat mich so lange und so ausgiebig beschäftigt wie dieser. Ich musste dabei versuchen, mich frei zu machen von dem in den Medien verbreiteten Stimmungsbild, das keinerlei Zweifel an der Schuld des Angeklagten zu kennen schien. Keinesfalls wollte ich aber vorschnell nur die Position der Strafverteidigung unterstützen, die – wie in den Briefen dargestellt – von einer Affekttat ausging.

»Unparteiisch und nach bestem Wissen und Gewissen« soll ein Sachverständiger vorgehen, so sieht es die Strafprozessordnung vor. Ein Gehilfe des Gerichts soll er sein, nicht ein Kombattant der Anklage oder der Verteidigung. Selten ist mir dies schwerer gefallen als bei jenem Prozess gegen Gernot W. Ich musste das Für und Wider verschiedener Möglichkeiten prüfen und gegeneinander abwägen. Am Ende kam ich in meinem Gutachten zu der Feststellung, dass die in der »Briefen« enthaltene Tatdarstellung nicht als bloße Schuldabwehr oder entlastende Erfindung des Angeklagten zu werten sei, sondern ein hohes Maß an Plausibilität aufweise. So könnte es sich tatsächlich abgespielt haben, andere Tatversionen erschienen mir zweifelhafter und deshalb weniger wahrscheinlich.

Allerdings kam die Strafkammer, die in ihrem Urteil die verschiedenen Aspekte der Tat gründlich beleuchtete und dabei auch meinem Gutachten große Aufmerksamkeit schenkte, am Ende dennoch wieder zu dem gleichen Ergebnis wie die beiden vorausgehenden Kammern: Gernot W. wurde wegen dreifachen Totschlags zu einer Freiheitsstrafe von zehn Jahren verurteilt. Dass mein Gutachten daran nichts geändert hatte, ist grundsätzlich nicht zu beanstanden. Als Sachverständiger habe ich lediglich eine beratende Funktion, nicht mehr und nicht weniger. Die endgültige Entscheidung muss in jedem Falle das Gericht treffen. Dennoch: Zehn Jahre Gefängnis für die vorsätzliche Tötung der Ehefrau und der beiden kleinen Kinder sind sicherlich eine vergleichsweise milde Strafe. Der Strafrahmen bei Totschlag (§ 212 StGB) liegt zwischen fünf Jahren und lebenslänglich. Und wieso eigentlich Totschlag? Bei der Tötung der beiden Kinder, womöglich im Schlaf, hätte man doch Heimtücke annehmen können oder müssen. Ein klares Mordmerkmal also; das Strafgesetzbuch sieht dafür nur die Höchststrafe vor – lebenslänglich. Allerdings konnte die Kammer trotz ihrer Bemühungen kein plausibles Tatmotiv finden und hat deshalb alle möglichen Milderungsgründe bei der Strafzumessung berücksichtigt.

Wäre man aber – im Zweifel zu Gunsten des Angeklagten – dem in den Briefen dargestellten Ablauf der Tat gefolgt und hätte somit den Vorwurf der Tötung der beiden Kinder verneint, dann wären zehn Jahre Freiheitsstrafe für einen im Affekt begangenen Totschlag ein überdurchschnittlich hartes Urteil gewesen. Dann allerdings hätte das Gericht der von Gernot W. zweifelsfrei getöteten Ehefrau Rita gewissermaßen zwangsläufig die Tötung ihrer eigenen Kinder angelastet, ohne dass diese sich noch dagegen hätte wehren können. Das mediale Echo darauf möchte man sich gar nicht vorstellen. So also blieb es bei diesem »Kompromiss«. Die Zweifel an der Schuld der dreifachen und nicht nur der einfachen Tötung wurden dabei aus meiner Sicht in das Strafmaß gepackt, weil alles andere schwieriger gewesen wäre. Das ist verständlich, doch war es auch gerecht?

Wieder alles auf Anfang

Von dem Verfahren gegen Manfred I. hatte ich lange nichts mehr gehört; ich wusste nur, dass der Verteidiger gegen das zweite Urteil in Revision gegangen war. Er wollte einen Freispruch, nicht nur eine Bewährungsstrafe für seinen Mandanten. Erst nach über zwei Jahren – die Mühlen der Justiz mahlen bisweilen recht langsam – meldete er sich wieder bei mir und ließ mich wissen, dass das zuständige Oberlandesgericht das angefochtene Urteil nunmehr aufgehoben und die Sache zur neuen Verhandlung und Entscheidung an eine andere Strafkammer des Landgerichts zurückverwiesen hatte.

In diesem OLG-Beschluss wurde auch mein Gutachten, dem das Landgericht nicht gefolgt war, eingehend zitiert, und es wurde darin festgestellt, dass sich das Urteil wesentlich ausführlicher mit der Entstehung, der Entwicklung und der Konstanz der Aussage der Zeugin hätte befassen müssen – so wie ich dies schon versucht hatte. Gerade wegen der in mancher Hinsicht unbestimmten Angaben von Anna S. solte also nicht nur deren Aussage in der Hauptverhandlung dargestellt und gewürdigt werden, sondern es sollten auch die genauen Inhalte der polizeilichen Vernehmung und der Aussage vor dem Amtsgericht, der ersten Instanz in diesem Verfahren, erschöpfend im Urteil zur Sprache kommen.

Zum dritten Mal sollte also jetzt in einem erneuten Berufungsverfahren alles auf Null gestellt werden; doch es dauerte weitere zehn Monate, bis der neuerliche Prozess begann. Ich wurde auch von dieser neuen Strafkammer zum Sachverständigen bestellt und erlebte ein deutlich umsichtiger und stringenter geführtes Verfahren. Zwar ergaben sich an den insgesamt acht Verhandlungstagen auch diesmal zahlreiche Nebensächlichkeiten und verwirrende, nicht nachprüfbare Aussagen, die Kammer bemühte sich aber mit großer Geduld, immer wieder auf den Kern der Anklagepunkte zurückzukommen. Wie vom Oberlandesgericht verlangt, befasste sich das Gericht nunmehr detailliert mit der Entstehung und Entwicklung der Aussage von Anna S. und auch mit den Unterschieden zwischen ihren Angaben bei der Polizei, bei den beiden früheren Gerichtsverhandlungen und auch bei mir. Dabei fand es etliche Ungereimtheiten und Widersprüche. Mehr als fünf Jahre nach dem Geschehen ließ sich manches davon freilich nicht mehr lückenlos aufklären. Etliche Fragen mussten deshalb offen bleiben.

Mein eigener Vortrag am Ende der Beweisaufnahme unterschied sich nur geringfügig von dem, was ich schon beim vorhergehenden Prozess gesagt hatte. Neue Erkenntnisse hatte ich nicht gewonnen. Ich blieb dabei, dass die Angaben von Anna S. zwar einen Streit, einen Kampf, vielleicht auch eine versuchte sexuelle Nötigung hinreichend gut belegen konnten, aber bezüglich der von ihr behaupteten Vergewaltigung doch zu unbestimmt waren.

Diesmal folgte das Gericht im Wesentlichen meinen Feststellungen und fügte weitere Kritikpunkte an den Aussagen von Anna S. hinzu. Im Ergebnis, so hieß es am Ende des 53-seitigen Urteils, ließen sich bezüglich der damaligen Auseinandersetzung zwischen dem Angeklagten und der Nebenklägerin keine sicheren Beurteilungen mehr ableiten: »Die Zweifel, konkrete Feststellungen treffen zu können, führen nach dem Grundsatz ›im Zweifel für den Angeklagten‹ zum Freispruch.«

Der Verteidiger und sein Mandant waren mit diesem Urteil sichtlich zufrieden. Mehr als ein Freispruch »zweiter Klasse«, also nicht wegen erwiesener Unschuld, sondern mangels zweifelsfreier Beweise, war bei der gegebenen Sachlage nicht erreichbar. Manfred I. entging jedenfalls einer Strafe, und die Staatskasse hatte die Kosten des Verfahrens in allen drei Instanzen einschließlich der Auslagen des Angeklagten zu tragen. An diesem Ergebnis war ich zweifellos nicht ganz unbeteiligt. Doch war und bin ich auch froh darüber?

Das Beispiel Kachelmann oder: enge Grenzen

Wie viele andere Strafverfahren, an denen ich als Sachverständiger mitgewirkt habe, zeigte mir auch dieser Prozess deutlich, wie begrenzt die Möglichkeiten der Strafjustiz und damit auch die Einflussmöglichkeiten der in ihrem Rahmen tätigen Sachverständigen sind. Es geht dabei nicht um die Wiederherstellung des sozialen Friedens zwischen allen Beteiligten, auch nicht um die Aufklärung aller Einzelheiten einer in die Brüche gegangenen Beziehung oder eines verkorksten Lebensweges, nicht um das Große und Ganze, letztlich geht es immer nur darum, ob die in der Anklage behaupteten Vorwürfe zutreffend sind – im Sinne von zweifelsfrei beweisbar – oder nicht. Das ist nicht wenig, aber oftmals eben auch nicht gerade viel.

Wie in dem berühmten Prozess gegen Jörg Kachelmann konnte auch hier der Angeklagte das Gericht am Ende als freier Mann verlassen. Freispruch ist Freispruch. Hier wie dort bleiben aber nach wie vor Zweifel, ob alles nicht doch ganz anders gewesen sein könnte. Zweifel, die in den Urteilen genannt wurden, die aber umgekehrt nicht zu einem Urteil führen konnten, nicht führen durften. Das ist gut so. Was sich aber wirklich in dieser Nacht in Schwetzingen zwischen Jörg Kachelmann und seiner damaligen Freundin Claudia D. ereignet hat, werden wir wohl ebenso wenig erfahren wie den tatsächlichen Ablauf der Geschehnisse in der Wohnung von Anna S. Das wissen letztlich nur die an den jeweiligen Ereignissen beteiligten Personen.

Für Manfred I. gilt jedenfalls, dass er sich an diesem Abend gegenüber Anna S. alles andere als gutmütig und fair verhalten hat. Das war mit Sicherheit kein herrschaftsfreier Dialog, kein bloßer Small Talk zwischen den beiden, sondern eine harte und wohl auch handgreifliche Auseinandersetzung, von den nachfolgenden derben Beleidigungen per SMS ganz zu schweigen. Vielleicht hat die Tatsache, dass insgesamt drei Prozesse gegen ihn geführt wurden, an deren Ende noch immer Zweifel blieben, Manfred I. doch ein wenig veranlasst, darüber nachzudenken, wie er sich zukünftig gegenüber einer Nachbarin und Freundin verhalten sollte. Vielleicht aber auch nicht.

Anna S. muss sich nach diesem Prozess gewiss als Verliererin fühlen, als Opfer von Manfred I. und seiner Frau Carola allemal. Beide haben sie benutzt, verletzt, beleidigt. Ein Wort des Bedauerns, ein Versuch der Versöhnung? Während der Verhandlung und auch bei den Gesprächen am Rande war davon nichts zu spüren. Annas Ehe war zuletzt endgültig zerbrochen, zumal Peter S. wieder im Gefängnis war und von dort zur Verhandlung vorgeführt werden musste. Wegen wiederholter Einbruchdiebstähle hatte er erneut eine Gefängnisstrafe abzusitzen. Anna S. hatte zuletzt wieder eine Arbeit gefunden, als Produktionshelferin diesmal, doch lange wird sie dabei wohl nicht geblieben sein. Ihre Zukunft ist ungewiss. Allerdings: Auch ein anderer Ausgang des Strafverfahrens gegen Manfred I. hätte daran wohl kaum etwas geändert. Immerhin habe ich erfahren, dass ihr über den Weißen Ring eine therapeutische Betreuung und eine Kur vermittelt wurden.

Nein, ich kann nicht behaupten, dass ich im Rückblick auf dieses Verfahren rundum glücklich wäre. Ich mag zwar meinem Beruf und schätze die damit verbundenen Herausforderungen, auch bin ich der Meinung, dass ich in diesem Fall meine Aufgabe als Sachverständiger gewissenhaft erfüllt habe. Mein Gutachten hat dem Gericht offensichtlich geholfen, ein angemessenes und hoffentlich auch gerechtes Urteil zu finden, selbst wenn dafür zwei Anläufe nötig waren und die zweite Kammer am Ende keineswegs einfach nur meine Ausführungen übernommen hatte. Das war der eine Grund, weshalb ich diesen Fall hier dargestellt habe.

Der andere Grund ist, dass ich damit auch die engen Grenzen einer Gutachterrolle aufzeigen wollte. Jenseits der eigentlichen Aufgabenstellung – der Beantwortung der Fragen des Gerichts – verpflichtet diese Rolle nämlich zu Neutralität und Zurückhaltung. Eine persönliche Beratung, Unterstützung, Hilfe für einzelne Beteiligte, egal, ob Täter oder Opfer, ein Eingriff in deren Lebenswirklichkeit also, ist dabei weder vorgesehen noch möglich. Das muss ich anderen überlassen.

Wer sagt die Wahrheit?

Attacke im Hörsaal

Es war still geworden im kriminalistischen Seminar der Universität Berlin. Das Referat über den französischen Rechtsgelehrten Gabriel Tarde war wie üblich etwas langatmig geraten und nun vorbei. Brav applaudierten die Zuhörer durch »akademisches Klopfen« auf die Holztische. Die meisten dachten wohl schon an den Nachhauseweg und an das, was ihnen der Feierabend an diesem kalten Wintertag im Dezember 1901 noch bringen könnte.

Der Dozent, Professor Franz von Liszt, ein Cousin des gleichnamigen und wenige Jahre zuvor verstorbenen berühmten Pianisten, eröffnete die Diskussion. Angesichts der fortgeschrittenen Zeit wurden aber nur wenige Fragen gestellt. Das Thema bot auch wenig Anreiz, und so gab es aus Höflichkeit nur noch ein paar Kommentare.

»Will noch jemand etwas zur Sache sagen, bevor ich dem Referenten das Schlusswort erteile?«, fragte der »Herr Geheimrat«, wie ihn die Studenten nannten, schließlich in die Runde. Da erhob sich Dr. K., und von Liszt bat ihn zu sprechen.

»Ich möchte Tardes Lehre noch kurz vom Standpunkt der christlichen Moralphilosophie aus betrachten.« Schon prustete sein neben ihm sitzender Kommilitone Leh lautstark dazwischen: »Das fehlte noch!« Darauf Dr. K sofort: »Seien Sie gefälligst ruhig, wenn Sie nicht gefragt sind.« Doch Leh ließ sich nicht bremsen:»Das ist eine Unverschämtheit!«. Er stand ruckartig auf.

Nun ging Dr. K. mit geballter Faust auf Leh zu und schrie:
»Wenn Sie noch ein Wort sagen, dann …«Doch Leh ließ sich
nicht beirren:»Hand weg oder …« Dabei zog er einen Revolver
aus der Jackentasche und hielt ihn mit der Mündung an Dr. K.s
Stirn. Aufgeschreckt eilte Franz von Liszt herbei und schlug Leh auf
dessen erhobenen Arm. Die Hand mit dem Revolver senkte sich
jetzt bis zur Höhe der Brust von Dr. K., und als er in der Herzgegend von K. war, knackte der Abzug.

Natürlich war dieser Wortwechsel von Anfang an inszeniert,
und der vermeintliche Revolver war ein Spielzeug; doch das
wussten nur die beiden Akteure und selbstverständlich auch
Franz von Liszt. Der hatte nämlich einen Vorschlag des Psychologen William Stern aufgegriffen und dieses Revolverexperiment,
einen sogenannten»Überraschungsversuch«, in seinem Seminar
durchführen lassen. Der Bericht über dieses Experiment wurde
in einer psychologischen Fachzeitschrift veröffentlicht, und damit wurde dieser»Mordversuch im kriminalistischen Seminar«
der Nachwelt überliefert.[1] Wir entnehmen diesem Bericht auch,
dass die anwesenden Seminarteilnehmer, die durch den Vorfall
hellwach geworden sein dürften, noch im Hörsaal über den wahren Charakter des Streits aufgeklärt wurden. Man las ihnen einen
vorbereiteten»Zeitungsbericht« vor:

»Ein unerhörter Vorfall hat sich im Seminar des Herrn Geheimrat von Liszt zugetragen. Im Verlaufe einer Debatte gerieten
die Referendare K. und L. in einen Wortwechsel. Plötzlich zog
L. einen Revolver und schoss auf K., der zum Schutz die Hände
vorgehalten hatte. Nur dadurch, dass Geheimrat von Liszt ihm
im letzten Moment auf den Arm schlug, wurde der Schuss abgelenkt. Der Täter behauptet zwar, in Notwehr gehandelt zu haben,
auch sich der Vorgänge nicht mehr genau erinnern zu können,

da er stark angetrunken gewesen sei, doch haben die bisher vernommenen Zeugen die obige Feststellung vollkommen bestätigt. Weitere Zeugen werden gesucht.«[2]

Es folgte nun eine »Vernehmung« von insgesamt 15 »Zeugen« dieses Vorfalls, alles »ältere ›studiosi iuris‹ oder Referendare«. Drei von ihnen machten noch am selben Abend oder am Tag darauf schriftliche Aussagen, neun weitere eine Woche später und drei erst fünf Wochen nach dem Ereignis. Das erstaunliche Ergebnis dieser »Zeugenvernehmungen«: Kein einziger Zeuge konnte sich an alle Details der in 15 einzelne Abschnitte unterteilten Handlung zutreffend erinnern; die Fehlerquote lag zwischen 27 und 80 Prozent.

Wenig überraschend war dabei, dass die Augenzeugen sich nicht mehr an den genauen Wortlaut der Auseinandersetzung zwischen den beiden Kontrahenten erinnern konnten; erstaunlicherweise berichteten einige Zeugen aber auch von Vorgängen, die gar nicht stattgefunden hatten. Sie legten etwa stummen Zuschauern Worte in den Mund oder ließen Dr. K. vor dem Angreifer fliehen, obwohl beide doch stehen geblieben waren.

Dieses einfache Experiment, das in abgewandelter Form seither vielfach wiederholt wurde[3], belegte die geringe Zuverlässigkeit von Zeugenaussagen recht anschaulich und führte sehr bald zu einer regen Diskussion in der Fachwelt. William Stern, der dieses Experiment vorgeschlagen hatte, stellte kurz und prägnant fest:

»Die fehlerlose Erinnerung ist nicht die Regel, sondern die Ausnahme.«[4]

Und Stern setzte sich als Erster dafür ein, dass Strafgerichte bei der Beurteilung von Zeugenaussagen, vor allem bei Aussagen von Kindern und Jugendlichen, sich von psychologischen Sachverständigen beraten lassen sollten. Dabei, so schrieb er, gehe es vor allem darum, »die Möglichkeit von Aussageirrtümern aufzuzeigen und ihre Wahrscheinlichkeit abzuwägen«.[5] Es überrascht daher nicht, dass psychologische Sachverständige zunächst fast ausschließlich von Strafverteidigern, nicht aber von Gericht oder Staatsanwaltschaft um Expertisen gebeten wurden, namentlich bei sogenanten Sittlichkeitsprozessen, wenn dabei Aussage gegen Aussage stand.

Die empirische Grundlage für solche aussagepsychologischen Expertisen war anfangs jedoch noch sehr unzureichend, und übertriebene Vorstellungen von der Krisenhaftigkeit der Pubertät forcierten vor allem die Skepsis gegenüber der Verwertbarkeit von Aussagen junger Zeuginnen und Zeugen. Von einem echten Fortschritt in der Beurteilung der Glaubhaftigkeit von Zeugenaussagen konnte deshalb zunächst kaum die Rede sein.

Dies änderte sich erst ab den 1950er-Jahren durch die Arbeiten von Friedrich Arntzen (1914–2002), der in Bochum das erste Institut für Gerichtspsychologie in Deutschland gründete, und Udo Undeutsch (1917–2013), der an der Universität zu Köln lehrte. Bald unterstützte auch die obergerichtliche Rechtsprechung diese Tätigkeit der – wie sie sich nannte – forensischen, also gerichtlichen Psychologie.[6]

Erlebtes ist detailreich – die »Undeutsch-Hypothese«

Grundlage dieser Neuentwicklung war die später als »Undeutsch-Hypothese« bezeichnete Annahme, dass die fehlerfreie Wiedergabe eines komplexen Handlungsgeschehens aus dem Gedächtnis eine beträchtliche kognitive Leistung darstellt – für Erwachsene und erst recht für Kinder oder Jugendliche. Noch schwieriger als die bloße Erinnerung und Beschreibung erlebter Inhalte ist jedoch deren Verfälschung oder gar die Erfindung von Ereignissen, die nie stattgefunden haben – eine glatte Lüge also, eine Falschaussage. Das weiß jeder, der schon einmal eine überzeugend klingende »Erklärung« etwa für einen verpassten Termin oder für eine verbummelte Verpflichtung erfinden musste.

Aus diesem Grunde, so die Schlussfolgerung von Undeutsch, wird eine teilweise oder vollständig erfundene Handlungsschilderung stets eine geringere inhaltliche Qualität aufweisen als eine wahre Erlebnisschilderung. Anders gesagt behauptet dieser heute allgemein anerkannte Grundsatz der Aussagepsychologie, dass sich erlebnisbegründete und deshalb glaubhafte Aussagen systematisch von falschen, bloß erfundenen Aussagen unterscheiden.

Kriterien, die eine Unterscheidung ermöglichen, oder besser ermöglichen sollen, zwischen Aussagen, die tatsächlich Erlebtes wiedergeben, und irrtümlichen oder gar vorsätzlich falschen Aussagen werden »Realkennzeichen« genannt. Die darauf gestützte »Kriterienorientierte Aussageanalyse« ist heute das zentrale Instrument zur Beurteilung der Qualität von Zeugenberichten, so etwas wie der Goldstandard der Aussagepsychologie.[7] Bei diesen Realkennzeichen geht es unter anderem um Struktur und Detailreichtum der Darstellung – natürlich unter Berücksichtigung der intellektuellen Voraussetzungen eines Zeugen – sowie um die logische Konsistenz, also die Widerspruchsfreiheit der Aussagen. Erfundene Aussagen erscheinen oft glatt und inhaltsarm und werden bei mehrfacher Befragung mitunter wortwörtlich wiederholt, weil sie bloß auswendig gelernt sind und um die Übersicht nicht zu verlieren. Bemerkenswert ist bei glaubhaften Aussagen die Wiedergabe ausgefallener, scheinbar nebensächlicher Einzelheiten sowie die Angabe von Komplikationen im Handlungsverlauf, namentlich solche, die den Beschuldigten gar nicht zusätzlich belasten, für den Zeugen aber offenbar wichtig sind.

Bei Begutachtungen im Rahmen des Vorwurfs wiederholter Missbrauchshandlungen innerhalb einer Familie habe ich es als Gutachter oft erlebt, dass mir dabei auch Situationen geschildert wurden, wo das Kind zwar einen erneuten Übergriff befürchtet hatte – »da war ich wieder mal mit ihm alleine zu Hause« –, dieser aber zum Glück nicht eintrat – »dann hat der Nachbar geklingelt, und die beiden sind weggegangen«, oder »an diesem Tag ist meine Mutter doch früher von der Arbeit zurückgekommen«.

Eine solche als befreiend erlebte plötzliche Wendung in einer zunächst kritischen, angstvoll erlebten Situation bleibt offenbar gut im Gedächtnis von Opferzeugen hängen und kann anschaulich geschildert werden. Weil die durch die Aussage an sich beschuldigte Person durch derartige Inhalte aber nicht be-, sondern entlastet wird, spricht man von einer »Negativkomplikation«. Dieses Merkmal kommt in den Berichten über reale Erlebnisse relativ häufig vor, es findet sich dagegen kaum in lediglich erfundenen Aussagen mit »Belastungseifer«, etwa aus Verärgerung über eine ungerechte Behandlung oder ein nicht gehaltenes Versprechen. Die Mühe, etwas zu erfinden, das dem eigentlichen Zweck der Falschaussage gar nicht dient, ist offensichtlich zu groß.

Das Recht zu schweigen

Es war einer jener schönen und leider viel zu seltenen Sommerabende, an denen man noch lange im Freien sitzen kann, um mit Familie oder Freunden gemütlich zu plaudern. Ich hatte mich am Vorabend einer Tagung mit einigen Kollegen in einem Gartenlokal am Rhein getroffen. Auf einem großen Schwenkgrill in der Mitte der Anlage brutzelten leckere Holzfäller-Steaks und Bratwürste, und der aufmerksame »Köbes« brachte unaufgefordert jedem Gast sofort ein neues Glas Kölsch, wenn das vorhergehende leer war. Da ich am nächsten Morgen gleich als erster Referent einen Vortrag halten musste, legte ich schon nach der zweiten Runde meinen Bierdeckel auf das Glas – als Zeichen für den Kellner, dass ich genug hatte und zahlen wollte. Bald danach brach ich auf, um ins Hotel zu fahren.

Bereits nach etwa hundert Metern überholte mich ein Polizeiwagen, und die herausgehaltene rote Kelle stoppte meine Fahrt. »Guten Abend, Verkehrskontrolle. Bitte zeigen Sie Führerschein und Fahrzeugpapiere.« Brav tat ich, was man von mir verlangte. »Haben Sie heute Abend Alkohol getrunken?« Eine zweifellos naheliegende Frage an einen Autofahrer, der gerade aus einem Bierlokal gekommen war. Die Trefferquote ertappter Alkoholsünder bei solchen nächtlichen Kontrollen dürfte recht hoch sein. »Ja, ich habe zwei Glas Kölsch getrunken«, antwortete ich spontan und wahrheitsgemäß. Ohne es zu wissen, hatte ich damit offenbar die Standardantwort aller am Steuer ertappten Trinker gegeben, die anscheinend nur das jeweils erste und letzte Glas zählen.

Ausgesprochen höflich wurde ich nun gebeten, aus dem Wagen zu steigen. »Sind Sie damit einverstanden, in dieses Messgerät zu pusten?« Ich hatte ja nichts zu verbergen und willigte ein; doch wer weiß, wie gut dieser Alkoholtester funktionierte. Immerhin: ein schickes, kleines Gerät mit digitaler Anzeige, kein altmodisches »Röhrchen«. Einmal tief Luft holen und kräftig hineinblasen. Das war's.

»Na ja, zwei Glas Kölsch«, meinte der junge Polizist grinsend, nachdem ich ihm das Gerät wieder in die Hand gedrückt hatte –, ohne mir aber den gemessenen Wert zu verraten. Und fast entschuldigend fügte er hinzu, dass es in letzter Zeit in dieser Gegend zunehmend Verkehrsunfälle wegen Alkohol am Steuer gegeben habe. »Schönen Abend noch und gute Fahrt!«

Natürlich wusste ich, dass ich weder Angaben zu der getrunkenen Alkoholmenge hätte machen müssen, noch wäre ich verpflichtet gewesen, in das Testgerät zu pusten. Das Recht zu schweigen, oder besser gesagt das Recht, sich nicht selbst durch aktives Handeln belasten zu müssen, ist ein ehernes rechtsstaatliches Prinzip. Das gilt nicht nur bei einer Gerichtsverhandlung, sondern auch bei einer alltäglichen Verkehrskontrolle. Ich wusste aber auch, was bei einer Ablehnung dieses einfachen Alkoholtests alles hätte passieren können. Die Polizisten hätten nämlich dann das Recht gehabt, mich auf eine Polizeistation mitzunehmen, nötigenfalls auch mit Gewalt oder, wie dies juristisch heißt, durch »Anwendung unmittelbaren Zwangs«, und man hätte mich letztlich zur Abgabe einer Blutprobe zwingen können.[8] Hätte ich mich weiterhin geweigert, hätte ich mir vielleicht sogar eine Anzeige wegen »Widerstandes gegen Vollstreckungsbeamte« eingefangen. Eine unnötige Komplikation also. Ich wollte schließlich in mein Zimmer, um am nächsten Morgen für meinen Vortrag fit zu sein. Es wäre also in dieser Situation unsinnig gewesen, von meinem »Recht zu schweigen« Gebrauch zu machen.

Aus meiner Praxis als Gerichtsgutachter kenne ich aber auch Situationen, in denen die Dinge völlig anders liegen. Schweigen ist dann nicht nur ein formales Recht, sondern auch die wahrscheinlich bessere Option. So hat man vor Gericht nicht nur ein »Aussageverweigerungsrecht« bei Angaben, die einen selbst belasten würden, die also zu einem Strafverfahren führen könnten, man darf auch Aussagen verweigern, die nachteilig für eine Person wären, mit der man eng verwandt oder verschwägert ist, Eltern und Geschwister beispielsweise. Niemand soll vor Gericht durch die Beschuldigung eines nahen Angehörigen in eine besondere Konfliktlage gebracht werden. Das ist der Sinn dieses »Zeugnisverweigerungsrechts«, auf das Zeugen – übrigens auch Sachverständige – vor jeder Vernehmung durch die Frage »Sind Sie mit dem Angeklagten verwandt oder verschwägert?« ausdrücklich hingewiesen werden müssen.[9]

Dass allerdings bei einer ungeschickten Anwendung dieser an sich sehr sinnvollen Regelung nicht nur eine aussagepsychologische Begutachtung, sondern auch die Wahrheitsfindung insgesamt auf der Strecke bleiben kann, zeigt der nachfolgende Fall.

Fehlende Zeugenbelehrung oder: ein letztes Mal

Als junger Assistent an der Universität Erlangen konnte ich bei Gerichtsgutachten meines akademischen Lehrers Prof. Dr. Walter Toman zunächst lediglich mitwirken, indem ich Akten studierte, Tests auswertete und Gespräche aufzeichnete. Allmählich durfte ich selbst Tests durchführen, etwa mit Kindern, wenn in Scheidungsverfahren psychologische Aussagen über das zukünftige Sorgerecht zu machen waren. Am Ende bekam ich – wie alle meine damaligen Kollegen – die Gelegenheit, eigenständig Explorationen mit Verkehrssündern zu führen, die ihre Fahrerlaubnis verloren hatten und nun in einem »Idiotentest«[10] beweisen sollten, dass sie sich zukünftig an die Verkehrsregeln halten würden.

Spannender als Straßenverkehrs- und Familienrecht fand ich allerdings schon damals das Strafrecht, und deshalb stürzte ich mich voller Eifer in die ersten eigenen Gutachtenaufträge, die mir nach meiner Promotion von Strafkammern erteilt wurden. Besonders beeindruckend war für mich damals das Verfahren gegen Bernhard M., einen 58-jährigen Familienvater, von Beruf Fernfahrer. Seine Tochter Ursula M. hatte ihn im Alter von 21 Jahren angezeigt, weil er sie – nach ihren Angaben – vor etwa fünf Jahren mehrfach sexuell belästigt und vergewaltigt hatte. Sie war inzwischen von zu Hause ausgezogen, ihre Eltern lebten seit einiger Zeit in Scheidung. »Ich will jetzt reinen Tisch machen«, gab sie bei der Polizei an.

Bernhard M. aber bestritt alle Vorwürfe, die ihm zur Last gelegt wurden. »Das ist nur ein Racheakt meiner Frau, dabei habe ich immer für sie und die Kinder gesorgt.« Seinem Verteidiger erschienen die Angaben von Ursula M. zu unpräzise, weil dabei die Anzahl und die Reihenfolge der behaupteten sexuellen Übergriffe nicht exakt angegeben worden waren, und er beantragte deshalb die Erstellung eines psychologischen Glaubhaftigkeitsgutachtens.

Weil unser Institut schon mehrfach für dieses Gericht tätig gewesen war, fiel die Wahl diesmal auf mich. Ich studierte noch einmal gründlich die Fachliteratur und einige »Mustergutachten« unseres Instituts, bevor ich die zugesandte Strafakte mit den bisherigen Ermittlungen durcharbeitete. Diese sogenannten Anknüpfungstatsachen sind zwar eine unentbehrliche Grundlage eines jeden Gerichtsgutachtens, im Mittelpunkt stehen aber die durch den Gutachter selbst erhobenen Daten, die »Befundtatsachen«. Ich lud also Frau M. zu einem Gespräch ins Institut ein.

Zum Termin gingen wir in den als Untersuchungszimmer bezeichneten Laborraum des Instituts und nahmen am Tisch Platz – so, wie ich es gelernt hatte, »übereck« und nicht frontal. »Die Probanden sollen nicht gezwungen sein, uns ständig in die Augen zu blicken, sondern dürfen ihre Blickrichtung selbst bestimmen«, so hatte es uns Walter Toman immer wieder eingebläut. Tatsächlich ist eine möglichst entspannte Gesprächsatmosphäre eine wichtige Voraussetzung für eine psychologische Exploration, gerade bei belastenden Themen wie dem Bericht über eine Opfererfahrung.

Wie üblich sprachen wir zuerst über ihren Lebenslauf. Ich erfuhr dabei, dass sie in offenbar recht beengten Verhältnissen in einem kleinen Dorf aufgewachsen war. »Ich habe sechs Geschwister, mein ältester Bruder ist jetzt 28 Jahre und schon verheiratet, und unser Nesthäkchen Kathrin ist gerade eingeschult worden.« In der Schule war sie durchschnittlich, danach hatte sie eine Lehre als Kinderpflegerin begonnen, aber nach einem halben Jahr schon wieder abgebrochen. »Ich habe das nervlich nicht mehr ausgehalten, die Belastungen waren zu groß für mich.«

Schließlich ging sie in verschiedene Fabriken als Hilfsarbeiterin, montierte Spulen und Schaltungen oder schraubte kleine Räder an Spielzeugautos.

Freunde? »Ja, da gab es schon ein paar.« Einmal hatte sie einen Mann kennengelernt, mit dem sie etwas länger und fester befreundet war. »Er war aber schon verheiratet, doch am Anfang hat er mir das nicht gesagt.« Zuletzt hatten sie wohl viel Streit, und seit einem halben Jahr waren sie wieder auseinander. »Das war nichts gewesen. Er hat immer alles besser gewusst – wie mein Vater.« Ohne mein Zutun war sie mit dieser Bemerkung schon bei dem zentralen Thema dieses Gesprächs angelangt, bei ihrem Vater. »Er war zwar oft weg, manchmal wochenlang, doch wenn er dann mal zu Hause war, hat er uns immer herumkommandiert. Ständig mussten wir ihm irgendwas bringen.« Es folgten viele Beispiele eines Familienalltags, der auf mich einerseits erschreckend stumpfsinnig und langweilig wirkte, der aber gleichzeitig den Eindruck subtiler Gewalt vermittelte.

»Er wollte immer nur Karten spielen, und wir Kinder mussten mitmachen, durften dabei aber nicht reden. Wenn einer gewonnen und danach gelacht hatte, hat er uns angeschrien oder auch geschlagen.« Besonders bizarr erschienen mir ihre Erzählungen willkürlicher »Frage-und-Antwort-Spiele«: »Manchmal hat er uns gefragt, wie der Schnee aussieht. Die Antwort ›weiß‹ hat er aber ab und zu nicht gelten lassen, wir mussten dann ›schwarz‹ sagen. Er hat uns Prügel angedroht, wenn wir etwas anderes sagen würden. Beim nächsten Mal konnte aber doch wieder ›weiß‹ die richtige Antwort sein, sodass wir am Schluss gar nichts mehr gesagt haben.«

Als ich das Gespräch schließlich auf »die Dinge, die jetzt vor Gericht verhandelt werden«, bringen wollte, zögerte sie zunächst etwas und fragte, ob es denn wichtig sei, alles in der richtigen Reihenfolge zu erzählen. »Ich kann mich nicht mehr an alles genau erinnern, habe es ja nicht aufgeschrieben damals.«

Doch ich konnte sie beruhigen: »Beginnen Sie einfach mit dem, was Ihnen zuerst einfällt.« Zunächst etwas stockend, dann zunehmend flüssiger erzählte sie mir jetzt mehrere Vorfälle, bei denen sie mit ihrem Vater alleine zu Hause war. »Begonnen hatte es in der Kartoffelzeit, da haben alle bei den Bauern mitgeholfen. Die anderen Male war meine Mutter beim Einkaufen oder bei ihrer Schwester, und meine Geschwister waren unterwegs.« Er hatte sie dann zu sich geholt, die Rollläden geschlossen – »damit die Nachbarn nicht reinschauen konnten« –, und dann hatte er sie angefasst – »an der Brust und so«. »Er hat mich zu sich aufs Sofa gezogen und verlangt, dass ich ihn küsse. Doch das habe ich nicht getan.«

Was sie weiter berichtete, entsprach in vielen Punkten einem von Mal zu Mal gesteigerten Missbrauchsverhalten ihres Vaters bis hin zur vollständigen Penetration. Nahezu alles war so, wie ich es bisher nur aus Lehrbüchern und anderen Gutachten des Instituts kannte: das oft fordernde bis brutale Verhalten des Vaters, was er alles von ihr verlangt hatte, was sie wie tun sollte, sein wiederholtes Schweigegebot – »Das darfst du keinem sagen, sonst kommt der Papa ins Gefängnis!« – und auch sein verändertes Verhalten danach: »Für ein paar Stunden war er immer ganz lieb zu mir – ›Du bist doch meine Beste!‹ –, und er hat mich dann auch gar nicht mehr geschimpft.«

Auf meine Frage, wie es ihr heute gehe, wenn sie daran denke, senkte sie den Kopf und schwieg. »Es hat zwar zu Hause oft Streit gegeben, aber DAS hat mich richtig fertiggemacht. Ich möchte es gerne vergessen, doch ich kann es nicht.« Und spontan fügte sie hinzu, dass es wahrscheinlich deshalb mit ihren bisherigen Beziehungen nicht so gut gelaufen ist. »Ich schäme mich immer beim Ausziehen, und es klappt bei mir auch nicht so richtig. Einmal habe ich schon an eine Zeitschrift geschrieben, ob man mir da helfen kann. Das habe ich aber bisher noch niemandem gesagt, auch meine Mutter weiß nichts davon.« Bei diesem Satz konnte sie offenbar das Weinen nur mühsam unterdrücken und wischte sich einige Tränen aus dem Gesicht.

Zum Schluss wollte ich noch einiges über ihre neue Wohnung in der Stadt, über ihre Arbeitsstelle und über ihre Hobbys wissen, doch so einfach ließ sie sich nicht ablenken. Ungefragt erzählte sie mir beim Hinausgehen nämlich noch den Grund ihrer Strafanzeige: »Es geht mir gar nicht darum, dass er eingesperrt wird, doch ich wollte nicht mehr länger schweigen, sondern endlich einmal die Wahrheit sagen. Er kann mir und meinen Geschwistern auch gar nichts mehr antun, denn er wohnt jetzt ganz alleine woanders. Ich möchte nur, dass er sich einmal zu dem bekennt, was er mir angetan hat, und es ärgert mich sehr, dass er alles abstreitet. Ich habe es Ihnen jetzt ein letztes Mal erzählt.«

Eigentlich hätte mich diese abschließende Bemerkung stutzig machen sollen, denn ihre Aussage vor Gericht stand ja noch bevor. Für mein schriftliches Gutachten blieben mir zwar lediglich zwei Wochen Zeit, doch ich hatte genug Material für diesen – wie mir schien – doch recht eindeutigen Fall gewinnen können. Anhand der Kriterienlisten von Arntzen und Undeutsch listete ich sorgfältig die aus dem Gespräch ersichtlichen »Realkennzeichen« auf und prüfte verschiedene alternative Hypothesen. Nahezu lehrbuchartig fand ich zahlreiche Indizien, die einen Erlebnishintergrund der Aussagen von Ursula M. nahelegten. Dazu zählten vor allem die von ihr differenziert und anschaulich vorgetragenen Details der fraglichen Handlungen, einschließlich ihrer Angaben zu scheinbar nebensächlichen, für sie aber offenbar wesentlichen Punkte sowie die verschiedenen spontanen Aussageergänzungen, die sich nahtlos in ihre bisherigen Angaben einfügten. Wo es Abweichungen zu ihren Angaben bei der Polizei gab, erschienen diese wenig bedeutsam, weil sie Einzelheiten betrafen, die auch bei insgesamt glaubhaften Aussagen häufig inkonstant sind: etwa der Wortlaut von Gesprächen oder die geschätzte Zeitdauer einzelner Aktionen.

Pünktlich reichte ich mein Gutachten bei Gericht ein und erhielt kurz darauf die Ladung zur mündlichen Hauptverhandlung. Für Beweisaufnahme, Plädoyers und Urteil waren zwei Tage angesetzt worden. Ich sollte an beiden Tagen erscheinen, Beginn: 8.30 Uhr. Nach dem Verlesen der Anklageschrift wurde zunächst der Angeklagte Bernhard M. vernommen. Ein großer, kräftiger Mann mit kurzen, stoppeligen Haaren und einer unangenehm lauten Stimme. Ausführlich schilderte er seinen Lebenslauf, dabei klopfte er mit seinen breiten Händen immer wieder auf den Tisch, als wollte er unbedingte Aufmerksamkeit einfordern. »Mein Vater war Viehhändler, und wir Kinder mussten schon von klein auf in Haus und Hof mit anpacken.« Als Fernfahrer hatte er später »viel von der Welt gesehen«, berichtete er voller Stolz, doch zuletzt war er als Baggerführer eingesetzt – »ich hatte das Herumreisen satt«. Nach einem Unfall mit Beinbruch wurde er arbeitsunfähig geschrieben. »Seit drei Jahren bin ich Frührentner.«

Seine Ehe schilderte er als »anfangs ganz gut«, doch nach dem Hausbau wurde es immer schlechter. »Zuletzt haben wir uns nur noch im Bett verstanden. Seit drei Jahren sind wir auseinander, vor zwei Monaten war die Scheidung.« Ausführlich ging er auf seine sechs Kinder ein, lobte den einen, kritisierte den anderen. Besonders negativ äußerte er sich zu Ursula: »Mit der hatte ich die meisten Probleme. Schon als junges Mädel ging sie oft zum Tanzen und kam dann immer sehr spät heim.« Die von ihr in der Anzeige erhobenen Vorwürfe bestritt er: »Da ist kein einziges Wort dran wahr, alles erstunken und erlogen. Das soll der Dank dafür sein, dass ich jahrelang für meine Familie geschuftet habe?«

Nach einer kurzen Pause wurde Ursula M. hereingerufen. Der Vorsitzende belehrte sie, dass sie als leibliche Tochter nicht gegen ihren Vater aussagen müsse. »Ich möchte auch nicht aussagen, ich habe bereits alles gesagt«, so ihre knappe und für mich nicht überraschende Antwort. Doch ich ahnte nicht, welche Folgen dies haben sollte. Der Verteidiger von Bernhard M. fragte mich nämlich jetzt, ob ich die Zeugin Ursula M. vor meiner Exploration über ihr Recht auf Zeugnisverweigerung belehrt hätte. »Nein, wie komme ich denn dazu? Ist das nicht die Aufgabe des Gerichts?« Offenbar hatte es eine solche Belehrung aber erst jetzt gegeben, und daraufhin hatte Ursula M. von ihrem Recht zu schweigen Gebrauch gemacht.

»Ich stelle den Antrag, den psychologischen Sachverständigen zu entlassen und sein schriftlich vorgelegtes Gutachten nicht als Beweismittel zu verwenden, weil die darin enthaltenen Angaben wegen der fehlenden Belehrung der Zeugin über ihre Rechte einem Beweisverwertungsverbot unterliegen«, war die offenbar bereits vorbereitete Reaktion des Verteidigers, denn er holte die schriftliche Fassung dieses Antrags sofort aus seinem schicken Alukoffer.

Ich verstand die Welt nicht mehr, zumal es doch die Verteidigung war, die diese Begutachtung verlangt hatte. Das Gericht wollte über den Antrag aber nicht sofort entscheiden, und so konnte ich zunächst weiter an der Hauptverhandlung teilnehmen.

Es folgte die Vernehmung verschiedener anderer Zeugen, die sich zum Teil ausführlich zu der »oft schwierigen Familiensituation« äußerten, zu den in der Anklage bezeichneten Vorfällen aber nichts, jedenfalls nichts Genaues, sagen konnten oder vielleicht auch wollten. Die Mutter von Ursula M. meinte nur, dass ihr das Verhalten von Ursula »manchmal komisch vorgekommen« sei, doch gewusst hatte sie angeblich nichts. »Wer denkt denn an so etwas?« Bis zum Ende des ersten Verhandlungstages hatte ich mir die Vernehmung von 14 weiteren Zeugen notiert, einschließlich der Polizistin, die seinerzeit die Anzeige von Ursula M. aufgenommen hatte. In der Sache war dabei nichts Neues zur Sprache gekommen. Aber mit meiner Exploration wäre ich in der Lage gewesen, dies zu ändern.

Am nächsten Morgen berichtete der jüngere Bruder von

Ursula – er wollte gegen seinen Vater aussagen – über zwei Vorfälle, die er angeblich selbst beobachtet hatte. Er konnte aber nicht mehr angeben, wann und in welchem Raum dies gewesen sein sollte. Schließlich räumte er auf beharrliches Nachfragen des Verteidigers ein, doch nichts Genaues gesehen zu haben. »Mein Vater muss sie abgetastet haben, doch das ist alles unter der Decke passiert.« Auf Vorhalt konnte er auch Widersprüche zu seiner früheren Aussage vor der Polizei nicht erklären und wurde schließlich entlassen.

Er wollte wohl seiner Schwester helfen, doch letztlich hatte seine Aussage nur Zweifel geweckt. Da wäre es besser gewesen, wenn auch er geschwiegen hätte. Zwei andere Zeugen, der älteste Bruder Franz und dessen Frau, wollten nichts sagen, und vermutlich hätten auch sie nichts Wesentliches beitragen können. Die Zeugenliste war abgearbeitet, und das Gericht zog sich zur Beratung zurück. Nach fast einer Stunde hörte ich mit Staunen die Entscheidung über den Antrag der Verteidigung: »Der psychologische Sachverständige wird nicht vernommen, weil die Zeugin Ursula M. vor seiner Untersuchung weder von ihm noch von einer richterlichen Person auf ihr Zeugnisverweigerungsrecht aufmerksam gemacht wurde und in der Hauptverhandlung die Aussage verweigert hat.«

Damit war für mich der Prozess zu Ende. Bernhard M. konnte sich freuen, die Strategie seines Verteidigers war optimal aufgegangen. Durch diese späte Inanspruchnahme ihres Zeugnisverweigerungsrechts hatte Ursula M. – sicher ohne dies zu wissen und zu wollen – auch dazu beigetragen, dass ihre früheren Aussagen bei Polizei und Staatsanwaltschaft nicht im Prozess verwertet werden durften. Weder standen dem Gericht die dabei erstellten Protokolle als Urkundenbeweis zur Verfügung noch durften die vernehmenden Beamten als »Zeugen vom Hörensagen« über den Inhalt dieser Aussagen gehört werden. So sieht es unsere Strafprozessordnung vor.[11]

Bernhard M. musste also freigesprochen werden – mangels Beweises.

Bis zum heutigen Tage »belehre« ich selbstverständlich keine Zeugen, auch nicht Angeklagte oder Verurteilte, doch ich achte stets darauf, dass die jeweils juristisch gebotene Belehrung durch eine »richterliche Person« vorgenommen wurde, bevor ich als Gutachter tätig werde.

Gefährliche Nähe – wenn das Opfer zum Täter hält

Um als Gerichtsgutachter die Glaubhaftigkeit einer Aussage beurteilen zu können, benötigt man zumindest halbwegs brauchbare Angaben zu einer vermeintlichen Tat. Was aber, wenn ein Zeuge, der das Opfer einer Straftat gewesen sein soll, vor Gericht jeden Vorwurf bestreitet, obwohl er vorher bei der Polizei sehr umfangreiche Angaben gemacht hat? Lesen Sie dazu den folgenden Fall, den ich wie üblich zunächst nur anhand der Akten kennengelernt hatte. So oder jedenfalls so ähnlich hat sich diese Geschichte damals zugetragen.

Stefan und Thomas waren zwei Brüder, die mit ihren elf und dreizehn Jahren schon einiges erlebt hatten. Von klein auf gehörten Streit und gegenseitige Beschimpfungen ihrer Eltern zum Alltag der Familie, und weil die kleine Gaststätte, die ihr Vater einmal vom Großvater übernommen hatte, zu wenig Geld abwarf, war der Satz »Das können wir uns nicht leisten!« die oft gehörte Standardantwort, wenn die Jungs einmal einen neuen Fußball oder ein größeres Fahrrad haben wollten. Auch mit der Ehe der Eltern musste es allmählich bergab gegangen sein, und als die Mutter vor sieben Jahren eines Tages die Koffer gepackt hatte und einfach verschwunden war, blieb der Vater ratlos zurück und brachte Stefan und Thomas kurzerhand in ein Kinderheim. Erst nach über einem Jahr, als die Ehe der Eltern endlich geschieden war, holte sie ihr Großvater von dort ab. Von nun an übernahmen seine Frau und er die Erziehung der beiden Enkelsöhne.

In Opas Haus hatten die beiden Brüder zwar viel mehr Platz als vorher im Heim, jeder hatte ein eigenes Zimmer, doch eine richtige Familie erlebten sie nicht. Die Großmutter kümmerte sich zwar liebevoll, beinahe verhätschelnd, um die kleinen Racker, wie sie sagte, der Großvater aber war streng und ließ ihnen nichts durchgehen. »Sie sollen einmal nicht so werden wie ihr Vater«, war sein Motto, denn er warf seinem Sohn immer noch vor, dass dieser die Gastwirtschaft, die er einst so mühsam aufgebaut hatte, am Ende aufgeben musste. »Das ganze Geld verspielt und versoffen«, brummte er oft.

So besuchten Stefan und Thomas ihren Vater nur selten, und auch ihre Mutter sahen sie kaum; sie lebte mit ihrem neuen Mann im Nachbarort und hatte wenig Zeit für diese »Altlasten« ihrer früheren Ehe. In der Schule lief es für die beiden Brüder nicht besonders. Immerhin mussten sie keine Klasse wiederholen, dafür sorgte schon der Großvater, der oft damit gedroht hatte, ihnen bei schlechten Leistungen das Fernsehen und sogar das Fußballspielen zu verbieten. Und Sport und Freizeit liebten die beiden schließlich über alles. Ohne Kontrolle des Opas waren sie fast ständig zu Streichen aufgelegt. Sie neckten andere Kinder, manchmal aber auch Erwachsene. Richtig böse waren sie dabei freilich nicht – »Quatsch machen« sagten sie dazu.

Mit dem Bus konnten sie im Sommer zu einem viel besuchten Baggersee fahren. Neben dem Badebereich gab es einen großen Campingplatz und einen Bootsverleih, doch viele Besucher hatten auch ein eigenes Schlauchboot dabei. Damit konnte man kreuz und quer über den See paddeln, bis hinüber zu dem Abenteuerspielplatz auf der anderen Seite. »Nach so einem Boot brauchen wir Opa gar nicht zu fragen«, war ihre feste Überzeugung. »So gute Noten schaffen wir eh nie in der Schule, dass er uns einmal so etwas Schönes schenkt.« An einem prächtigen Sommertag im Juli – der Wetterbericht hatte über 30 Grad und strahlend blauen Himmel vorhergesagt – waren die beiden etwas zeitiger als sonst an den See gekommen. Um diese frühe Stunde hatten sie jedoch noch keinen ihrer Freunde finden können, sie warteten deshalb am Ufer und blickten etwas gelangweilt über das Wasser, als plötzlich von der Seite ein knallrot leuchtendes Schlauchboot auftauchte. Der Mann darin wandte ihnen den Rücken zu und schien sie nicht zu bemerken. »Den schnappen wir uns!«, flüsterte Stefan, und schon waren die beiden im Wasser und schwammen von hinten an das Schlauchboot heran. Sie wippten kräftig, jeder an einer Seite, sodass das Boot heftig schaukelte. Der Mann drehte sich um und lachte: »So leicht kriegt ihr mich nicht ins Wasser. Kommt doch mit herein, wenn ihr wollt.«

Das ließen sich die beiden natürlich nicht zweimal sagen. Mit Klaus, so stellte sich ihnen der fremde Mann vor, waren sie sofort beim Du, und sie verbrachten den ganzen Tag mit ihm. Die Brüder erzählten ihm von ihren Hobbys und von der »doofen Schule« und dass sie jetzt bei Oma und Opa wohnen mussten, weil ihre Eltern sich verkracht hatten.

Klaus L., ein 45-jähriger Elektrotechniker ohne Frau und Kinder, erklärte, dass er ein paar Tage freihabe, weil er für seine neue Arbeitsstelle umgezogen war und gerade die Wohnung renovierte. »Ich muss deshalb für die nächste Zeit hier im Zelt wohnen.« Das machte die Jungs natürlich neugierig, und er zeigte ihnen seine momentane Bleibe, ein geräumiges Drei-Mann-Zelt mit zwei getrennten Bereichen. Begeistert hörten Stefan und Thomas, dass Klaus anscheinend ebenfalls Fußballfan war, und überhaupt sah es so aus, dass er die gleichen Dinge mochte wie sie: Abenteuerspiele, Klettern, Fahrradtouren und vieles mehr. Mit seinem großen Jeep ließen sie sich am Abend gerne von ihm nach Hause fahren. »Wenn das unser Vater wäre …«, meinte Stefan daheim, Thomas nickte zustimmend.

Ihrem Großvater erzählten sie zunächst nichts; doch als Klaus sie fragte, ob sie nicht Lust hätten, demnächst mit ihm im Zelt zu übernachten, mussten sie Opa fragen. »Den will ich erst kennenlernen«, sagte der nur kurz, und schon am selben Abend stellte sich Klaus L. höflich bei ihm vor. Er muss wohl sofort einen guten Eindruck hinterlassen haben, sein Beruf, sein freundliches Auftreten und sein gepflegtes Äußeres, denn zu ihrer Überraschung erlaubte ihnen der Großvater, das kommende Wochenende mit ihrem »Freund« Klaus im Zelt am See zu verbringen. Begeistert erzählten sie ihm bei ihrer Rückkehr am Sonntagabend von den vielen Dingen, die sie gemeinsam mit Klaus unternommen hatten – »der ist voll cool« –, und bald darauf war er ein ständiger Begleiter der Kinder.

Nach einiger Zeit spielte aber Thomas, der Ältere der beiden, lieber wieder mit seiner eigenen Clique. Klaus L. schien dies sogar recht zu sein, denn er mochte offenbar den quirligen Stefan lieber als seinen ruhigeren Bruder. Stefan sagte jetzt ab und zu sogar Papa zu ihm. Als der Großvater dies zum ersten Mal hörte, war er zwar etwas verwundert, doch er wusste auch, dass Stefan unter der Trennung seiner Eltern schwer zu leiden hatte und sich nach einer väterlichen Person sehnte, die ihm zuhörte und ihm viel Zeit und Aufmerksamkeit schenkte. Mehr Zeit, als er selbst ihm geben wollte und konnte.

Im nächsten Frühjahr kam es allerdings unerwartet zu einem großen Krach. Als Klaus L., der nun offenbar regelmäßig im Haus des Großvaters ein und aus ging, wieder einmal zu Besuch war und längere Zeit im Zimmer von Stefan verbracht hatte, fand der Großvater die beiden eng umschlungen auf dem Bett liegen. Er stellte Klaus L. zur Rede, sprach von »Sauerei« und »Das hört sofort auf!«. Er warf ihn aus dem Haus und verbot auch Stefan den weiteren Umgang mit ihm. Die beiden telefonierten aber weiter miteinander und trafen sich auch ab und zu heimlich – bei ihm oder auch nur in seinem großen Jeep. Eines Nachmittags bemerkte ein Rentner, vor dessen Haus zum wiederholten Male »so ein amerikanischer Geländewagen« geparkt hatte, dass ein dunkelhaariger Junge – »höchstens zwölf Jahre« – sein Fahrrad daneben abgestellt hatte und eingestiegen war. »Das Auto fuhr aber nicht los.« Das machte ihn stutzig. Er schlenderte möglichst unauffällig an dem Fahrzeug vorbei. Von der Seite sah er, wie der Junge auf dem Schoß eines Mannes saß und die beiden offenbar miteinander »knutschten«. Er notierte sich das Kennzeichen und informierte die Polizei.

Zwei Tage später wurde Stefan von der Polizei vorgeladen und nach seinem Verhältnis zu Klaus L. befragt. Schon daheim hatte Opa einen riesigen Aufstand gemacht und mächtig über Klaus geschimpft. »Das hat uns gerade noch gefehlt, dass wir jetzt Ärger mit der Polizei haben.« Auf der Wache schilderte Stefan den Beamten ausführlich die erste Begegnung mit Klaus am Baggersee und auch die Nächte im Zelt: »Wir hatten da nur eine einzige Decke und lagen eng beieinander. Dabei hat er mich immer wieder gestreichelt, auch unter meiner Hose. Ich habe das nicht gewollt, habe es aber geschehen lassen. Er war ja sonst so nett zu mir. Erzählt habe ich danach aber niemandem davon, auch meinem Bruder Thomas nicht.«

Es folgten Berichte von gemeinsamen Aktivitäten, aber auch von weiteren »Schmusereien« in seinem Zimmer oder bei Klaus in der Wohnung: »Da sollte ich auch öfter seinen Pipimann anfassen und daran reiben. Da ist dann manchmal etwas Weißes rausgekommen, und er hat mir erklärt, was das ist«, sowie die differenzierte Schilderung verschiedener sexueller Handlungen und der dabei erlebten zwiespältigen Empfindungen. »Ich habe mich dabei immer geschämt, doch er war ja mein Freund und hat sich ständig um mich gekümmert.«

Als der Großvater sie schließlich im Zimmer erwischt hatte, »konnten wir ja nicht mehr zu Hause bei meinem Opa schmusen, und wir haben uns dann halt irgendwo außerhalb getrof-

fen«. Die beschriebenen Handlungen sprachen für eine konti-
nuierliche Intensivierung der sexuellen Übergriffe, auch in der
Wohnung von Klaus L. »Ich war bestimmt zehnmal bei ihm, vor
allem in den Schulferien, und da ist es jedes Mal passiert.« Mit
diesen detaillierten Angaben konnte die Staatsanwaltschaft ein
Ermittlungsverfahren gegen Klaus L. eröffnen und später auch
Anklage »wegen fortgesetzten sexuellen Missbrauchs eines Kindes« erheben.

Drei Tage nach dieser Vernehmung kam aber Stefan unaufgefordert noch einmal zur Polizei, diesmal in Begleitung von Thomas, seinem Bruder: »Das, was ich das letzte Mal erzählt habe,
stimmt so nicht. Ich war durcheinander und habe die Dinge ver-
wechselt. Für mich ist Klaus so etwas wie ein Vater, deshalb haben wir auch geschmust, aber er hat mich unten nicht angefasst
und ich ihn auch nicht.«

Trotz dieses Widerrufs kam es neun Monate später zu einer Gerichtsverhandlung. Klaus L. bestritt, wie zu erwarten, jegliche sexuelle Handlung an oder mit Stefan. »Klar haben mich die Buben
interessiert. Sie waren so quicklebendig und lustig. Und sie haben
mir sehnsüchtig gesagt, dass sie sich so einen Vater wie mich wünschen würden. Das hat natürlich meine Ader getroffen, da konnte
und wollte ich helfen. Mit Sex hatte das aber nichts zu tun.«

Als Stefan vom Richter befragt wurde, bestritt auch er, dass es
jemals zu Intimitäten mit Klaus L. gekommen war: »Das ist alles
falsch, was ich bei der Polizei gesagt habe. Er hat mich halt um-
armt und am Bauch angefasst, sonst nichts.« Als der Richter wissen wollte, warum er denn damals bei der Polizei etwas ganz anderes erzählt hatte, sagte Stefan: »Die haben mich da hypnotisiert
und erpresst. Der Polizist hat gesagt, entweder du sagst mir, wie
es war, oder du darfst nicht heim. Und da habe ich es halt dann
so erzählt.« Daraufhin wurde das Verfahren ausgesetzt, und ich
wurde beauftragt, ein Gutachten zur Glaubhaftigkeit der Aussagen des Zeugen Stefan zu erstellen.

Einen Monat später kam Stefan in Begleitung seines Großvaters zu mir ins Institut. Er trug modische schwarze Sneakers, ein buntes T-Shirt und leicht ausgewaschene Jeans. Seine dunklen, glatten Haare waren zu einer Art Bubikopf frisiert. Er sah fast aus wie ein Mädchen. Stefan lächelte mich an und ging mit mir in das Untersuchungszimmer. Sein Großvater, ein bodenständig wirkender älterer Herr mit strengem Scheitel und einer Trachtenjacke, wartete draußen auf dem Flur. Das Gespräch verlief von Anfang an problemlos, streckenweise ausgesprochen heiter, als Stefan mir von seinen Lausbubenstreichen in der Schule erzählte:»In unserer Klasse sind viele Mädchen, da bin ich oft der Übeltäter.« Wir redeten über den Unterricht, über Sport und über Autos und davon, dass er einmal Kfz-Mechaniker werden möchte –»am liebsten mit einer eigenen Werkstatt«.

Auch über seinen»Freund« Klaus sprach er unbefangen, ohne dass ich danach fragen musste. Das Kennenlernen am Baggersee, das Übernachten im Zelt und die vielen gemeinsamen Unternehmungen.»Der ist wie ein Vater zu mir, und er hat immer Zeit für mich gehabt, doch jetzt habe ich ihn verloren, weil ich ihn nicht mehr sehen darf.« Zu seinen Aussagen bei der Polizei sagte er nur, dass er damals durcheinander gewesen sei.»Ich war wie hypnotisiert und habe gar nicht mehr gewusst, was ich sage. Da war links einer und rechts einer, und dann hat mal der und mal der gesprochen. Das hat mich ganz verwirrt.« Auch weitere Nachfragen änderten nichts an seiner Haltung. Er blieb dabei, dass mit Klaus»immer alles ganz normal und harmlos« gewesen sei.

Ich machte noch ein paar Leistungstests mit ihm, der Vollständigkeit halber, und war wenig überrascht, dass er offenbar durchschnittlich begabt war. Er war also ohne Weiteres in der Lage, differenziert über Erlebtes zu berichten.

Bei meinem schriftlichen Gutachten und bei der Gerichtsverhandlung drei Monate später konnte ich mich allerdings nicht auf die »Undeutsch-Kriterien« stützen – ich hatte ja keine belastenden Aussagen erhalten. Eine aussagepsychologische Beurteilung der von Stefan bei der Polizei gemachten Angaben war schwierig, denn es gab lediglich ein zusammenfassendes Protokoll, keine exakte Wiedergabe der Fragen und Antworten, erst recht keinen Tonband-Mitschnitt. Natürlich habe ich versucht zu erklären, welche Motive für die Angaben bei der Polizei und für die jetzige andersartige Darstellung maßgeblich sein könnten – die Überraschung durch das plötzliche Entdecktwerden einerseits und die Sorge vor einer Bestrafung seines »Freundes«, den er dann wohl für immer verloren hätte, andererseits. Doch das war lediglich eine vorläufige hypothetische Interpretation, keine fundierte psychologische Analyse.

Schließlich machte das Gericht von seiner eigenen Einschätzung des Sachverhalts Gebrauch und verurteilte Klaus L. »wegen wiederholten sexuellen Missbrauchs eines Kindes« zu einer zweijährigen Freiheitsstrafe, deren Vollstreckung allerdings für vier Jahre zur Bewährung ausgesetzt wurde. Dass es trotz dieser schwierigen Beweislage zu einem deutlichen Schuldspruch gekommen war, hatte sich Klaus L. vielleicht auch durch sein eigensinniges Auftreten vor Gericht selbst zuzuschreiben. In seinen abschließenden Bemerkungen, die ihm wie jedem Angeklagten als »letztes Wort« im Prozess zustanden[12] und die länger waren als das Plädoyer seines Verteidigers, hatte er leidenschaftlich erklärt: »Es gibt für mich kein Zurück von Stefan. In ein paar Jahren ist er 18.«

Wenn die Einschätzung des Gerichts im Prozess gegen Klaus L. richtig war, und ich habe auch heute noch keinen Zweifel daran, dann hatte Stefan bei mir und bei seiner Zeugenaussage vor Gericht glatt gelogen, als er die wiederholten sexuellen Übergriffe bestritt. Er wusste also sehr genau, was zwischen ihm und seinem »Freund« geschehen war, und er hatte wahrscheinlich auch immer wieder unter den von ihm als peinlich und bedrängend empfundenen sexuellen Handlungen gelitten. Allerdings hatte er sich nicht getraut, dies jemandem zu offenbaren, denn das hätte sicher das Ende dieser »Freundschaft«, der damit verbundenen Zuwendungen und der Aufmerksamkeit bedeutet – Dinge, die er offenbar sehr schätzte, wenngleich er die sexuellen Übergriffe ablehnte. Schließlich hatte er ja die heftige Reaktion seines Großvaters erlebt, als dieser die beiden im Zimmer von Stefan überrascht hatte. Er befand sich also in einer Art Zwickmühle. Vielleicht hatte er bei der ersten polizeilichen Vernehmung vor allem deshalb so bereitwillig alles offengelegt, weil ihm endlich einmal jemand zuhörte.

Doch als ihm bewusst wurde, was dies am Ende für den Mann bedeuten würde, den er trotz allem als väterlichen Freund schätzte, ja verehrte – womöglich hatte ihm Klaus L. sogar selbst die Folgen einer Verurteilung beschrieben –, wollte er anscheinend das Schlimmste verhindern. Er griff deshalb zu der Notlüge, indem er alles vorher Gesagte widerrief. Ein Ausdruck seiner Verzweiflung, seiner inneren Zerrissenheit, sicherlich keine Billigung der geduldeten Aufdringlichkeiten. Das alles ist verhängnisvoll, aber nicht allzu schwer zu verstehen.

Gibt es aber auch das Umgekehrte? Können Kinder sexuelle Übergriffe erfinden oder fälschlich Dinge behaupten, die sich gar nicht ereignet haben? Für viele Menschen ist das unvorstellbar, und der Satz »Children never lie about sexual abuse« (Kinder lügen niemals bezüglich eines sexuellen Missbrauchs) drückt eine oft gehörte Grundüberzeugung aus. Nach meiner Erfahrung dürfte zumindest die vollständige Erfindung wiederholter Missbrauchshandlungen tatsächlich äußerst selten vorkommen, zumal dies eine enorme kognitive Leistung bedeuten würde. Die fälschliche Behauptung eines einzelnen Übergriffs oder auch eine übertriebene Darstellung realer Erlebnisse sind dagegen weniger aufwendig. Diese Möglichkeit sollte vor allem immer dann in Betracht gezogen werden, wenn es für ein Kind plausible Gründe geben könnte für eine derartige Behauptung. Das nächste Fallbeispiel soll dies erläutern.

Notlüge mit Folgen

Völlig aufgelöst und mit verweinten Augen erschien am frühen Abend eine Frau mit ihrer Tochter auf dem Polizeirevier: »Meine Tochter ist von einem Türken vergewaltigt worden!« Sofort wurde der Kriminaldauerdienst informiert, und bald traf eine in der Vernehmung kindlicher Zeugen erfahrene Kriminalkommissarin ein. Dieser gab Viola zu Protokoll, dass sie vor zwei Monaten von Hakan, einem türkischen Jungen, der in einem Lebensmittelgeschäft in der Nähe arbeitete, in ihrer Wohnung überfallen und vergewaltigt worden war:

»Als ich damals von der Schule nach Hause gekommen bin, war plötzlich ein Fuß zwischen der Tür. Die Person drückte so fest gegen die Tür, dass ich nach hinten auf den Boden fiel. Da habe ich gesehen, dass es Hakan ist. Ich kenne ihn vom Sehen, doch ich mag ihn nicht. Mich interessieren keine Männer. Er hat sich sofort auf mich gestürzt. Ich konnte nur ganz leise schreien und habe nach ihm geboxt, doch er war stärker als ich. Er hat meine Hose heruntergerissen und mich dann vergewaltigt. Das hat sehr wehgetan. Danach ist er ganz normal aus der Wohnung gegangen. Ich bin anschließend auf die Toilette und musste mich übergeben.«

Ihre Mutter, die während der Vernehmung von Viola anwesend war, redete immer wieder dazwischen. Sie wollte wissen, ob Hakan dafür bestraft wird und wie sie es ihrem Mann beibringen soll. »Mir ist schon seit einiger Zeit aufgefallen, dass sich meine Tochter so komisch benommen hat und dass mit ihr etwas nicht stimmt. Doch erst heute Abend, nachdem ich lange mit ihr geredet hatte, hat sie mir endlich diese schlimme Tat gestanden. Das kann ich doch nicht auf mir sitzen lassen, und deshalb bin ich sofort zur Polizei. Der Hakan war mir nie ganz geheuer, denn er hat meine Tochter immer so seltsam angeschaut. Ich habe aber zu seiner Mutter bereits gesagt, dass meine Tochter niemals einen Türken heiraten wird.«

Schon am nächsten Tag wurde Hakan C., ein 17-jähriger junger Mann mit dunklen lockigen Haaren und einem leichten Oberlippenbart, von der Polizei vorgeladen und zu dem Vorfall befragt. Er gab an, dass er Viola schon seit einiger Zeit kennt, weil sie im Laden seiner Mutter öfter einkauft. Vor zwei Monaten hätten sie sich heimlich verabredet und seien in die Wohnung ihrer Eltern gegangen: »Dort haben wir uns geküsst und gestreichelt, und wir haben uns auch ausgezogen. Gebumst habe ich sie aber nicht, und Gewalt habe ich auch nicht angewendet. Das Ganze hat allerdings nur ein paar Minuten gedauert. Dann hat nämlich jemand an die Wohnungstür geklopft, und wir haben uns schnell wieder angezogen. Viola hat aufgemacht. Es war eine deutsche Frau, die wissen wollte, ob ihre Tochter da ist. Die Frau ist dann aber gleich wieder gegangen, und auch ich bin anschließend aus der Wohnung raus. Viola blieb da.«

Damit hatte Hakan zwar die behauptete Vergewaltigung bestritten, den sexuellen Missbrauch eines Kindes, also einer Person unter 14 Jahren, jedoch gestanden. Neu bei seiner Darstellung der Ereignisse war, dass Viola und er dabei von einer Frau überrascht wurden. Das hatte das Mädchen am Tag zuvor gar nicht erwähnt. »Er ist ganz normal gegangen danach.« Da man Viola und ihre Mutter zur Identifizierung von Hakan bereits auf das Polizeirevier bestellt hatte, konnte Viola gleich dazu befragt werden: »Das habe ich in der Aufregung gestern ganz vergessen. Ja, nach zehn Minuten ist Frau H. gekommen. Die kenne ich vom Hort. Sie hat nach ihrer Tochter Mirjam gefragt, die mich ab und zu besucht. Ich habe ihr gleich gesagt, dass Mirjam nicht

da ist. Sie wollte mir das aber nicht glauben und hat selbst nach-
gesehen. Dabei hat sie Hakan entdeckt und ihn aus der Wohnung geschickt.«

Nun wusste man also von einer Zeugin, die an diesem Tag
offenbar zufällig in der Nähe des vermeintlichen Tatorts war
und den »Täter« gewissermaßen »in flagranti« überrascht hatte.
Bald darauf wurde auch Frau H. vorgeladen, und sie bestätigte
diese ungewöhnliche Begegnung: »Es hat eine Weile gedauert,
bis Viola mir die Tür geöffnet hat. Ich habe sie dann nach Mirjam gefragt. Viola wurde rot und antwortete, dass Mirjam nicht
da sei. Sie hob die Hand und sagte, dass sie dies schwören könne.
Weil ich aber ein Geräusch aus der Wohnung gehört hatte, ging
ich hinein und traf im hintersten Zimmer einen jungen Mann,
der auf einem Bett saß und eine Zigarette rauchte. Ich kannte ihn
nicht. Ich hatte den Eindruck, dass den beiden meine Anwesenheit sehr unangenehm war.«

Als die Polizei wissen wollte, welchen Eindruck Viola damals auf sie gemacht hatte, sagte Frau H.: »Sie war ordentlich
gekleidet, also vollständig angezogen, so wie der junge Mann
auch. Sie wirkte auf mich auch nicht so, als wenn kurz zuvor etwas Schlimmes wie eine Vergewaltigung passiert wäre. Ich habe
keine Besonderheiten an ihr festgestellt.« Weiter sagte Frau H.,
dass sie ihrer Kollegin im Hort später davon erzählt hatte, weil
es ihr bedenklich erschienen war, dass Viola allein mit einem
jungen Mann in der Wohnung war. »Die Kollegin hat dann am
nächsten Tag mit Viola über den Vorfall gesprochen. Ich habe
aber nicht gehört, dass sie bei ihr irgendwelche Auffälligkeiten
festgestellt hatte.«

Bei einer erneuten Befragung gab Viola als Grund dafür, weshalb sie Frau H. und auch deren Kollegin im Hort damals nichts
von der Vergewaltigung gesagt hatte, Folgendes an: »Er hatte mir
damit gedroht, dass etwas passieren würde, wenn ich jemandem
etwas sage. Auch meiner Mutter habe ich lange nichts erzählt,

denn ich wollte sie nicht belasten. Ich weiß doch, dass sie andere Sorgen hat.«

Für die Polizei galt der Fall nun als aufgeklärt – »Es besteht dringender Tatverdacht« –, und ein halbes Jahr später erhob die Staatsanwaltschaft Anklage bei der Jugendkammer des Landgerichts. Sie beschuldigte Hakan C. der Vergewaltigung und des sexuellen Kindesmissbrauchs. Das zuständige Gericht wollte im sogenannten Zwischenverfahren[13] den Sachverhalt aber noch genauer aufklären und beauftragte mich mit der Erstellung eines aussagepsychologischen Gutachtens über Viola.

Viola erschien in Begleitung ihrer Eltern, ein schmales und zu Beginn äußerst schüchtern wirkendes Mädchen mit kurzen schwarzen Haaren und braunen Augen. Nachdem ich mich vorgestellt und den geplanten Ablauf des Gesprächs erklärt hatte, bat ich ihre Eltern, auf dem Flur zu warten. »Wir bleiben da sitzen, und du kannst jederzeit zu uns kommen, wenn es dir zu viel wird«, tröstete die Mutter Viola. Ich nickte zustimmend. Dann schloss ich die Tür und ließ mir von Viola erzählen, wo sie aufgewachsen war und wie sie lebte. »Ich bin in Italien geboren, aber wir sind bald nach meiner Geburt nach Deutschland gekommen. Mein Vater arbeitet hier in einem großen Werk.« Sie beschrieb mir ihre Wohnung und ihr Zimmer, erzählte von den Großeltern in Sizilien und von ihren Wünschen für die bevorstehenden Weihnachtsfeiertage. Allmählich taute sie auf und blickte mich auch gelegentlich an. Ich erfuhr von ihren Freundinnen, von der Schule und von ihren beiden Kaninchen – »Blacky und Weißi, beide sehr süß«.

Nach einiger Zeit fragte ich sie, ob sie mit mir über die Dinge, zu denen sie schon bei der Polizei etwas ausgesagt hatte, sprechen möchte. »Was soll ich denn dazu noch sagen? Ich habe doch schon alles erzählt.« Ich bat sie aber, noch einmal von Beginn zu erzählen. Zögernd fing sie an:

»Das war im Sommer. Da bin ich aus dem Hort nach Hause

gekommen, meine Mutter war an diesem Tag nicht da. In der Wohnung habe ich zuerst meine Tasche hingelegt, und als ich die Tür wieder zumachen wollte, war plötzlich ein Fuß dazwischen. Ich habe mich gefragt, was das soll. Man stellt doch seinen Fuß nicht in die Tür, ein anständiger Mensch klopft doch an. Dann ist er reingekommen, und ich habe mir gedacht, dass ich das Gesicht doch schon einmal gesehen habe. Ich habe ihm dann zunächst eine reingebollert. Vor lauter Schreck habe ich aber nicht schreien können. Dann hat er mich an den Haaren gezogen, zu Boden geworfen und vergewaltigt.«

Als ich wissen wollte, was sie damit meint, sagte sie nur: »Das können Sie sich doch denken!« Ich ließ das zunächst so stehen und wollte wissen, woher sie den jungen Mann eigentlich kannte. Sie erzählte mir, dass er in dem türkischen Geschäft im Nachbarhaus arbeite. »Dort habe ich schon öfter eingekauft, und da habe ich ihn einmal gesehen. Ich habe aber vorher noch nie mit ihm gesprochen. Ich spreche nie mit Jungen.« Sie betonte, dass sie das damals alles nicht gewollt habe. »Ich habe mich sehr gewehrt, doch er hat das einfach gemacht.« Zu dem unerwarteten Auftauchen von Frau H. sagte sie, dass ihr Hakan damit gedroht hätte, ihre Mutter umzubringen, wenn sie etwas von der Sache sagt. »Da habe ich es nicht gewagt, den Mund aufzumachen. Auch meiner Mutter habe ich nichts gesagt, denn sie hat doch eh so viel Stress bei der Arbeit. Sie hat mir aber angemerkt, dass etwas nicht stimmt, und hat mich immer wieder danach gefragt. Dann habe ich es ihr halt eines Tages doch gesagt.«

Weitere Einzelheiten zu der »Vergewaltigung« wollte mir Viola nicht sagen, stattdessen fragte sie mich, ob das Gespräch noch lange dauern würde. »Das ist alles, was ich weiß. Ich bin müde und habe auch heute noch nichts gegessen.« Sie wirkte tatsächlich erschöpft, und ihr Gesichtsausdruck signalisierte mir, dass sie kurz davor war zu weinen. Ich beendete deshalb das Gespräch sofort und führte sie nach draußen. Eilig rannte sie zu ihrer Mutter und fiel ihr um den Hals. »Ich will gehen.«

Es war offensichtlich, dass Viola unter enormem Druck stand und Hilfe benötigte, eigentlich die ganze Familie. Doch war sie auch vergewaltigt worden? War es in Wirklichkeit nicht so gewesen, dass sie sich mit Hakan heimlich verabredet und in der Wohnung getroffen hatte, um dort Zärtlichkeiten mit ihm auszutauschen? So wie dies viele Jugendliche tun, wenn sie das erste Mal so etwas wie Liebe und Sexualität spüren und ausprobieren wollen. Der wesentliche Unterschied war hier jedoch, dass die beiden nicht 15 oder 16 Jahre alt waren, sondern sie erst knapp 12 und er schon fast 18 Jahre. Das machte aus diesem vertraulichen »Date« für Hakan ein strafbares Verhalten und für Viola – in den Augen ihrer Eltern – eine unverzeihliche Sünde. Schließlich kamen die beiden aus unterschiedlichen Welten: Hakan, der türkische Muslim, und Viola, das streng katholisch erzogene italienische Mädchen. Eine scheinbar unmögliche Verbindung also. Das konnte Viola niemals zugeben.

Die aussagepsychologische Analyse in diesem Fall war relativ einfach. Ein Vergleich der Angaben bei der ersten polizeilichen Vernehmung mit den späteren Aussagen von Viola ergab deutliche Unterschiede und unaufgeklärte Widersprüche. Eine falsche Beschuldigung war hier wesentlich wahrscheinlicher als ein reales Erlebnis. Wenn es tatsächlich eine brutale Vergewaltigung gegeben hätte, dann wäre das Auftauchen von Frau H. für Viola ein außerordentlich glücklicher und befreiender Zufall gewesen, und sie hätte diese Tatsache wohl kaum bei der polizeilichen Vernehmung »in der Aufregung vergessen«. Dann wäre Frau H. auch bestimmt etwas aufgefallen an dem Verhalten von Viola, nicht nur, dass den beiden ihre Anwesenheit »sehr unangenehm« war.

Viola hatte in den Wochen danach wahrscheinlich große Angst, dass Frau H. oder die Erzieherin im Hort ihrer Mutter etwas sagen könnten von diesem unerlaubten Besuch von Hakan. Und dieses schlechte Gewissen war ihr wahrscheinlich auch deutlich anzusehen. Um den wiederholten und bohrenden Fragen ihrer Mutter endlich ein Ende zu setzen, erzählte sie ihr dann eines Tages von der »Vergewaltigung«. Dass Hakan in der Wohnung war, hätte ihre Mutter irgendwann sowieso erfahren, mag sie sich gedacht haben, und mit dieser Version der Geschichte konnte man ihr schließlich keinen Vorwurf machen. Allerdings sollte Viola jetzt erst recht Ärger bekommen: die Vernehmungen bei der Polizei, die Untersuchung beim Gynäkologen – die keinen Beweis für eine Vergewaltigung erbrachte – und schließlich das Gespräch mit mir, einem Psychologen, der die Glaubhaftigkeit ihrer Aussagen prüfen sollte.

Ich konnte Violas Verhalten, ihre Sorgen und Nöte, gut nachvollziehen. Nein, das war keine boshafte Lüge, um Hakan zu schädigen. Es war der Versuch, gegenüber ihren Eltern nicht als »schlimmes Mädchen« dastehen zu müssen. Bevor diese von Frau H. etwas über den Besuch von Hakan erfahren konnten, wollte sie eine plausible Erklärung für den Vorfall und für ihr nachfolgendes Schweigen finden. Damit, so hatte sie wohl gehofft, wäre sie dieser Zwickmühle entkommen – ganz ähnlich wie Stefan im letzten Fallbeispiel, der allerdings nichts erfunden hatte, sondern seine erste ausführliche Schilderung bei der Polizei wieder zurücknehmen wollte.

Und ähnlich wie Stefan hätten Viola und ihre Familie Beistand und Hilfe benötigt, denn ich vermute, dass man Viola wahrscheinlich weiterhin geglaubt und sie dadurch mit ihrer Not und ihren Gewissensbissen allein gelassen hatte. Noch schlimmer wäre es freilich, wenn man sie einseitig zu einer schlimmen Lügnerin gestempelt hätte, die mit ihren Heimlichkeiten und ihren falschen Angaben vermeintlich Schande über die Familie gebracht hat. Familienhilfe und Familientherapie zählen jedoch nicht zu den Aufgaben eines Aussagepsychologen. Deshalb hinterließ dieser Fall wie viele andere bei mir ein recht ungutes Gefühl, obwohl ich der Meinung bin, dass ich meinen »Job« als Gutachter ordentlich erfüllt hatte. Immerhin blieb einem jungen Mann eine nicht gerechtfertigte Verurteilung erspart. Das Verfahren gegen Hakan C. wurde nämlich eingestellt. Anscheinend war das Gericht der Meinung, dass Anzeige, Anklage und die damit verbundenen Aufregungen für ihn genug Mahnung waren. Er sollte also jetzt wissen, dass er in Zukunft mehr auf das Alter seiner »Freundinnen« und auf die Umstände von Verabredungen zu achten hatte, damit er nicht urplötzlich als Sexualstraftäter hinter Gittern landete. Ich habe ihn übrigens nie kennengelernt, und leider weiß ich auch nicht, was aus Viola und ihrer Familie geworden ist.

Verloren im Einkaufszentrum oder: falsche Erinnerungen

Aus englischen Gerichtsfilmen kennt jeder die Formulierung, dass man bei einer Zeugenaussage und erst recht bei einer Aussage unter Eid dazu verpflichtet wird, stets »die Wahrheit, die ganze Wahrheit und nichts als die Wahrheit« zu sagen.[14] Konkret bedeutet dies, dass nicht nur ein Teil einer Aussage der Wahrheit entsprechen soll, sondern dass man alles sagt, was man über einen Sachverhalt weiß, folglich nichts weglässt und nichts hinzufügt. Auch in Deutschland wird vor Gericht von Zeugen das Gleiche erwartet, wenngleich die Eidesformel der Strafprozessordnung etwas anders lautet.[15] Im normalen Leben außerhalb der Gerichtswelt wird diese dreifache Wahrheitspflicht dagegen meist nicht erwartet. Da darf man schon einmal eine Sache etwas bunter ausschmücken oder aufhübschen, und man darf auch den einen oder anderen Punkt ausklammern, ohne dass dies gleich als Lüge angesehen würde.

Eine Lüge vor Gericht ist also eine vorsätzlich falsche Aussage.

Obwohl man es besser weiß, wird etwas Falsches behauptet oder etwas Wesentliches verschwiegen, so wie bei unseren letzten beiden Fallbeispielen. Nun gibt es allerdings auch recht häufig den Fall, dass jemand lediglich glaubt, etwas in dieser und jener Weise gesehen oder gehört zu haben, ohne dass dies den Tatsachen entspricht – so wie die Studenten in dem Revolverexperiment an der Berliner Universität. Solche Falschaussagen sind natürlich keine Lügen, sondern lediglich irrtümlich falsche, subjektiv aber richtige Angaben. Gleichwohl sind sie für die Wahrheitsfindung eines Gerichts wenig hilfreich.

Nun wird man zwar leicht argumentieren können, dass solche Irrtümer beim Beobachten einer Szene, etwa bei einem Verkehrsunfall, ohne Weiteres entstehen können. »Nobody is perfect!« Dagegen wird sich doch wohl niemand irren können, wenn es um eine Erfahrung als Opfer, um ein schlimmes Erlebnis also, geht – oder? Seit den 1980er-Jahren gibt es allerdings in der Rechtspsychologie eine Diskussion, die genau diese Frage unter dem Stichwort »false memories« (falsche Erinnerungen) untersucht. Den Ausgangspunkt bildeten Patientinnen, die im Rahmen einer tiefenpsychologischen, also aufdeckenden Therapie sexuelle Übergriffe ihrer Kindheit schilderten, die ihnen vorher nicht oder nicht mehr bewusst waren.

Auch wer sich nur oberflächlich mit der psychoanalytischen Theorie von Sigmund Freud und anderen tiefenpsychologischen Konzepten befasst hat, kennt den Vorgang der Verdrängung. Neben Projektion, Verschiebung, Rationalisierung und anderen unbewusst ablaufenden Prozessen gilt dies als ein »Abwehrmechanismus des Ich«, eine Schutzfunktion unserer Psyche, die uns vor anhaltenden Frustrationen bewahren und eine innere Stabilisierung bewirken soll.[16] Wir »vergessen« zum Beispiel einen geschäftlichen Termin, weil er uns unangenehm ist, oder wir können uns an eine peinliche Situation vor der ganzen Schulklasse nicht mehr erinnern. Gut möglich also, dass auch tief greifende unangenehme Vorgänge, genauer Viktimisierungen, also Opfererfahrungen, lange Zeit verdrängt werden und erst durch eine Therapie wieder ins Bewusstsein gelangen.

Ich will gar nicht bestreiten, dass es solche Fälle geben kann; immerhin gilt »Erinnern, Wiederholen und Durcharbeiten« als das zentrale Prinzip der klassischen Psychoanalyse.[17] Was aber wäre, wenn solche Erinnerungen lediglich Pseudo-Erinnerungen wären, suggestiv hervorgerufen durch drängende Fragen in der Therapie? Etwa: »Da muss es doch in Ihrer Kindheit etwas gegeben haben!« Ein »iatrogen«, ein allein durch die therapeutische Einwirkung verursachtes Phänomen also. Elizabeth Loftus, eine amerikanische Psychologin, hat versucht, darauf mithilfe von Experimenten eine Antwort zu finden.[18] Sie entwickelte dazu ein recht originelles Design, eine Versuchsanordnung, die einem Kind ein Ereignis suggerieren sollte, das nicht stattgefunden hatte. Etwas, das zwar eine unangenehme Situation beinhaltete, aber natürlich nicht strafrechtlich relevant war; sodass dessen Suggestion ethisch vertretbar erschien. Sie nannte dieses erfundene Erlebnis »Lost in a shopping mall« – »Verloren in einem Einkaufszentrum« – und beschrieb einen der ersten Fälle, bei denen eine falsche Erinnerung erfolgreich erzeugt werden konnte, wie folgt:[19]

Für einen 14-jährigen Jungen namens Chris wurden von dessen Mutter und dem älteren Bruder Jim zunächst drei tatsächliche Kindheitserlebnisse erfragt. Jim half auch dabei, ein falsches, viertes Erlebnis zu konstruieren, nämlich dass Chris im Alter von fünf Jahren in einem Einkaufszentrum verloren gegangen wäre, daraufhin heftig geweint hatte, um schließlich von einem älteren Mann gerettet zu werden, der ihn wieder zu seiner Familie zurückbrachte.

Chris sollte nun an fünf aufeinanderfolgenden Tagen für alle vier Ereignisse seiner Kindheit Fakten oder Beschreibungen liefern, an die er sich noch erinnern konnte. Wenn er sich an keine

Details erinnern konnte, dann sollte er schreiben: »Ich erinnere mich nicht.«

In diesen fünf Tagen berichtete Chris mehr und mehr Details der realen Ereignisse, erstaunlicherweise äußerte er sich aber auch zu dem (erfundenen) Erlebnis im Einkaufszentrum. Er beschrieb zum Beispiel den Mann, der ihn rettete, als »wirklich cool«. Er schrieb, dass er damals Angst davor hatte, dass er seine Familie niemals mehr sehen würde, und er »erinnerte« sich auch daran, dass ihn seine Mutter später ausgeschimpft hatte.

Eine Woche danach wurde Chris erneut von Loftus befragt. Er äußerte jetzt weitere Einzelheiten über die Spielzeugabteilung, in der er angeblich verloren gegangen war, und über seine Gedanken zum damaligen Zeitpunkt. Er »erinnerte« sich jetzt auch daran, dass der Mann, der ihn schließlich rettete, eine Glatze hatte, dass er ein blaues Flanellhemd und eine Brille trug. Als man Chris schließlich mitteilte, dass eines der vier Erlebnisse falsch sei, und ihn raten ließ, welches der vier Ereignisse dies sei, tippte er auf ein reales Ereignis. Als man ihn schließlich aufklärte und ihm sagte, dass er nie in einem Einkaufszentrum verloren gegangen war, hatte er große Mühe, dies zu glauben.

Loftus und auch andere Wissenschaftler konnten durch diese und ähnliche Versuchsanordnungen anschaulich zeigen, dass es bei vielen Menschen möglich ist, ihnen die »Erinnerung« an Ereignisse zu suggerieren, die es nie gegeben hat. Bei Kindern ist dies wahrscheinlich leichter möglich als bei Erwachsenen, vor allem dann, wenn es irgendwie plausibel erscheint, dass die fraglichen Ereignisse tatsächlich stattgefunden haben könnten. Eine wiederholte, bedrängende Befragung zu bereits dargestellten Sachverhalten, der Hinweis auf entsprechende Auskünfte anderer Personen – »Der hat das auch so gesagt!« – und die Verstärkung von Antworten, die in eine bestimmte Richtung gehen, sind geeignete Maßnahmen, derartige Suggestionsprozesse zu forcieren[20], auch wenn dies gar nicht in der Absicht der befra-

genden Personen liegen mag. Nicht selten sind die so beeinfluss-
ten Personen vollkommen überzeugt davon, dass ihre Erinnerungen zutreffend sind, dass sie dies wirklich erlebt haben, und
sie beschreiben solche Pseudoerinnerungen in vielen Einzelheiten.

Nun lässt sich freilich einwenden, dass die suggerierte Fehl-
erinnerung an ein unangenehmes Erlebnis in einem Einkaufszentrum oder an einen Hundebiss, eine Variante des Shopping-
Mall-Szenarios, nicht vergleichbar ist mit einem Bericht über
einen sexuellen Missbrauch in der Kindheit – und diese Diskussion wird tatsächlich seither geführt. Dennoch müssen wir
nach dem gegenwärtigen Erkenntnisstand der Aussagepsychologie davon ausgehen, dass die Erzeugung solcher falschen Erinnerungen grundsätzlich möglich ist. Bei der Beurteilung kindlicher Zeugenaussagen muss insbesondere dann mit solchen
Suggestionseffekten gerechnet werden, wenn vor der aussagepsychologischen Exploration beziehungsweise vor der gerichtlichen Vernehmung der Kinder bereits intensive Befragungen
oder therapeutische Interventionen, eine vermeintliche »Auf-
deckungsarbeit« also, stattgefunden haben. Der sogenannte
Montessori-Prozess vor dem Landgericht Münster (1992–1995)
und die »Wormser Prozesse«, die in den Jahren 1994 bis 1997
vor dem Landgericht Mainz geführt wurden, sind dafür ebenso
anschauliche wie abschreckende Beispiele.

In dem ersten Verfahren ging es um den Erzieher Rainer M.,
der in zwei Kindergärten gearbeitet hatte, die nach dem reform-
pädagogischen Konzept von Maria Montessori (1870–1952) kon-
zipiert waren. Ihm wurde vorgeworfen, acht Jahre lang 55 Kinder in hunderten Fällen auf brutalste Weise sexuell missbraucht
zu haben. Die Anklage stützte sich ausschließlich auf die Aussagen von Kindern, die vorher ausgiebig von Mitarbeiterinnen der
örtlichen Beratungsstelle des Vereins »Zartbitter Coesfeld« beziehungsweise von den durch sie »informierten« Eltern befragt wor-

den waren. Unterstützt wurden sie durch den Münsteraner Kinder- und Jugendpsychiater Tilman Fürniss, der unter anderem dazu geraten hatte, die Kinder zu fragen, »was denn der Rainer gemacht haben *könnte*«, eine klare Aufforderung zur Produktion von fantasierten Geschichten.

Am Ende von 120 Verhandlungstagen, die von einer breiten Medienkampagne begleitet worden waren, stand jedoch ein Freispruch des Angeklagten M., der für die zu Unrecht erlittene 26 Monate dauernde Untersuchungshaft entschädigt werden musste. Kein einziger gegen ihn gerichteter Vorwurf ließ sich bestätigen. Durch aussagepsychologische Gutachten wurden die dubiosen Befragungsmethoden der »Expertinnen« von »Zartbitter« als massive Beeinflussung der vermeintlichen Opfer entlarvt. Das Gericht sprach von dem »erschütternden Ergebnis, dass man Kindern etwas suggerieren kann, was sie dann als tatsächlich Erlebtes erinnern«.[21]

Bei den »Wormser Prozessen« stand am Anfang ein Scheidungsverfahren, bei dem eine Frau ihrem früheren Ehemann vorgeworfen hatte, die gemeinsamen Kinder sexuell missbraucht zu haben. Dies führte zu einer Feindschaft zwischen den Familien der Eltern. Die beiden Kinder waren bei der Großmutter untergebracht, die sich wegen der Vorwürfe an das Jugendamt Worms wandte. Von dort wurde sie an den Verein Wildwasser Worms e. V. verwiesen. Ähnlich wie in Münster wurden die Kinder von den dort tätigen »Expertinnen« nur in suggestiver Weise befragt und beeinflusst, bis schließlich der Vorwurf eines massenhaften Kindesmissbrauchs im Raum stand. Am Ende wurden insgesamt 25 Personen beschuldigt, 16 eigene oder fremde Kinder wiederholt und auf perverseste Weise missbraucht zu haben. Die Beschuldigten kamen in Untersuchungshaft, ihre Kinder wurden zum Teil in einem Kinderheim (»Spatzennest«) untergebracht. Das Medienecho war gewaltig, ein begründeter Zweifel an den vielen übereinstimmenden Aussagen der Kinder schien nicht vorstellbar. Das rechtsstaatliche »Prinzip der Un-schuldsvermutung«, also das Erfordernis, dass jeder, dem eine Straftat vorgeworfen wird, so lange als unschuldig anzusehen ist, bis seine Schuld in einem öffentlichen Verfahren nachgewiesen wurde, spielte für die öffentliche Meinung offenbar keine Rolle; die Angeklagten waren bereits vorverurteilt.

Wegen der Vielzahl der beschuldigten Personen und der Komplexität des Falles wurden schließlich drei verschiedene Verfahren eröffnet (Worms I, II und III). Dabei ergab sich, dass manche der Anschuldigungen gar nicht zutreffen konnten, weil die Kinder zu den vermeintlichen Tatzeiten noch gar nicht geboren waren oder die Eltern zur angeblichen Tatzeit bereits in Untersuchungshaft saßen. Vor allem die aussagepsychologische Begutachtung der Angaben der angeblich missbrauchten Kinder zeigte schließlich, dass nicht von realen Erlebnissen auszugehen war, sondern von suggestiv erzeugten falschen Erinnerungen.[22] Gleichwohl hielt die Staatsanwaltschaft an ihren Beschuldigungen weitgehend fest und forderte teilweise bis zu 13 Jahre Freiheitsstrafe. Die drei Prozesse endeten jedoch für alle 25 Angeklagten mit Freispruch. Das Gericht entschuldigte sich im Prozess Worms III bei den Angeklagten für den durch die falschen Vorwürfe verursachten »langen Leidensweg«. Dieser allerdings dürfte trotz der Freisprüche in vielen Fällen nicht nur für die ehemals Angeklagten, sondern auch für die betroffen und inzwischen erwachsenen Kinder bis zum heutigen Tag andauern.

Auch ich hatte in den 1990er-Jahren mit einem Gerichtsverfahren zu tun, bei dem der Vorwurf eines mehrfachen sexuellen Missbrauchs in einer Schule zu klären war. Eine suggestive Beeinflussung der dazu vernommenen Kinder war auch hier nicht auszuschließen. Der Vorfall, um den es dabei ging, dürfte sich in etwa so abgespielt haben.

Sitzkreis mit Kerze

Voller Unruhe warteten die Kinder der zweiten Klasse auf dem Flur und tuschelten miteinander. »Wann geht's denn endlich los?« Am Morgen hatte ihnen die Klassenlehrerin Frau K. überraschend mitgeteilt, dass sie heute Vormittag alle durch einen Arzt vom Gesundheitsamt untersucht werden sollten. Als ihr vor zwei Wochen vom Sekretariat der Montessori-Schule dieser Besuch angekündigt wurde, hatte Frau K. gemeint, dass es sich dabei lediglich um eine Aufklärung oder Beratung im Rahmen der Gesundheitserziehung der Kinder handelte. Schließlich hatte es in den anderthalb Jahren, die sie nun schon an dieser Schule tätig war, noch nie einen derartigen Termin gegeben. Dann aber stand plötzlich dieser große Mann in Begleitung einer Krankenschwester in ihrer Klasse und fragte sie, wo denn die Untersuchung eigentlich stattfinden solle. Nun musste sie eilig einen geeigneten Raum finden.

Zum Glück war das Religionszimmer im zweiten Stock an diesem Tag nicht belegt, und so konnte sie den Arzt erst einmal dorthin schicken. Doch war das überhaupt ein Arzt? Einen weißen Kittel trug er jedenfalls nicht. Und seine Stimme war so rau, als hätte er ein Reibeisen verschluckt. Ein unangenehmer Kerl. Frau K. wollte sich deshalb gleich beim Gesundheitsamt erkundigen, ob hier alles mit rechten Dingen zuging. Doch zunächst erreichte sie dort niemanden, der ihr eine Auskunft geben konnte, und dann hieß es barsch: »Warum fragen Sie das? Es ist doch alles in Ordnung.« Die Kinder ließ sie so lange warten.

Auch für Dr. S. hatte dieser Tag im Januar ungewöhnlich begonnen. Zuerst wollte sein Auto nach der frostigen Nacht nicht anspringen, erst nach mehreren Versuchen klappte es doch noch. Danach erfuhr er, dass die Arzthelferin, mit der er solche Untersuchungen gewöhnlich durchführte, sich am Morgen krankgemeldet hatte – immerhin hatte man ihm Ersatz geschickt. Eine

Schwester, die sonst im Stadtkrankenhaus arbeitete, war aushilfsweise eingesprungen. Am Ende verfuhr er sich auch noch auf dem Weg zu dieser Schule, und dann war da diese Lehrerin, die ihn skeptisch ansah und offenbar gar nichts vorbereitet hatte. »An manchen Tagen sollte man einfach am Morgen im Bett bleiben«, knurrte er vor sich hin.

»Schicken Sie mir die Kinder in kleinen Gruppen herein, jeweils so vier bis sechs Schüler. Zuerst die Jungen und dann die Mädchen«, forderte Dr. S. Frau K. auf. Sie befolgte diese Anweisung prompt und teilte ihre Klasse in Vierergruppen ein, die sie anschließend in den Raum führte. »Das kann man auch höflicher sagen«, dachte sie, und am liebsten wäre sie die ganze Zeit mit dabei geblieben. Weil sie sich aber auch um die anderen Kinder auf dem Flur kümmern musste, die zunehmend zappelig wurden, war sie immer nur für ein paar Minuten im Untersuchungszimmer anwesend.

Als die Kinder den Raum betraten, wurden sie zunächst gebeten, sich bis auf die Unterhose auszuziehen, dann wurden sie namentlich aufgerufen, gemessen und gewogen. Nachdem die Krankenschwester einen Hör- und Sehtest durchgeführt hatte, wurden die Kinder vom Arzt untersucht. Er prüfte ihre Körperhaltung und einzelne Reflexe, hörte mit einem Stethoskop die Lunge ab und untersuchte auch die Leiste nach Auffälligkeiten. Dabei diktierte er seiner Helferin die Befunde, die von ihr in ein Formblatt eingetragen wurden. Viel gesprochen wurde dabei nicht, zumal Dr. S. wegen des verspäteten Beginns in Eile war und auch wieder einmal Probleme mit seinen Stimmbändern hatte – die Folge einer zwar auskurierten Kehlkopfentzündung, die ihm aber an manchen Tagen zu schaffen machte. So verlief das Ganze recht unpersönlich und irgendwie schroff.

Weil bereits die ersten Kinder, die nach der Untersuchung wieder zu ihrer Klasse zurückkehrten, über diesen »brummigen Doktor« gemurrt hatten, entstand allmählich eine aufgeregte, ja ängstliche Stimmung. Als schließlich die Mädchen an der Reihe waren, wollten manche von ihnen den Raum gar nicht betreten und ließen sich nur mühsam überreden. Nach fast zwei Stunden war es endlich vorbei. Die Kinder gingen in ihr Klassenzimmer zurück, doch sie waren jetzt erst recht unruhig und sprachen untereinander. Immer wieder hörte die Lehrerin Sätze wie »Muss ich mir das gefallen lassen?« oder »War er bei dir auch so grob?«. Und ein Mädchen fragte sie sogar direkt, warum dieser Mann denn keinen Arztkittel getragen hatte und ob der das denn alles tun darf, ohne aber zu sagen, was sie damit meinte. Ein Unterricht wie üblich war an diesem Tag nicht mehr möglich.

Frau K. war besorgt wegen dieser Fragen und Andeutungen, und gleich am nächsten Morgen machte sie deshalb einen Sitzkreis mit den Kindern. Sie zündete dazu eine große Kerze an, stellte diese in die Mitte des Raumes, und alle setzten sich im Kreis herum auf den Boden. Die Kinder wussten, dass jetzt über ein ernstes Problem gesprochen würde. »Was war denn gestern eigentlich los? Wer von euch möchte dazu etwas sagen?« Der Reihe nach trugen die Zweitklässler nun ihre Klagen vor. Erst zögerlich, dann zunehmend mutiger: »Er hat mich mit einem Hammer auf den Rücken geschlagen, und obwohl ich gesagt habe, dass es mir wehtut, hat er gleich noch einmal zugeschlagen.« Als ein Junge erklärte, dass ihm der Arzt plötzlich in die Hose gegriffen hatte, pflichtete ihm gleich ein weiterer bei: »Das war bei mir genauso. Er hat mich da gedrückt, und es hat richtig wehgetan.« Nach und nach berichteten nun auch andere Jungen über schmerzvolle Griffe in die Unterhose, und schließlich meinten sogar einige Mädchen, dass der Arzt auch sie »da unten« angefasst hatte. Eines zeigte sogar, mit welchen Fingern dies geschehen war. »Kann man denn nichts dagegen tun, damit der Arzt nicht mehr so untersuchen darf?«, fragten einige trotzig.

Frau K. war außer sich und hatte Mühe, die Kinder zu beruhigen. Sie wollte nun zunächst die Eltern informieren und lud diese drei Tage später zu einem Elternabend ein. Manche wussten bereits von dieser »groben und schmerzhaften Untersuchungsweise des Schularztes«, andere hatten noch nichts davon gehört, wollten aber die Angelegenheit sogleich zu Hause ausführlich mit ihren Kindern besprechen. Die Stimmung an diesem Abend war gereizt und angespannt wie nie zuvor in dieser Runde, und die beiden Elternsprecher erhielten den Auftrag, einen geharnischten Beschwerdebrief zu verfassen. Auch Frau K. trug alle Klagen zusammen und schrieb eine ausführliche Stellungnahme an das Gesundheitsamt. Von nun an war der »Vorfall« offiziell. Die Behörde musste jetzt reagieren, und sie tat es auch.

Die Ermittlungen der einzelnen Stellen – Gesundheitsamt, Polizei, Bezirksregierung – zogen sich aber in die Länge, und erst nach über einem Jahr legte die zuständige Staatsanwaltschaft eine Anklageschrift vor, mit der Herrn Dr. S. zur Last gelegt wurde, im Rahmen der damaligen schulärztlichen Untersuchung insgesamt 14 Kinder »in wollüstiger Absicht« berührt und somit sexuell missbraucht zu haben. Er habe ihnen, so hieß es, »an den nackten Hoden« oder »an die nackte Scheide« gefasst und daran »herumgedrückt«. Zwar bestritt Dr. S. alle Tatvorwürfe und gab auch an, sich nicht vorstellen zu können, dass er bei der Untersuchung unabsichtlich die Scheide eines Mädchens berührt haben könnte – »der Angeschuldigte wird jedoch durch die Angaben der geschädigten Kinder überführt werden können«, formulierte die Staatsanwältin.

Eines der Kinder, Laura W., war als Nebenklägerin und gewissermaßen als Hauptbelastungszeugin vorgesehen. Meine Kollegin Monika F. sollte für die Staatsanwaltschaft ein aussagepsychologisches Gutachten über die Angaben dieses Kindes erstellen, das infolge weiterer Verzögerungen erst nach über zwölf Monaten von ihr vorgelegt wurde. Das Ergebnis dieser 22-seitigen Expertise war eindeutig: »Die Aussage weist Details auf, die als qualifiziert anzusehen sind und als Glaubhaftigkeitsmerkmale gelten. Der gute Differenzierungsgrad ermöglicht ein nachvollziehbares Bild des Geschehens. Das Verhalten der Zeugin im Rahmen der Exploration stützt den Eindruck einer erlebnisbezogenen Aussage. Auch der Motivhintergrund bietet keine Anhaltspunkte für berechtigte Zweifel am Erlebnisbezug der Aussage.«

Dr. S. musste jetzt fest mit einer Verurteilung rechnen, der Termin der Hauptverhandlung rückte allmählich näher. In dieser Situation wandte sich der Verteidiger von Dr. S. hilfesuchend an den »Berufsverband Deutscher Psychologinnen und Psychologen« (BDP) und bat um eine kritische Stellungnahme zu diesem Gutachten. Man verwies ihn an mich, weil ich damals ehrenamtlich in einem »Bundesausschuss psychologische Gutachten« tätig war und deshalb als Ansprechpartner für solche Fragen galt. Ich zögerte zunächst, weil dieser Ausschuss in der Vergangenheit immer wieder ähnliche Anfragen erhalten hatte, die sich aber oft als unbegründet erwiesen.

Zudem hatte dieses (inzwischen aufgelöste) Gremium zwar die Aufgabe, sich für die Verbesserung psychologischer Gutachten einzusetzen, aber weniger durch die Bewertung einzelner Expertisen als vielmehr durch die Beratung und Unterstützung von Kolleginnen und Kollegen, etwa im Rahmen von Fortbildungen oder bei der Formulierung von »Richtlinien für die Erstellung psychologischer Gutachten«[23]. Fachliche Stellungnahmen zu anderen Gutachten haben außerdem meist keinen besonders guten Ruf, da sie bisweilen als unanständige Kollegenschelte oder als kleinliche Besserwisserei angesehen werden. Andererseits kann eine sachliche und faire Beurteilung aber auch als sinnvoller Beitrag zur Qualitätsverbesserung verstanden werden und somit dazu beitragen, dass überall dort, wo »psychologisches Gutachten« draufsteht, auch wissenschaftlich fundierte Arbeit geleistet wurde.

Ich ließ mir schließlich dieses Gutachten und weitere Unterlagen zu dem Strafverfahren gegen Dr. S. zusenden und war bald davon überzeugt, dass hier wesentliche Punkte übersehen worden waren beziehungsweise nicht dem »state of the art« entsprachen. Schon der Aufbau, also die Gliederung, war nicht so, wie es bei einem psychologischen Fachgutachten sein sollte. So wurden die angewandten diagnostischen Maßnahmen zwar erwähnt, aber nicht näher erläutert. Was sollte man sich etwa unter einer »Fantasieprüfung« und was unter einer »Verbalmerkprobe« konkret vorstellen? Mir jedenfalls sagten diese Begriffe nichts.

Die Exploration, also das Gespräch mit der Zeugin, der Kernpunkt jeder aussagepsychologischen Analyse, wurde lediglich zusammenfassend dargestellt, aber nicht im Detail als Frage-und-Antwort-Dialog, auch nicht bei der Schilderung der vermeintlichen Tathandlungen. Dadurch war es nicht möglich, den genauen Ablauf der Befragung des Kindes nachzuvollziehen.

Auch eine klare Trennung zwischen der Befunderhebung, also dem bloßen Sachbericht, und der Interpretation dieser Daten, der diagnostischen Beurteilung, wurde nicht konsequent eingehalten. Vielmehr wurde in der Regel zunächst die gutachterliche Einschätzung genannt und diese anschließend durch die Auflistung von Details erläutert. Ein sorgfältiges Abwägen zwischen Pro- und Kontra-Argumenten wurde auf diese Weise nicht deutlich. Man hatte den Eindruck, als würden vor allem jene Aspekte mitgeteilt, die die Annahme einer glaubhaften Schilderung stützen, während andere Möglichkeiten rasch weggewischt oder gar nicht in Erwägung gezogen wurden. Laura W., so hieß es, könne den Arzt schon deshalb nicht falsch belasten, weil sie ihn vorher gar nicht kannte und darum auch kein entsprechendes Motiv haben konnte. Zudem habe sie kein ausgeprägtes Geltungsbedürfnis. Dies sind aber keineswegs die einzigen Gründe für eine Falschbeschuldigung.

Detailliert prüfte die Kollegin zwar anhand der bekannten

»Realkennzeichen« die Darstellung der angespannten Situation bei der ärztlichen Untersuchung – diese stand freilich außer Frage und war auch nicht Gegenstand der Anklage –, sie schenkte aber den Umständen, unter denen die Aussage des Mädchens entstand, keinerlei Aufmerksamkeit. Weder wurde von ihr die Möglichkeit einer suggestiven Beeinflussung des Kindes durch den emotional aufgeladenen »Sitzkreis mit Kerze« angesprochen noch war ihr aufgefallen, dass Laura W. ihrer Mutter keineswegs spontan von dem angeblichen Vorfall berichtet hatte, sondern dass diese zunächst von der Lehrerin über die Beschwerden der Kinder informiert worden war und erst danach ein intensives Gespräch mit ihrer Tochter geführt hatte. »Es hat sich eigentlich den ganzen Nachmittag hingezogen«, gab die Mutter später bei der Polizei zu Protokoll. Ein ganzer Nachmittag also für die Mitteilung eines Ereignisses, das nur wenige Sekunden gedauert haben soll.

Im Hinblick auf eine mögliche Falschaussage wurde in dem Gutachten zwar diskutiert, ob Laura W. den sexuellen Übergriff »frei erfunden« oder »hineinkonstruiert« haben könnte, was in der Tat wenig wahrscheinlich war. Nicht erörtert wurde aber die Frage, ob das Kind bei dem Gespräch in dem Sitzkreis durch die allgemein angespannte Stimmung und durch die Aussagen anderer Kinder möglicherweise suggestiv beeinflusst wurde. Die Experimente von Loftus und die damit verbundene rechtspsychologische Diskussion waren Frau F. allem Anschein nach nicht bekannt. Mutig stellte sie nämlich fest, dass »gegen den Verdacht, das Mädchen könne sich lediglich an Berichte anderer Kinder angehängt haben, [der] lange zeitliche Abstand zum fraglichen Geschehen« spreche. Dies sei nämlich, so argumentierte sie weiter, »nach aussagepsychologischer Erfahrung bei einem bloßen Aufgreifen von Informationen anderer nicht zu erwarten«.

Damit argumentierte meine Kollegin meiner Meinung nach aber an der Sache vorbei. Wer nämlich einmal die subjektive Überzeugung gewonnen hat, etwas in einer bestimmten Weise erlebt zu haben, der kann an dieser »Erinnerung« sehr lange festhalten und ist sogar in der Lage, diese immer weiter auszuschmücken, unabhängig davon, ob der Ursprung ein reales Erlebnis oder eine bloße Suggestion war. Im Übrigen hilft die bloße Prüfung der erwähnten Realkennzeichen bei der Beurteilung von Aussagen, die suggestiv beeinflusst wurden, in der Regel nicht weiter. Die Zeugen erfinden und konstruieren ja nichts, sie handeln nicht entgegen ihrem besseren Wissen, sondern sind im Gegenteil fest überzeugt davon, die Wahrheit zu sagen. Auch in solchen Aussagen lassen sich deshalb viele Merkmale finden, die scheinbar einen Erlebnishintergrund nahelegen. Wenn die Möglichkeit einer suggestiven Beeinflussung vorliegen könnte, dann muss eine aussagepsychologische Begutachtung vor allem die Frage der Entstehung und Entwicklung einer Aussage näher betrachten. Genau dies wurde hier aber versäumt.

In meiner Stellungnahme zu dem Gutachten von Monika F. empfahl ich dem Gericht daher dringend eine erneute und gründliche Überprüfung der Aussagen von Laura W. und der anderen Kinder, entweder durch weitere Gutachtenaufträge oder durch die Erörterung im Rahmen der Hauptverhandlung.[24] Dazu aber kam es nicht. Wegen der schwierigen Beweislage war nicht zu erwarten, dass der Prozess bereits in der ersten Instanz zu einem rechtskräftigen Urteil führen würde. Bei einem Schuldspruch wäre Dr. S. sicher in Berufung gegangen, bei einem Freispruch hätte die Staatsanwaltschaft mit größter Wahrscheinlichkeit Berufung eingelegt. Das Verfahren hätte sich also jahrelang durch mehrere Instanzen hinziehen können, und jedes Mal hätten dazu auch die Kinder vernommen werden müssen. Das Ende wäre völlig offen gewesen – ein Freispruch mangels eindeutiger Beweise oder doch eine Verurteilung zu einer (vollstreckbaren) Freiheitsstrafe?

Um einen Ausweg aus dieser verfahrenen Situation zu finden, bot man Dr. S. die Möglichkeit eines Strafbefehls an, also ein rechtskräftiges Urteil ohne mündliche Hauptverhandlung.[25] Keine Zeugenaussagen, keine Gutachten, keine Plädoyers. Konkret ging es bei diesem Strafbefehl um eine Freiheitsstrafe zur Bewährung »unter einem Jahr« sowie um eine »Geldstrafe in fünfstelliger Höhe«. Dr. S. akzeptierte schließlich diesen Weg, der ihm nach Abwägung der sonstigen Möglichkeiten offenbar als die bessere Wahl erschien. Er galt damit zwar als vorbestraft, doch er vermied ein langwieriges und wahrscheinlich Aufsehen erregendes Gerichtsverfahren, und auch den Kindern blieben wiederholte Vernehmungen erspart.

Eigentlich hätten jetzt alle mit dieser Lösung des Falles zufrieden sein können. Weil Dr. S. aber als Medizinaloberrat bei einem staatlichen Gesundheitsamt beschäftigt war, war die Angelegenheit für ihn noch lange nicht ausgestanden. Ein Jahr später folgte nämlich ein Disziplinarverfahren vor dem Verwaltungsgericht mit weiteren Sanktionen.

Was aber an diesem Morgen in der Montessori-Schule tatsächlich geschehen war, konnte nie wirklich aufgeklärt werden.

Standards der Aussagepsychologie – ein Restrisiko bleibt

Wenn ich auf diesen Fall jetzt, also nach rund zwanzig Jahren, zurückblicke, dann habe ich die Hoffnung, dass sich etwas Ähnliches heute nicht mehr oder zumindest kaum noch ereignen dürfte. Insbesondere die justizielle und praktische Bewertung von Anschuldigungen, bei denen Aussage gegen Aussage steht, sollte auf jeden Fall gründlicher und sorgfältiger erfolgen als damals, wenngleich ich dies natürlich nicht sicher sagen kann. Die fachliche Diskussion über die Grundregeln einer angemessenen aussagepsychologischen Begutachtung hat jedenfalls seither einen breiten Niederschlag in der psychologischen und juristischen Literatur und auch in der Rechtsprechung gefunden. Vor allem das Wissen über die Möglichkeiten der suggestiven Beeinflussung von Zeugen und die Kenntnis der Risiken, die mit einer starren Anwendung der Realkennzeichen und einer einseitigen, bloß affirmativen Vorgehensweise verbunden sind, dürfte inzwischen weit verbreitet sein.

Von maßgeblicher Bedeutung für diese Entwicklung war neben vielen Einzelentscheidungen vor allem eine Grundsatzentscheidung des Bundesgerichtshofs (BGH) vom 30. Juli 1999[26]. In diesem viel beachteten Urteil hat sich der BGH ausführlich zu den »wissenschaftlichen Anforderungen an aussagepsychologische Begutachtungen« geäußert. Es ging dabei um einen Fall, bei dem ein Angeklagter wegen sexuellen Missbrauchs eines Kindes in neun Fällen zu einer Gesamtfreiheitsstrafe von sechs Jahren und sechs Monaten verurteilt worden war. Eine Psychologin hatte das mutmaßliche Opfer, die damals 14-jährige Adoptivtochter des Angeklagten, aussagepsychologisch begutachtet und war zu dem Ergebnis gelangt, die Angaben des Mädchens, es sei über einen Zeitraum von acht Jahren sexuell missbraucht worden, seien glaubhaft.

Unter Hinweis auf methodische Mängel dieses Gutachtens beantragte die Verteidigung die Einholung eines weiteren Gutachtens, was vom Gericht aber abgelehnt wurde. Begründung: Die Kammer sei aufgrund dieses Gutachtens vom Gegenteil überzeugt. Die Sachkunde der erfahrenen Gutachterin stehe außer Zweifel. Der zuständige 1. Strafsenat des BGH kam jedoch zu einer anderen Einschätzung. Er hob das Urteil der ersten Instanz auf und verwies die Sache an das Landgericht zurück. Gerügt wurde dabei, dass das Landgericht die Ablehnung eines neuerlichen Gutachtens unzureichend begründet hatte. Es hätte sich nämlich mit den von der Verteidigung bezeichneten Mängeln im Einzelnen auseinandersetzen müssen.

Bei seiner Entscheidung hatte sich der BGH von zwei psychologischen Sachverständigen beraten lassen: Prof. Fiedler, Heidelberg, und Prof. Steller, Berlin. Die von diesen Experten formulierten Mindestanforderungen an psychologische Glaubhaftigkeitsgutachten wurden vom BGH übernommen und gelten seither als verbindlicher Maßstab für derartige Expertisen.

Das methodische Grundprinzip einer aussagepsychologischen Begutachtung besteht demnach darin, die Annahme der Glaubhaftigkeit einer spezifischen Aussage so lange zu negieren, bis dies mit den vorliegenden Fakten nicht mehr vereinbar ist. Ein psychologischer Sachverständiger soll darum zunächst, so wie dies bei der wissenschaftlichen Überprüfung von Hypothesen allgemein üblich ist, von einer Art »Nullhypothese« ausgehen, nämlich von der Annahme, die Aussage sei nicht glaubhaft, also unwahr.[27] Zur Prüfung dieser vorläufigen Annahme oder Theorie sollen weitere Hypothesen gebildet werden.

Dazu zählt etwa die Annahme, dass es sich bei der Aussage um ein reines Fantasieprodukt handelt oder um Inhalte, die aus Büchern oder Filmen übernommen und auf den Angeklagten projiziert wurden. In manchen Fällen kommt es auch vor, dass die berichteten sexuellen Übergriffe zwar real erlebt wurden, jedoch mit einer anderen Person als der des Angeklagten. Die entsprechende Vermutung wird als »Übertragungshypothese« bezeichnet. Denkbar wäre es aber auch, dass ein Zeuge oder eine Zeugin gezielt von einer anderen Person instruiert wurde, eine falsche Aussage zu tätigen. Auch eine solche »Instruktionshypothese« sollte daher geprüft werden. Spätestens seit den Studien von Elizabeth Loftus gehört auch die Prüfung einer »Suggestionshypothese«, also die Annahme, dass die Aussage in wesentlichen Teilen das Ergebnis suggestiver Beeinflussungen darstellt, zum Standardrepertoire der Aussagepsychologie.

Erst wenn die Prüfstrategie ergibt, dass die »Unwahr- oder Nullhypothese« mit den Befundtatsachen nicht in Einklang zu bringen ist, wird sie verworfen. Es gilt dann die Alternativhypothese, also die Annahme, die Aussage sei erlebnisbegründet und somit glaubhaft. [28]

Eine derartige Entscheidung ist freilich niemals absolut sicher, sondern stets mit einem gewissen Restrisiko verbunden, das man in den Sozialwissenschaften als Irrtumswahrscheinlichkeit oder Signifikanzniveau bezeichnet. Je nachdem, welche praktischen oder rechtlichen Konsequenzen mit einer derartigen Entscheidung verbunden sind, wird man daher ein mehr oder minder geringes Restrisiko zugrunde legen müssen. Für einen Laien, also für jemanden, der es nicht gewohnt ist, mit den wissenschaftstheoretischen Bedingungen der Psychologie zu arbeiten und zu argumentieren, mag ein solcher Ansatz fremd und unbefriedigend erscheinen. Zu gerne wüsste man doch alles ganz genau, ohne jeden Zweifel also. Das ist verständlich, aber leider nicht einlösbar, denn es handelt sich hier nicht bloß um eine gegenwärtige, vorübergehende Schwäche der Wissenschaft, sondern um eine grundsätzliche Begrenzung unserer Erkenntnismöglichkeiten. Ich werde darauf auch an anderer Stelle, bei der Darstellung der Kriminalprognose, noch einmal eingehen.

Die Verpflichtung, sich bei einer aussagepsychologischen Begutachtung an dem aktuellen wissenschaftlichen Kenntnisstand zu orientieren, gilt nach dem BGH-Urteil von 1999 nicht nur für das Prinzip der Hypothesenprüfung, sondern auch für die Wahl der eingesetzten methodischen Mittel. Dies betrifft die Heranziehung der bereits erwähnten Realkennzeichen im Rahmen einer Inhaltsanalyse, zum Beispiel logische Konsistenz, Detailreichtum, raum-zeitliche Verknüpfungen, Schilderung psychischer Vorgänge, deliktspezifische Aussageelemente sowie die Konstanzprüfung bei Vorlage mehrerer Aussagen. Diese Kennzeichen dürfen jedoch nicht schematisch angewandt werden. So ist ein zwingender Schluss von einem einzigen Merkmal auf die Glaubhaftigkeit aller Angaben einer Person keinesfalls möglich. Unzulässig ist es nach dem Urteil auch, »aus dem Vorliegen einer

bestimmten Anzahl von Merkmalen im Sinne einer Schwellen-
wertes auf die Qualität einer Aussage zu schließen«.

Weil, wie bereits erwähnt, »die Realkennzeichen ungeeignet
sind, zur Unterscheidung zwischen einer wahren und einer sug-
gerierten Aussage beizutragen«, soll ein besonderes Augenmerk
auf die Frage der Entstehung und Entwicklung einer Aussage gelegt werden. Zu prüfen ist also: Wann wurde wem was und wie
berichtet, und gab es dabei die Möglichkeit einer – absichtlichen
oder unabsichtlichen – auto- oder fremdsuggestiven Beeinflussung in eine bestimmte Richtung? Dabei soll es nach Auffassung
des BGH aber nicht um alle denkbaren, sondern nur um die im
konkreten Fall nach dem Stand der Ermittlungen realistisch erscheinenden Erklärungsmöglichkeiten gehen.

Kritisch äußerte sich der BGH zur Anwendung diagnostischer
Verfahren, die zwar in der therapeutischen Arbeit mit traumati-
sierten Kindern sinnvoll sein können, denen aber in der gerichts-
psychologischen Analyse zur Glaubhaftigkeit keine oder allenfalls eine nur geringe Bedeutung zukommt. Dies betrifft etwa die
Interpretation von Kinderzeichnungen oder die Beurteilung des
Umgangs von Kindern mit anatomisch korrekten Puppen, in gewisser Weise auch den Einsatz von sogenannten Fantasieproben
und ähnlichen Verfahren.

Auch wenn es vielleicht so aussieht, als hätte hier ein oberstes
Gericht, also eine juristische Instanz, einer anderen wissenschaftlichen Disziplin, der Psychologie, enge Vorschriften gemacht und
sich damit in unzulässiger Weise in fachfremde Inhalte einge-
mischt, so liegen die Dinge doch anders. Das Urteil des BGH orientiert sich nämlich einerseits lediglich an dem aktuellen Stand
der wissenschaftlich fundierten, also evidenzbasierten Aussagepsychologie und erteilt damit dubiosen, unzuverlässigen Verfahren eine Absage, es lässt aber gleichwohl genügend Spielraum für
die Gestaltung eines Gutachtens im konkreten Fall. So wird der
Grundsatz, »dass es in erster Linie dem Sachverständigen über-

lassen ist, in welcher Art und Weise er sein Gutachten dem Gericht unterbreitet«, ausdrücklich nicht infrage gestellt. Gefordert wird allerdings die Nachvollziehbarkeit und Transparenz einer Begutachtung, die sich nicht als Ergebnis einer Geheimwissenschaft präsentieren darf. Doch auch das zählt seit Langem zu den Grundprinzipien jedweder psychologischen Begutachtung, nicht nur in der Rechtspsychologie, wenngleich dies in der Vergangenheit offenbar nicht immer eingehalten wurde.

Ich persönlich sehe in diesem kritischen Zeigefinger der Jurisprudenz keine Grenzüberschreitung, sondern eine Bekräftigung und Klarstellung der Aufgaben und der Rolle psychologischer Sachverständiger bei Gericht. Dies hilft mir und meinen Fachkollegen, den Dialog zwischen Justiz und Psychologie – und als solchen betrachte ich unsere Sachverständigentätigkeit grundsätzlich – auf einer gemeinsam akzeptierten festen Grundlage zu führen. Umgekehrt bietet dieses BGH-Urteil aber auch eine Richtschnur für Staatsanwaltschaften und Gerichte für den Einsatz von Sachverständigen und für die Beurteilung von Gutachtern und Gutachten. Auch hier gab und gibt es bisweilen Versäumnisse, etwa die zwar bequeme, aber problematische Beauftragung von »Hausgutachtern«, also von Sachverständigen, die man unabhängig von den speziellen Anforderungen eines Falles sozusagen immer einsetzt. Ich werde auf diese Problematik an anderer Stelle in diesem Buch noch ausführlicher eingehen.

Lügendetektor und Körpersprache

Bei vielen Gelegenheiten habe ich in der Vergangenheit die Erfahrung gemacht, dass dann, wenn ich mich zu den Themen Glaubhaftigkeitsprüfung und Aussagepsychologie äußere, ich auch danach gefragt werde, was ich in diesem Zusammenhang von Lügendetektoren und der Deutung von Körpersprache halte.

Ich gehe deshalb davon aus, dass viele Leserinnen und Leser an dieser Stelle etwas Ähnliches von mir erwarten. Aus diesem Grunde will ich auf dieses Thema zumindest kurz eingehen, obwohl – so viel sei vorneweg verraten – beide Methoden nicht zum Standardrepertoire der rechtspsychologischen Diagnostik zählen und von mir auch nicht eingesetzt werden. Doch der Reihe nach.

»Lügendetektor« ist die ungenaue, umgangssprachliche Bezeichnung für ein Gerät, das den Verlauf von körperlichen, das heißt physiologischen, Messwerten – wie Puls, Blutdruck, Atemfrequenz oder die elektrische Leitfähigkeit der Haut – einer Person misst und kontinuierlich aufzeichnet. Weil dabei meist mehrere Parameter gleichzeitig erfasst werden, lautet der Fachbegriff eines solchen Messgerätes Polygraph, also Vielschreiber. Die so erfassten Daten sind gewissermaßen ein Abbild der Aktiviertheit oder des Erregungszustands einer Person. Sehr schön lässt sich damit im Laborversuch oder auch im Rahmen einer Vorlesung demonstrieren, wie sich die Messwerte einer in Ruhe befindlichen Versuchsperson schlagartig ändern, wenn plötzlich ein lautes Geräusch ertönt oder ein anderes unerwartetes Ereignis eintritt, etwa ein greller Lichtblitz oder ein heftiger Luftstoß. Die durch das Gerät wiedergegebenen physiologischen Reaktionen erfolgen unwillkürlich, das heißt, sie lassen sich willentlich gar nicht oder nur sehr schwer beeinflussen.

Weil solche Veränderungen des Erregungsgrades nicht nur durch äußere Reize hervorgerufen werden (können), sondern auch durch innere Prozesse – Gedanken, Gefühle, Ängste –, liegt es nahe zu fragen, ob damit auch ein Einsatz in der forensischen Praxis möglich wäre. Geht man nämlich davon aus, dass eine Lüge oder bewusste Falschaussage mit einer größeren inneren Anspannung einhergeht als eine wahre Aussage, so müsste es doch möglich sein, mithilfe eines Polygraphen festzustellen, ob jemand lügt oder die Wahrheit sagt. Bei dieser Art der »Lügendetektion« werden zwei verschiedene Prüfmethoden unterschieden: der Tatwissenstest und der Kontrollfragentest.

Bei einem *Tatwissenstest* wird gezielt danach gefragt, was jemand über eine aufzuklärende Tat weiß. Gibt man etwa für den Ablauf einer Tat, für einzelne Tatmittel oder für Verletzungen des Opfers mehrere Alternativen vor, von denen jeweils nur eine zutreffend ist, sollten – so die Theorie – die durch den Polygraphen erfassten Reaktionen immer dann besonders stark erfolgen, wenn die richtige Antwortmöglichkeit wahrheitswidrig verneint wird, also bei einer Lüge.

Im *Kontrollfragentest* werden die Reaktionen auf unmittelbar tatbezogene Fragen verglichen mit den Reaktionen auf neutrale Kontrollfragen, die mit der aufzuklärenden Tat nichts zu tun haben, aber aus demselben Problem- oder Deliktbereich stammen. Die Theorie oder Leitidee dieses Tests besteht in der Annahme, dass sich unschuldige und somit fälschlich verdächtigte Personen in ihren durch den Polygraphen erfassten Reaktionen systematisch von »echten« Tätern unterscheiden. Während Unschuldige auch auf Kontrollfragen heftig reagieren können, sollten für Täter vor allem die tatbezogenen Fragen bedrohlich wirken und damit zu stärkeren Reaktionen führen.

In Simulationsversuchen, also mit Probanden, denen bestimmte Rollen – Lügner oder Wahrheitssager – zugewiesen wurden, lassen sich für beide Testmethoden gute bis sehr gute Trefferquoten erzielen, doch ist eine Übertragbarkeit solcher Ergebnisse auf die gerichtliche Praxis mehr als fraglich. Die Bedingungen einer echten Vernehmung eines Beschuldigten sind nämlich schon wegen der möglichen Konsequenzen – Anklage, Urteil, Haft – für die betreffende Person in keiner Weise vergleichbar mit einer Laborsituation. Zudem ist es auch nicht möglich, eindeutige, sozusagen gesetzmäßige Zusammenhänge zwischen dem durch einen Polygraphen erfassten Erregungszustand einer Person und den zugrunde liegenden Ursachen herzustellen. So könnte eine Veränderung des Blutdrucks oder des elektrischen Hautwiderstandes bei einem Kontrollfragentest nicht nur durch die Sorge vor dem Entdecktwerden verursacht werden, sondern ließe sich auch auf andere Gründe zurückführen. Falsch oder jedenfalls nicht beweisbar ist schließlich die Annahme, dass ein zu Unrecht Verdächtigter stets ruhiger, entspannter reagiert als ein echter Täter. Die Sorge vor einer falschen Beschuldigung könnte nämlich auch zu einem erhöhten Erregungsgrad führen, während ein routinierter, polizei- und justizerfahrener Intensivtäter bei einem Verhör gelassen bleiben könnte. Der Einsatz von Polygraphen als Lügendetektor, also zur Unterscheidung zwischen Lüge und Wahrheit, scheitert somit bereits an den grundlegenden Hypothesen dieser Methode.

Diese Einschätzung wird jedenfalls innerhalb der deutschen Rechtspsychologie weit überwiegend vertreten und wurde auch von der obersten Rechtsprechung mehrfach bestätigt.[29] Wegen der hohen Fehleranfälligkeit dieser Methode sollte sie jedenfalls in Strafverfahren nicht eingesetzt werden, um den Wahrheitsgehalt der Aussagen von Zeugen oder Beschuldigten zu prüfen, auch dann nicht, wenn die jeweiligen Personen dies ausdrücklich wünschen sollten. Dass dies in anderen Ländern, etwa in den USA, großzügiger gesehen wird, sollte uns nicht irritieren. Schließlich gibt es im internationalen Vergleich auch andere gravierende Unterschiede in der Durchführung von Strafverfahren, in der Wahrheitsfindung und in der Vollstreckung von Urteilen, ohne dass wir deshalb gleich von den hierzulande geltenden Grundsätzen abweichen müssten.

Eine andere angeblich untrügliche Methode zur Unterscheidung zwischen Wahrheit und Lüge ist die Deutung der sogenannten Körpersprache von Personen, etwa im Rahmen einer polizeilichen Vernehmung. Als regelmäßiger »Tatort«-Zuschauer beobachte ich in letzter Zeit verstärkt, dass offenbar auch Drehbuchautoren gerne mit dieser vermeintlich raffinierten Technik liebäugeln. Mit Körpersprache werden in der Psychologie unterschiedliche Formen der Haltung und Bewegung von Kopf, Körper, Händen, Armen und Beinen, zum Beispiel Sitzposition, Händedruck, Blickrichtung, Nähe und Distanz zu anderen Personen, bezeichnet, die als Merkmale oder Signale der nonverbalen Kommunikation angesehen werden. Das Vorhandensein und die grundsätzliche Bedeutung solcher Signale für das menschliche Verhalten sind unbestritten, und die Analyse von Entwicklung und Interpretation der damit verbundenen Prozesse nimmt in der Kommunikationsforschung mit Recht einen breiten Raum ein.

Dabei werden neben offensichtlichen Verhaltensweisen (sogenannte Makrosignale) auch feinste Mikrosignale der Körpersprache (sogenannte Mikroexpressionen) untersucht, die man oft nur durch Zeitlupenaufnahmen erkennen kann. Weil viele dieser Signale unbewusst ausgesandt werden, also unserer willkürlichen Kontrolle entzogen sind, drängt sich die Frage auf, ob man die Deutung der Körpersprache auch zur Wahrheitsfindung verwenden kann. Gibt es also verbindliche, hieb- und stichfeste Regeln, die einen Lügner überführen können?

Viele Eltern behaupten ja, sie könnten es ihren Kindern buchstäblich an der Nasenspitze ablesen, wenn diese versuchen würden, sie anzulügen. Die Kinder meiden dann zum Beispiel den Blickkontakt, wirken zappelig oder auch übertrieben fröhlich und hilfsbereit. Das mag so sein, und auch viele Paare betonen, sie könnten es ihrem Partner treffsicher an der Körpersprache, an einzelnen Gesten etwa, ansehen, wenn er oder sie versucht, dem anderen etwas vorzuschwindeln. Was im Alltag – möglicherweise – funktioniert, muss sich aber deswegen nicht für die forensische Praxis eignen, da hier ein höherer Grad an Zuverlässigkeit und Eindeutigkeit der Interpretationen zu verlangen ist.

Noch deutlicher als beim Polygraphen, bei dem es ja auch um unwillkürliche, nicht bewusst steuerbare Signale unseres Körpers geht, sind hier nämlich große Bedenken anzumelden. Schon die Behauptung, es gebe universell gültige Zusammenhänge zwischen bestimmten Körpersignalen und einer wahren oder unwahren Aussage, ist hochspekulativ und empirisch nicht haltbar. Was bei einer Person zutreffend sein mag, könnte bei einer anderen Person zu groben Fehlschlüssen führen. Ein wesentliches Merkmal menschlichen Verhaltens und damit auch der Körpersprache ist nämlich deren große Bandbreite oder Variation zwischen verschiedenen Personen.

Natürlich gibt es auch übergreifende Muster der Körpersprache. Eine tieftraurige Person können wir im Alltag in der Regel mühelos von einem überglücklichen, lebensfrohen Menschen unterscheiden, und jeder Theaterschauspieler ist in der Lage, auf der Bühne verschiedene Gefühlszustände seiner Charaktere ohne viele Worte darzustellen. Um solche vergleichsweise einfachen Zusammenhänge geht es jedoch bei der Glaubhaftigkeitsprüfung von Aussagen nicht. Hier kommt es darauf an, ob eine konkrete Angabe zu einem bestimmten Geschehen, einen realen, also Erlebnishintergrund hat oder ob es andere Erklärungsmöglichkeiten dafür gibt. Eine bewusste Falschaussage, also eine Lüge, ist aber nur eine der dabei zu berücksichtigenden Optionen.

Eine durch Auto- oder Fremdsuggestion entstandene und subjektiv für wahr gehaltene Aussage müsste also auch bei der Deutung der begleitenden Körpersignale – vorausgesetzt, es gäbe zuverlässige Deutungsregeln – ein ähnliches Bild abliefern wie eine Aussage zu einem tatsächlichen Erlebnis. Nur wenn man unterstellen würde, dass auch in einem solchen Fall der Körper eines Menschen gewissermaßen schlauer wäre als die Person selbst, ließe sich die Anwendbarkeit der Deutung von Körpersprache noch irgendwie begründen. Mit einer solchen Argumentation begäbe man sich allerdings auf ein Terrain, das sich zumindest im Grenzbereich von paranormalen Phänomenen bewegt. Auf

einen derart gewagten Trip möchte ich mich als erfahrungs-
wissenschaftlich orientierter Psychologe lieber nicht begeben.
Die Deutung der Körpersprache zur Erkennung von Wahrheit
oder Lüge sollten wir also getrost alltäglichen »Ermittlungen«
oder spielerischen Demonstrationsversuchen überlassen. Im
Gerichtssaal hat sie nichts verloren.

Blick in die Zukunft

Die Pythia vom Rhein

Im Juni 1978 fand in Argentinien die elfte Fußball-Weltmeisterschaft statt. Jeder, der dies damals miterlebt hat, erinnert sich noch heute an die als »Schmach von Cordoba« bezeichnete Niederlage der DFB-Elf gegen Österreich – die man in Österreich freilich seither als das »Wunder von Cordoba« feiert. Der damals noch amtierende Weltmeister Deutschland verfehlte durch die Niederlage den Einzug in die Finalrunde. Endspielkandidaten waren das Team der Gastgeber aus Argentinien und erneut – wie beim vorherigen Turnier – die Mannschaft der Niederlande, die schon vier Jahre zuvor in München den Titel knapp verpasst hatte. Wer würde es diesmal schaffen? Die heimstarken Argentinier mit der Unterstützung von über 70 000 Zuschauern im Stadion oder die niederländische Mannschaft, die es diesmal endlich wissen wollte? Beides schien möglich.

Neben vielen renommierten Fußballexperten wurde damals auch die als »Wahrsagerin von Bonn« oder »Pythia vom Rhein« bezeichnete Madame Buchela um ihre Meinung gefragt, eine Berühmtheit der damaligen Zeit, jedenfalls für die Boulevardpresse. Sie soll nicht nur den Tod ihres Bruders vorausgesagt haben, sondern wurde angeblich auch von Konrad Adenauer und anderen Bonner Politikern zu Rate gezogen, etwa für Wahlprognosen.

In einem Fernsehinterview gab Madame Buchela schließlich selbstsicher zu Protokoll:»Ich sehe immer die Holländer reinkommen.« Bis heute weiß ich nicht, wen sie da wo hat »reinkommen« sehen. Fakt ist jedenfalls, dass das Finale in Buenos Aires am 25. Juni 1978 mit 3:1 nicht von Holland, sondern von Argentinien gewonnen wurde. Bekanntlich warten ja die niederländischen Fußballfans noch immer vergeblich auf einen ersten WM-Titel ihres Nationalteams. Auch 2010 in Südafrika klappte es wieder einmal nicht; das Endspiel dort gewann Spanien.

Wenn schon die Voraussage des Siegers in einem Fußballspiel die – na ja – Fähigkeiten einer berühmten Hellseherin überfordert – bei einem schlichten Münzwurf beträgt die Wahrscheinlichkeit, dabei per Zufall das richtige Ergebnis zu tippen, immerhin schon 50 Prozent –, wie viel schwerer dürfte es dann sein, eine zuverlässige Vorhersage über das zukünftige Verhalten eines Menschen abzugeben? Genau eine solche Vorhersage aber bräuchten wir, wenn wir einen Straftäter vor uns haben, für den eine sogenannte Sozialprognose zu erstellen ist. Bei einer vorzeitigen Entlassung aus Strafhaft oder, wie dies juristisch korrekt heißt, bei der »Aussetzung des Restes einer Freiheitsstrafe zur Bewährung« soll sich beispielsweise das von einem Sachverständigen zu erstellende Gutachten »namentlich zu der Frage äußern, ob bei dem Verurteilten keine Gefahr mehr besteht, dass dessen durch die Tat zutage getretene Gefährlichkeit fortbesteht« (§ 454 Abs. 2 StPO). Etwas schlichter formuliert, ob damit zu rechnen ist, dass der Verurteilte nach einer Entlassung erneut schwere Straftaten begehen wird.

Um es gleich vorweg zu sagen: Einen sicheren Blick in die Zukunft gibt es nicht. Niemand kann schließlich mit Gewissheit sagen, was morgen geschehen wird, wer oder was einem in nächster Zeit begegnen wird oder welche Aufgaben zu lösen sein werden. Kein noch so gefeierter Wahrsager ist dazu in der Lage, und erst recht wird das kein seriöser Psychologe für sich in Anspruch nehmen wollen. Zwar gibt es Erfahrungswerte und Statistiken, deren Anwendung auf den Einzelfall ist aber schwierig. So soll der Direktor eines großen Gefängnisses einmal gesagt haben, er gehe davon aus, dass man die Hälfte seiner Insassen sofort entlassen könnte, weil diese draußen nichts mehr anstellen würden – er wisse nur nicht, welche Hälfte das sei.

Kriminalprognosen sind aber nur ein Sonderfall von in die Zukunft gerichteten Erwartungen; schließlich besteht unser Leben aus einer Vielzahl von Bewertungen, Einschätzungen oder eben Prognosen, sodass es sich lohnt, diese Thematik zunächst etwas allgemeiner zu betrachten.

Sterne lügen nicht – wie sollten sie auch?

Wann immer wir die Wahl haben zwischen mehreren Alternativen, stehen wir vor der Frage, welche Entscheidung wohl die richtige, die bessere für uns ist. Das fängt schon bei Kleinigkeiten an: »Gehen wir heute Abend in ein feines italienisches Speiselokal oder besuchen wir einen alten Schulfreund oder bleiben wir lieber daheim und machen es uns da gemütlich?« Oft genug lässt sich dabei selbst hinterher nicht genau feststellen, ob wir uns richtig entschieden haben. Wenn wir also in ein Lokal gegangen sind, dann haben wir schließlich den Besuch bei dem Freund verpasst und können deshalb nicht beurteilen, ob es dort oder zu Hause nicht doch schöner gewesen wäre. Immerhin können wir es uns bei solchen alltäglichen Entscheidungen leicht machen, wenn wir die verschiedenen Möglichkeiten einfach nacheinander realisieren. Heute dies, morgen das und übermorgen wieder etwas anderes.

Das geht bei komplexeren Entscheidungen, die uns für viele Monate binden oder gar unseren gesamten weiteren Lebensweg wesentlich beeinflussen, schon nicht mehr. Wenn wir uns zu einer Berufsausbildung entschlossen haben, dann ist es schwierig, wenngleich nicht unmöglich, die Richtung noch einmal zu ändern. Auch ob wir bei unserer Partnerwahl die richtige Entscheidung getroffen haben, stellt sich vielleicht erst nach langer Zeit heraus, und dann ist es bekanntlich äußerst kompliziert, aufwendig und schmerzhaft, die bestehende Beziehung zu lösen und einen Neuanfang zu wagen, für den freilich ebenfalls offen ist, ob wir damit glücklich werden.

Angesichts der Tragweite mancher Entscheidungen suchen offenbar viele Menschen Trost und Zuspruch bei sogenannten Hellsehern, Kartenlegern oder astrologischen Ratgebern – sogar eigene Fernsehsender gibt es mittlerweile für diese Art »Beratung«. Eigentlich sollte zwar jedem vernünftig denkenden Menschen klar sein, dass hinter der glänzenden Fassade solch zweifelhafter »Lebenshilfen« eigentlich nur ein aufgeblasenes Nichts stecken kann, zumeist gepaart mit durchaus irdischen finanziellen Interessen. Die große Unsicherheit, die Sorge, etwas Falsches zu tun, bringt aber anscheinend auch kluge Menschen dazu, nach diesem vermeintlichen Rettungsanker zu greifen. Natürlich kann man niemanden daran hindern, mit der Angst und der Ungewissheit anderer Menschen Geld zu verdienen, dennoch ist es erstaunlich, wie leicht selbst im 21. Jahrhundert sich viele Personen auf die Leimspur von selbst ernannten Sehern und anderen Scharlatanen führen lassen – von dem Schaden, den ein derartiger Unsinn anrichten kann, einmal ganz abgesehen.

Der psychologische Trick dabei ist offenbar, dass die erteilten »Ratschläge« oft sehr allgemeiner Natur sind und hauptsächlich geläufige Ansichten oder Meinungen beinhalten, die leicht akzeptiert und in die eigene Lebenssituation eingebaut werden können. Wenn also eine Kartenlegerin beispielsweise – angeblich – aus ihren Karten liest, dass es für den Erhalt einer in die Krise geratenen Ehe sinnvoll wäre, dem Partner etwas mehr Spielraum zu geben, dann wird dies bei den meisten Ratsuchenden wahrscheinlich auf wenig Widerspruch stoßen. Einerseits wird dadurch das bei vielen Menschen in Beziehungskonflikten ohnhin vorhandene, wenn auch nicht immer eingestandene schlechte Gewissen angesprochen, andererseits wird durch diese Empfehlung suggeriert, dass man die verfahrene Situation aus eigener Kraft klären und damit verbessern könnte. Das verleiht Hoffnung und Stärke. Wer seiner Partnerin oder seinem Partner danach etwas großzügiger und gelassener gegenübertritt, dürfte in der Regel zumindest kurzfristig tatsächlich ein wenig zur Entlastung der angespannten Situation beitragen. Wird anschließend dieses minimale – man könnte auch sagen banale – Ergebnis auf die vermeintlich hellseherischen Fähigkeiten der Kartenlegerin zurückgeführt, hat sich die Erwartung, dass einem hier eine spirituelle Erkenntnis, ein höheres Wissen vermittelt wurde, scheinbar bestätigt. Irrtum ausgeschlossen. Die Sterne – oder die Karten oder das Pendel oder die Glaskugel – lügen nicht.

Dabei ist es ganz einfach, solche Effekte zu erzeugen. Ich habe das in der Vergangenheit immer wieder selbst ausprobiert, bei Studienanfängern oder auch im privaten Kreis, um in einer Art Demonstrationsversuch die »Qualität« meiner psychologischen Diagnosen darzulegen. Dafür genügt es, einen Text vorzulegen, den man als »individuelles Gutachten« ausgibt, das man wiederum angeblich auf der Grundlage einer Schriftprobe oder eines Psychotestes erstellt hat. In Wahrheit handelt es sich dabei aber nur um einen frei erfundenen Standardtext, der in sehr allgemeiner Form und im Grunde nichtssagend etliche lobhudelnde Phrasen enthält, in die einige wenige kritische Bemerkungen eingestreut wurden – damit es nicht gar so positiv klingt und leichter akzeptiert wird. Hier ein Auszug aus einem solchen »Gutachten«, dessen ursprüngliche Fassung bereits vor über achtzig Jahren zur Demonstration von Pseudo-Diagnosen verwendet wurde[1]:

»Sie sind im Grunde Ihres Wesens ein aufrichtiger Mensch, dem es von Natur aus nicht liegt, mit seinen Meinungen und Gefühlen zurückzuhalten. Diese Eigenschaft hat Ihnen schon manche Enttäuschung eingetragen. Andererseits können Sie bestimmten, Ihnen weniger sympathischen Menschen gegenüber recht zurückhaltend sein. Im Kreise vertrauter Personen aber sind Sie gesellig, heiter, ja, oft ausgelassen, können sich ganz dem Augenblick hingeben. Es kommen allerdings auch Augenblicke bei Ihnen, wo Sie das Bedürfnis haben, mit sich allein zu sein, wo Sie trübe Stimmungen, Zweifel an sich selbst zu überwinden haben. Sie pflegen im Allgemeinen recht gesellige Beziehungen. Doch sind diese mehr äußerlicher Art. Ihr innerstes Wesen erschließen Sie doch nur Wenigen. Diesen sind Sie ein treuer, aufrichtiger Freund, auf den der andere sich verlassen kann.

Im Allgemeinen verstehen Sie es, Ihren Gleichmut zu bewahren, doch sind feinere Stimmungsschwankungen bei Ihnen nichts Seltenes. Sie können sehr empfindlich sein, lassen es sich aber nicht anmerken. Sie haben aber doch das Bedürfnis, sich wenigstens einigen Menschen anzuvertrauen, nämlich nahestehenden Personen. An diesen können Sie die verhüllte Missstimmung auch wohl einmal auslassen …

Zurzeit befinden Sie sich in einer etwas gedrückten Lage, die Ihr Wesen nicht voll zur Entfaltung kommen lässt, die eine Trübung Ihrer Persönlichkeitsstruktur bedingt. Doch befindet sich Ihr persönliches Schicksal jetzt wieder in aufsteigender Linie.«

Es ist verblüffend, ja, erschreckend, wie viele Menschen ich nach der Vorlage eines solch simplen Textes von der angeblichen Qualität meines »Gutachtens« überzeugen konnte: »Das beschreibt mich ja ganz genau. Woher wissen Sie das alles? Wie konnten Sie das aus meiner Schrift und aus diesem Test sehen?«

Natürlich habe ich am Ende jedes Mal alles peinlich genau aufgeklärt, in der Hoffnung, dass die so informierten Personen zukünftig gewappnet sind gegen Pseudo-Gutachten, übereifrige Hobby-Psychologen, Astro-Berater, Kartenleger und andere Verführer.

Im Grunde wäre es relativ leicht, den Scharlatanen mit angeblich hellseherischen Fähigkeiten den Wind aus den Segeln zu nehmen. Wenn jemand wirklich in die Zukunft blicken könnte, dann müsste er nicht nur das Ergebnis, zumindest den Gewinner eines Fußballspiels treffsicher vorhersagen können, doch schon daran scheiterte damals Madame Buchela. Die Zukunft müsste wie ein offenes Buch vor einem Hellseher liegen, und deshalb müsste er uns auch die Lottozahlen der nächsten Ziehung exakt im Voraus mitteilen können. Gerne biete ich darum jedem Wahrsager die Hälfte des erzielten Gewinns an, wenn er mir nur ein einziges Mal eine solche Prognose liefern würde. Ich würde dann nie mehr etwas gegen Hellseherei sagen oder schreiben.

Doch Spaß beiseite. Ich habe diesen Exkurs über die Pseudo-Psychologie der Zukunftsseher und Sterndeuter lediglich deshalb an den Anfang meines Kapitels über Kriminalprognosen gestellt, weil

– viele Laien erwarten, dass Gerichtsgutachter tatsächlich und völlig fehlerfrei weit in die Zukunft blicken können,

und weil auf der anderen Seite

– oftmals angenommen wird, dass es sich dabei um ähnlich halbseidene »Künste« handelt wie bei Astrologen und Kartenlegern.

Die erste Erwartung ist überzogen und nicht einlösbar – niemand kann in die Zukunft sehen. Die zweite Annahme ist sachlich falsch und irreführend. Das methodische Inventar eines forensischen Psychologen hat nichts Übersinnliches oder Esoterisches, sondern ist angewandte Sozialwissenschaft; keineswegs perfekt, aber auch kein billiger Hokuspokus. Was damit gemeint ist, welche grundlegenden Prinzipien bei einer kriminalpsychologischen Vorhersage wichtig sind, sollen die nächsten Abschnitte erläutern.

Prognosen im Alltag

Zu Beginn möchte ich mich aber erst einmal mit alltäglichen Prognosen befassen. Wie gehen wir dabei eigentlich vor? Nehmen wir einmal an, Sie müssen mit einem Kollegen auf eine Geschäftsreise gehen. Der Zeitplan dafür wurde Ihnen von der Firma vorgegeben und ist sehr eng. Es kommt gewissermaßen auf jede Minute an. Der Ihnen zugeteilte Kollege war bei den bisherigen Geschäftsreisen nie unpünktlich, im Gegenteil; so war er zum Beispiel wiederholt bereits vor Ihnen am Bahnsteig oder am vereinbarten Treffpunkt. Sie sind für morgens früh sieben Uhr verabredet. Welche Erwartung haben Sie bezüglich des Erscheinens Ihres Kollegen? – Natürlich werden Sie vermuten, dass Ihr Kollege auch dieses Mal pünktlich, vielleicht sogar überpünktlich da sein wird, und wahrscheinlich werden Sie damit auch recht haben. Warum sollte sich Ihr Kollege plötzlich anders verhalten als in der Vergangenheit? Sollte er aber doch – ausnahmsweise – verspätet sein, dürfte es dafür wahrscheinlich eine plausible Erklärung geben, besondere, äußere Umstände, auf die er vermutlich keinerlei Einfluss hatte.

Ganz anders wäre es jedoch, wenn Sie Ihren Kollegen als eine Art Last-Minute-Player kennengelernt haben, als jemanden, der sozusagen regelmäßig »auf den letzten Drücker« kommt, manchmal aber auch zu spät, wofür er dann stets eine passende Entschuldigung parat hat, die ihn – so scheint es – völlig entlastet. Mal war es der Wecker, der nicht geklingelt hat – dieses blöde Ding! –, mal war es der Taxifahrer, der viel zu umständlich gefahren ist und den Weg nicht kannte, oder auch der Verkehr, der ausgerechnet heute so schlimm war wie sonst nie. Bei diesem Kollegen werden Sie wahrscheinlich in Sorge sein, ob er denn pünktlich kommen wird oder ob Sie diesmal alleine in den Zug steigen müssen. Und wahrscheinlich werden Sie Wert darauf legen, dass Sie Ihr eigenes Bahnticket haben, damit Sie nicht auf ihn angewiesen sind und die Reise notfalls ohne ihn rechtzeitig antreten können. Sollte er schließlich doch pünktlich am Bahnsteig sein, sind Sie angenehm »enttäuscht«. Wenn er jedoch erst im allerletzten Moment in den Zug einsteigt, sind Sie nicht überrascht – nichts anderes hatten Sie schließlich erwartet – und wenn er tatsächlich zu spät sein sollte, ärgern Sie sich zwar ein wenig, fühlen sich in Ihrer Vermutung aber dennoch bestätigt.

In beiden Fällen haben Sie aus dem früheren Verhalten eines Kollegen, also dessen Pünktlichkeit oder Unpünktlichkeit bei Geschäftsreisen, auf sein zukünftiges Verhalten geschlossen. Konkret: Sie haben eine Prognose im Sinne einer Erwartung erstellt, keine absolut sichere Erwartung zwar, aber doch eine mit einer gewissen Wahrscheinlichkeit. Je mehr ähnliche Situationen Sie mit Ihrem Kollegen schon erlebt haben, desto treffsicherer wird diese Prognose sein, desto weniger werden Sie »danebenliegen«. Ganz anderes wäre es bei einem neuen Kollegen, für den Sie ja keinerlei Erfahrungswerte zur Verfügung haben. Hier kommt es wahrscheinlich auf Ihren allgemeinen Optimismus oder Pessimismus bezüglich der Pünktlichkeit von Kollegen an; Ihre Prognose wird dementsprechend recht unsicher sein.

Kontinuität und Wandel

Die psychologische »Theorie«, die Sie bei solchen Erwartungen oder Vorhersagen mehr oder minder bewusst anwenden, ist im Grunde nichts anderes als jene allgemeine Hypothese, die auch bei fachpsychologischen Prognosen oder Verhaltensvorhersagen eine wesentliche Rolle spielt: die Erwartung, dass sich ein Mensch in einer neuartigen Situation weitgehend ähnlich verhalten wird wie bei vergleichbaren Situationen in der Vergangenheit. Selbstverständlich gilt dies nicht uneingeschränkt, schließlich können sich Menschen lebenslang entwickeln, neue Einsichten und Erkenntnisse gewinnen, aus Fehlern lernen oder sich auch bewusst ändern. Dennoch ist die Annahme, dass ein Mensch in der Regel dazu neigt, bei einer neuen Problemstellung oder Sachlage auf bereits früher gezeigte Verhaltensmuster zurückzugreifen, zumeist wesentlich wahrscheinlicher als die Vermutung einer völlig anderen, ungewohnten Reaktionsweise.

Der Grund dafür ist einfach zu verstehen. Menschen streben zwar häufig nach Veränderung, nach Neuem und Besserem, und oftmals wollen wir nicht nur uns, sondern auch anderen beweisen, dass wir etwas besser können als früher, dass wir klüger geworden sind. Dennoch sind uns alte Verhaltensmuster in der Regel wesentlich vertrauter als neue, wir kennen uns damit aus, und wenn es darauf ankommt, ist der Rückgriff auf die bisherigen Strategien naheliegender und bequemer als das Ausprobieren von etwas gänzlich anderem. Das ist leider oftmals auch dann der Fall, wenn uns unser altes Verhalten Nachteile eingebracht hat und wir uns ganz fest vorgenommen haben, beim nächsten Mal alles anders zu machen als früher. Wer jemals an Silvester gute Vorsätze für das neue Jahr gefasst hat – mehr Zeit für die Familie, weniger Stress, mehr Bewegung, gesündere Ernährung, endlich mit dem Rauchen aufhören –, der weiß, wie schwer es ist, sich daran wirklich zu halten. Meist ist der Januar noch nicht vorbei, und schon stellt man fest, dass es auch dieses Jahr wieder einmal nicht geklappt hat.

Auch Psychotherapeuten, Verhaltenstrainer und Coaching-Experten können ein Lied davon singen, wie schwer es bisweilen ist, selbst bei hoch motivierten, engagierten Probanden nicht nur kurzfristige Effekte, sondern auch nachhaltige, dauerhafte Ergebnisse zu erzielen. Die Annahme einer weitgehenden Verhaltenskonstanz ist dennoch nicht mehr als eine Faustregel, eine Grundannahme, deren Gültigkeit für den jeweils zu beurteilenden Fall genau zu überprüfen ist. Ähnlich wie bei der im vorhergehenden Kapitel dargestellten Prüfung der Glaubhaftigkeit einer Aussage können wir auch hier von einer Art Nullhypothese sprechen, eine vorläufige Annahme, die so lange aufrechterhalten wird, bis sie mit den gegebenen Fakten nicht mehr vereinbar ist. Erst danach wird sie zu Gunsten einer Alternativhypothese zurückgewiesen. Und ähnlich wie dort ist die Entscheidung für diese oder jene Hypothese keine absolut sichere Angelegenheit, sondern eine Wahl, die stets ein gewisses Restrisiko, eine Irrtumswahrscheinlichkeit, beinhalten wird.

Vier Stufen einer Kriminalprognose

Bevor wir jedoch zu einer Nullhypothese kommen, die wir überprüfen möchten, müssen wir uns freilich zunächst mit der zu beurteilenden Person, mit ihrem Leben, ihrer Entwicklung, ihren Fertigkeiten und ihren bisherigen Strategien zur Bewältigung schwieriger oder belastender Situationen beschäftigen. Nur so lassen sich alle weiteren Punkte zuverlässig einordnen. Eine brauchbare Verhaltensprognose setzt also zunächst eine genaue Kenntnis der Vergangenheit, der Biografie, des Lebens eines Probanden voraus. Ich nenne dies bei meinen Gutachten eine biografische oder persönliche Analyse. Auf diesem ersten Schritt baut alles Weitere auf.

Da Kriminalprognosen immer im Zusammenhang mit Personen stehen, die eine oder mehrere Straftaten verübt haben, folgt als Nächstes die genaue psychologische Analyse dieser Taten, insbesondere jener Tat, die zu der aktuellen Verurteilung geführt hat – der sogenannten Bezugs- oder Anlasstat. Eine solche Tatanalyse ist nicht identisch mit der rechtlichen Beurteilung einer Tat im Rahmen eines Strafprozesses. Während es dabei vor allem um die Täterschaft als solche geht, um das »Whodunit«, sowie um Rechtswidrigkeit, um Schwere der Schuld und um die Einordnung der jeweiligen Handlungen in juristische Tatmerkmale und strafrechtliche Kategorien, versucht eine kriminalpsychologische Tatanalyse die Entstehungszusammenhänge einer Straftat möglichst vollständig zu erfassen. Unter anderem wird dabei gefragt: Wer hat wann, was, aus welchen Gründen und wie getan? Wie ist die jeweilige Situation entstanden, wie war der weitere Verlauf, wie wurde die Situation beendet? Gab es ähnliche Situationen schon in der Vergangenheit? Gab es eine längere Vorgeschichte oder handelt es sich um eine einmalige, ganz besondere Sachlage? Welche anderen Personen waren noch an der Entwicklung des Geschehens beteiligt?

Man könnte auch sagen, dass bei einer psychologischen Tatanalyse versucht wird, die jeweilige Bezugstat – oder die Taten – genau zu »verstehen«, doch wird dies oft fälschlich als eine Art Rechtfertigung oder Billigung interpretiert. Gemeint ist jedoch lediglich eine rationale Erkenntnis über den genauen Hergang, über die äußeren und vor allem die inneren, also die jeweilige Person betreffenden Umstände einer Tat. Es ist außerordentlich wichtig, dass diese Tatanalyse nicht isoliert, sondern erst im Anschluss an eine persönliche Analyse erstellt wird. Nur so kann man das Besondere, das Ungewöhnliche, das vielleicht sogar Einmalige einer Tat in der Biografie einer Person angemessen berücksichtigen. Selbst schwere Serientäter sind nämlich nicht rund um die Uhr hochkriminell, sondern haben in ihrem Leben auch völlig normale, unauffällige, nicht-kriminelle Dinge erlebt, erfahren und getan, deren Erfassung für eine Gesamtwürdigung der Person und letztlich für eine angemessene Einordnung der begangenen Straftaten wesentlich ist.

Würde man dagegen die Bezugstat von Anfang an in den Mittelpunkt der Beurteilung stellen, bekäme sie ein viel zu großes Gewicht. Betrachtet man nämlich einen Menschen primär unter dem Blickwinkel seiner Straftaten, besteht die Gefahr, diesen gewissermaßen darauf zu reduzieren beziehungsweise alles andere in seinem Leben und seiner Persönlichkeit ausschließlich im Lichte dieser Delikte zu interpretieren. Die Ergebnisse einer solch einseitigen Betrachtungsweise kann man mühelos bei Berichten der Boulevardpresse über grausame Verbrechen beobachten. Da ist dann von Sex-Monstern, Bestien oder eiskalten Killern die Rede, sodass der Eindruck entsteht, es ginge gar nicht um Menschen, sondern um Fabelwesen, Aliens oder Raubtiere.

Der dritte Schritt oder die dritte Stufe einer Kriminalprognose betrifft all jene Vorgänge, die sich im Zeitraum von der Bezugstat und der späteren Verurteilung bis zum Zeitpunkt der Gutachtenerstellung ereignet haben. Bei einem Strafgefangenen finden sich schon in der Gefangenen-Personalakte Hinweise darauf, welche Maßnahmen seitens des Justizvollzuges geplant, veranlasst und durchgeführt wurden. Neben schulischen und beruflichen Bildungsprogrammen spielen hier auch therapeutische Angebote, etwa ein Anti-Gewalt-Training oder eine sozialpädagogische Problemlösegruppe, eine Rolle. Hinzu kommen gegebenenfalls auch Hilfen der Drogenberatung, der Schuldenberatung oder die Kontakte zu ehrenamtlichen Helferinnen und Helfern.

Wichtig sind auch stets die Außenkontakte, die soziale Umgebung eines Inhaftierten. Zu welchen Personen besteht Briefkontakt? Wer besucht den Verurteilten im Gefängnis? Welches soziale Umfeld hatte er vorher und wie hat sich das während seiner Haftzeit weiterentwickelt? Demgegenüber spielt das sogenannte Vollzugsverhalten, also die Einordnung in den Gefängnisalltag und der Umgang mit anderen Gefangenen sowie mit Bediensteten im Hafthaus und im Arbeitsbereich, für eine Kriminalprognose in der Regel keine sehr große Rolle. Schließlich soll ja nicht beurteilt werden, wie sich jemand zukünftig im Knast verhält, sondern wie er mit gelockerten Haftbedingungen – Ausgang, Freigängerarbeit, offener Vollzug – umgehen wird und welche Chancen und Risiken für ein Leben in Freiheit bestehen. Dass jemand also ausschließlich »wegen guter Führung« vorzeitig aus dem Gefängnis entlassen wurde, sollte daher heute eigentlich nicht mehr vorkommen.

In manchen Fällen kann das Vollzugsverhalten dennoch prognostisch bedeutsam sein, etwa dann, wenn ein Verurteilter vor seiner Inhaftierung ein sehr instabiles, wenig geordnetes Leben geführt hat und im Gefängnis erstmals gelernt hat, Regeln zu akzeptieren, Vereinbarungen einzuhalten und zum Beispiel auch eine längere, anstrengende Ausbildungszeit erfolgreich hinter sich bringen konnte. Umgekehrt wird man als Gutachter aber auch die Fortsetzung impulsiver und aggressiver Verhaltensweisen, die draußen zu Gewalttaten geführt haben und die sich im Gefängnis erneut in Form von Beleidigungen, Bedrohungen oder Schlägereien zeigen, nicht übersehen dürfen. Wer dagegen schon in Freiheit ein wenig auffälliges, gut organisiertes Leben geführt und seine Straftaten gewissermaßen in einer Art zweiten Realität verübt hat, wie dies bei manchen Betrügern und Sexualstraftätern der Fall ist, der wird auch im Gefängnis keine große Mühe haben, sich optimal anzupassen.

Im Zentrum: die Exploration

Selbstverständlich kann sich ein Sachverständiger nicht nur auf die Beurteilung der Aktenlage beschränken. Zwar muss er die daraus entnehmbaren Fakten als sogenannte Anknüpfungstatsachen in seinem Gutachten verwenden, Kernstück seiner Arbeit ist jedoch stets die Erhebung eigener Daten durch psychologische Gespräche (Explorationen) und Tests, die sogenannten Befundtatsachen. Dabei habe ich es schon, wenngleich recht selten, erlebt, dass ein von mir zu begutachtender Gefangener auch nach Erläuterung meines Auftrages und meiner Vorgehensweise nicht mit mir sprechen wollte – aus welchen Gründen auch immer. In solchen Fällen kann ich lediglich eine recht vorläufige psychologische Stellungnahme, aber kein umfassendes Gutachten erstellen. In aller Regel treffe ich jedoch auf grundsätzlich gesprächsbereite Personen, die sich teilweise sogar recht gut auf den Kontakt mit mir vorbereitet haben und die unaufgefordert Zeugnisse, Urkunden, Briefe und andere Dokumente zum Gespräch mitbringen.

Seit etlichen Jahren protokolliere ich die Gesprächsinhalte nicht nur handschriftlich, sondern auch in Form einer digitalen Tonaufzeichnung, natürlich erst, nachdem ich die entsprechende Erlaubnis hierfür von dem Probanden erhalten habe. Daraus erstelle ich im Anschluss ein möglichst lückenloses Transkript, jedoch kein exaktes Protokoll mit den einzelnen Fragen und Antworten. Schließlich kommt es bei einem Prognosegutachten – anders als bei der Beurteilung der Glaubhaftigkeit von Aussagen – weniger auf den Wortlaut, als vielmehr auf den Inhalt der jeweiligen Angaben an. Aus diesem Grunde fasse ich mitunter getrennt vorgetragene, aber inhaltlich zusammengehörige Punkte zusammen oder beschränke mich bei der wiederholten Äußerung von Einzelheiten auf eine kurz gefasste Darstellung.

Die psychologische Exploration im Rahmen einer Kriminalprognose umfasst ähnlich wie die Auswertung der Akten – des Strafvollzuges und der Justiz – sämtliche drei bisher genannten Stufen, also biografische Analyse, Tatanalyse und Bewertung der seit der Tat beziehungsweise der Verurteilung eingetretenen Entwicklung. Zu einer Prognose gehört aber auch und vor allem die Zukunftsperspektive aus der Sicht des Verurteilten, des Vollzuges und gegebenenfalls weiterer Personen und Behörden. Wo soll der Proband nach seiner Entlassung wohnen? Wovon soll er leben? Welche Arbeitsmöglichkeiten gibt es für ihn? Wie und womit will er bestehende Schulden bezahlen? Welche sozialen Beziehungen sind für ihn in Freiheit wichtig? Wie will er später seine Freizeit verbringen? Auch zu diesem vierten Schritt, der Darstellung der Zukunftsperspektive, sollen aus den Akten und dem Explorationsgespräch relevante Informationen gewonnen werden.

Damit haben wir bereits alle vier wesentlichen Schritte einer kriminalprognostischen Begutachtung aufgezählt: Biografie, Tat, Haftzeit, Zukunft. Klingt doch gar nicht so schwer, oder? In der Praxis stellt sich das freilich nicht so einfach dar, und erst recht ist die Prüfung der Nullhypothese – wird er es wieder tun? – für einen Sachverständigen nicht selten eine große und auch riskante Herausforderung.

So definiert etwa die Schwere einer begangenen Straftat, also der verursachte Schaden, nicht automatisch und in jedem Falle eine hohe Rückfallgefahr. Das nächste Fallbeispiel soll dies erläutern.

Totschlag auf dem Rummelplatz

Es war wieder einmal ein langer Tag gewesen. Michael F., Schausteller auf Jahrmärkten, war seit dem frühen Morgen auf den Beinen und hatte alle Hände voll zu tun gehabt. Zwar kümmerten sich seine Frau und seine Tochter Hannah um die Kasse und um alles, was im Wohnwagen und auf dem Gelände zu erledigen war, das »El Dorado« aber, ein Spiegelkabinett mit geheimnisvollen Türen, Aufgängen und bunten Lichteffekten, war seine Welt. Er hatte dafür lange gespart, und es war alles nach seinen Plänen gebaut worden. Darauf war er stolz, und deshalb achtete er akribisch darauf, dass die einzelnen Teile dieser Attraktion fehlerfrei funktionierten. Weil heute wegen des schönen Wetters größerer Andrang geherrscht hatte als sonst, konnte er sich aber erst jetzt – kurz vor Mitternacht – um eine bewegliche Treppe kümmern, die an diesem Tag die ganze Zeit geknallt hatte. Irgendetwas hatte sich gelockert, und er musste deshalb die gesamte Befestigung mit einem großen Schraubenschlüssel nachziehen. Jetzt war wieder alles in Ordnung, und er konnte auch das zuvor entfernte Außengeländer wieder einbauen.

In diesem Moment kamen drei Männer von rechts auf ihn zu. Nichts Ungewöhnliches um diese Zeit. Wenn die Festzelte und die Fahrgeschäfte geschlossen werden und die Kirmesbesucher allmählich nach Hause gehen, dann gibt es immer noch ein paar Unentwegte, die nicht genug bekommen können von den Vergnügungen des Festes – meistens haben sie zuvor reichlich dem Alkohol zugesprochen. Die drei Männer drängten sich an das Geländer und wollten offenbar an Ort und Stelle urinieren. Solche wilden Pinkler sind der Schrecken aller Schausteller und Budenbesitzer, dabei gibt es immer genug Toilettenhäuschen auf dem Platz. Michael F. machte deshalb eine abweisende Handbewegung, doch der Größte von den Dreien drängte sich ganz nah heran und raunzte: »Hau ab, sonst piss ich dir auf deine Schrauben.«

Wie oft hatte Michael F. so etwas schon erlebt! Betrunkene Rummelplatzbesucher, die sich plötzlich stark fühlen und herumpöbeln. Er wusste, dass es keinen Sinn hat, sich jetzt auf einen Streit einzulassen, und wollte die drei übermütigen Männer deshalb beruhigen: »Es ist alles in Ordnung. Ich habe Feierabend, und auch ihr solltet nach Hause gehen.« Doch die drei standen wie eine Wand vor ihm, und der Große versetzte ihm plötzlich mit der Faust einen Schlag auf die Brust, sodass er rückwärts zwischen Kasse und Geländer auf den Boden fiel. Schnell stand er wieder auf, klopfte dem Schläger auf die Schulter und sagte: »Geh heim. Es ist Zeit.« Danach torkelten die drei weiter, und Michael F. konnte sein Geländer endgültig abschließen.

Ein paar Sekunden später bemerkte er am anderen Ende des Spiegelkabinetts, wo eine Gruppe von Schaustellern stand, eine tumultartige Situation, ein Gerangel und Geschubse. Zwischen den aufgeregten Stimmen mehrerer Männer hörte er auf einmal einen lauten Schrei seiner Tochter Hannah: »Hilfe, Papa! Hilfe!« Er erkannte die drei Männer, zwei davon unmittelbar bei seiner Tochter, und er glaubte zu sehen, dass sie ihre Hosen heruntergelassen hatten. Ohne lange zu überlegen, eilte er zu ihr, und weil er den großen Schraubenschlüssel noch immer in der Hand hatte, holte er aus und schlug damit einmal, aber sehr heftig auf den Kopf des Wortführers der drei Randalierer. Dieser konnte sich nur noch einen Augenblick in aufrechter Position halten und fiel dann wie ein Brett zu Boden, wo er regungslos liegen blieb.

Michael F. stockte der Atem. Er verharrte kurz, drehte sich dann mit Schwung nach rechts und verletzte dabei noch einen zweiten Mann dieser Gruppe mit seinem Schraubenschlüssel am Kopf. Michael F. rannte davon, warf das zur Tatwaffe gewordene Werkzeug in seinen Werkstatt-Wohnwagen und versteckte sich. Vom weiteren Geschehen vor seinem Spiegelkabinett bekam er nichts mehr mit.

Zum Glück waren schon nach wenigen Minuten Rettungskräfte am Tatort und leisteten Erste Hilfe. Während das zweite Opfer neben einer Schädelprellung lediglich eine Kopfplatzwunde erlitten hatte, die genäht werden musste, bestand für

Herrn O., den die volle Wucht des Schraubenschlüssels getroffen hatte, akute Lebensgefahr. Er war bewusstlos und musste vor Ort vom Notarzt intubiert und beatmet werden. Lediglich durch die schnelle Versorgung und durch eine Notoperation, bei der der Schädelknochendeckel entfernt werden musste, konnte er gerettet werden. Erst knapp zwei Monate später war es möglich, den Knochendeckel wieder operativ einzusetzen. Herr O. litt weiterhin unter epileptischen Anfällen und Lähmungserscheinungen, sodass erneut eine stationäre Behandlung im Krankenhaus notwendig wurde. Herr O. war über sechs Monate erwerbsunfähig krank. Doch auch danach litt er häufig unter starken Kopfschmerzen und Gedächtnisstörungen; wegen der Gefahr weiterer epileptischer Anfälle musste er prophylaktisch Medikamente einnehmen, die bei ihm aber als Nebenwirkung extrem starke Müdigkeit verursachten. Wiederholt schlief er an seinem Arbeitsplatz ein. Dieser eine Schlag hatte ihn buchstäblich für den Rest seines Lebens gezeichnet und verändert.

Michael F. konnte und wollte sich nicht auf Dauer verstecken. Am nächsten Morgen rief er seinen Anwalt an. Doch da stand schon die Polizei vor der Tür und nahm ihn fest. Lange Zeit wusste er nicht, wie schwer die Verletzungen seines ersten Opfers waren, und er hoffte und betete, dass der Mann nicht sterben würde. Knapp sechs Monate nach der Tat erhob die zuständige Staatsanwaltschaft Anklage gegen Michael F. Sie beschuldigte ihn des versuchten heimtückischen Mordes in zwei Fällen in Tateinheit mit gefährlicher Körperverletzung. Er musste jetzt mit einer lebenslangen Freiheitsstrafe rechnen. Das hätte für ihn das Ende bedeutet, denn er war damals bereits 46 Jahre alt, und weil bei Lebenslänglichen eine Entlassung frühestens nach 15 Jahren möglich ist, wäre er dann schon über sechzig gewesen, zu alt, um noch einmal von vorne anzufangen. Die Schwurgerichtskammer des Landgerichts wertete die Schraubenschlüssel-Attacke von Michael F. allerdings nicht als versuchten Mord, sondern als versuchten Totschlag und verurteilte ihn zu einer Freiheitsstrafe von fünf Jahren und neun Monaten. Obwohl es sich um einen wuchtigen Schlag und eine sehr schwere Verletzung des Opfers gehandelt hatte, sodass zumindest von einem bedingten Tötungsvorsatz ausgegangen werden musste, verneinte die Kammer die Mordmerkmale »niedrige Beweggründe« und »Heimtücke«. Strafmildernd wirkte sich außerdem aus, dass Michael F. nicht vorbestraft und weitgehend geständig war, dass er sich bei seinen Opfern entschuldigt und bereits mit der Zahlung von Schmerzensgeld begonnen hatte. Berücksichtigt wurde auch, dass von den Opfern unmittelbar vor der Tat Provokationen ausgegangen waren.

Ein Leben mit Höhen und Tiefen – kein El Dorado

Ich lernte Michael F. knapp zwei Jahre nach dem Urteil im Rahmen eines sogenannten Lockerungsgutachtens kennen. Die Vollzugsanstalt wollte von mir wissen, wie ich bei Herrn F. das Flucht- und Missbrauchsrisiko bei Lockerungsmaßnahmen (Tagesausgänge, Wochenendurlaube, Freigängerarbeit) einschätze. Wie üblich sah ich mir zunächst das Urteil und die Gefangenen-Personalakte durch, bevor ich einen Termin mit der JVA vereinbarte. Herr F. wirkte zu Beginn etwas aufgeregt und ließ auch im Verlauf des Gesprächs immer wieder deutliche Anzeichen von innerer Beteiligung, ja Erregung erkennen. Für den ersten Schritt meiner Begutachtung, die biografische Analyse, konnte ich jedoch aus seinen Ausführungen reichlich Material entnehmen. In seinen Erzählungen lernte ich eine Lebenswelt kennen, die ich bis dahin nur von außen wahrgenommen hatte: die Welt der Schausteller und Gaukler.

»Ich komme aus einer traditionsreichen Familie, unsere Wurzeln reichen bis ins frühe 17. Jahrhundert zurück«, begann

Michael F. seinen Bericht. Er sei während eines großen Herbst-volksfestes geboren, sein Geburtsort spiele aber für ihn keine übermäßige Rolle, denn er sei schließlich in ganz Deutschland aufgewachsen. »Wir sind ja ständig herumgereist.« Schon sehr früh arbeitete er offenbar im Familienbetrieb seiner Eltern und Großeltern mit; die für die meisten Menschen übliche Trennung zwischen Familie und Berufswelt gab es hier anscheinend nicht. Mit glänzenden Augen berichtete er mir von seiner Kindheit. Seine Mutter nannte er »eine tolle Hausfrau, die für alle gesorgt hat, im Haushalt und im Betrieb«. Auch seinen Vater lobte er überschwänglich: »Er hatte immer wieder neue Ideen. Wenn ein Geschäft mal nicht gut ging, dann hat er halt etwas Neues entwickelt.« Und in der Tat waren manche Projekte wenig erfolgreich: »Unsere alte Varieté-Show lief nicht mehr gut, dann baute mein Vater einen Verkehrskindergarten, bis auch das nichts mehr einbrachte, weil es zu viel Konkurrenz gab. Danach waren wir mit einem Flugkarussell unterwegs.«

Abwechslung gab es für den jungen Michael reichlich durch die vielen besuchten Orte; lediglich in den Wintermonaten bezog die Familie ein festes Quartier, und während seiner Schulzeit besuchte er insgesamt rund hundert verschiedene Schulen. Dabei lernte er immer wieder neue Kinder kennen. »Es war für mich ganz einfach, Kontakte zu knüpfen, denn wir Schausteller-kinder hatten ja ständig genug Chips für Freifahrten im Autoscooter oder im Riesenrad dabei. Ich war nie allein.« Feste, dauerhafte Freundschaften gab es für ihn freilich nur auf dem Platz mit anderen Familien.

Als er 13 Jahre alt war, hatte sein Vater mit großem Aufwand eine Fernost-Show entwickelt und dafür extra 17 Leute aus Thailand angeworben. Doch dann regnete es auf dem Rummelplatz die meiste Zeit nur, und sie wären fast pleitegegangen. Zum Glück hatten sie noch das Flugkarussell. Auf Dauer ließ sich sein Vater aber nicht entmutigen. Und tatsächlich gelang es ihm, einen Griechen anzuwerben, der als »Herkules« unterwegs war und außergewöhnliche Kunststücke vollführen konnte. »Er hat sich in der Show von einem Auto überfahren lassen und auch Rasierklingen verschluckt. Das war aber kein Trick, er hat das tatsächlich gekonnt.« Zehn Jahre lang war die Familie mit dieser Show unterwegs, danach machte sich Michael F. mit einem eigenen Schaustellerbetrieb selbstständig.

Er nahm einen Kredit auf und kaufte sich ein großes, buntes Karussell, das aussah wie ein riesiger Polyp. Weil aber die Elektronik marode war, stoppte der TÜV den Betrieb bereits nach der ersten Saison. Die Firma, von der er das Karussell gekauft hatte, war inzwischen in Konkurs gegangen, sodass er nur noch mit dem Konkursverwalter verhandeln konnte. »Die Schulden sind bis heute nicht ganz abbezahlt.« In dieser schweren Zeit hatte er seine Frau Maria geheiratet, bald danach kam Hannah, die erste Tochter, zur Welt. Wegen der hohen Schuldenlast vereinbarten die beiden eine Gütertrennung und ließen das Geschäft auf den Namen der Frau laufen. Voller Stolz berichtete mir Herr F., dass er insgesamt vier Kinder habe, drei Töchter und einen Sohn. »Die werden wohl nicht alle bei der Schaustellerei bleiben, aber meine Älteste, die Hannah, ganz bestimmt.«

Das Geschäft ging zuerst in kleinen Schritten weiter. Er baute eine Fruchtsaftbar, mit der er nicht nur im Sommer unterwegs sein konnte, sondern auch im Winter auf Weihnachtsmärkten. Freilich reizte ihn der Betrieb von Schaubuden und Belustigungen mehr als der Verkauf von Säften und Lebkuchen. In Italien ließ er sich deshalb einen »Glasirrgarten«, ein Spiegelkabinett, bauen, das er »El Dorado« nannte, nach dem sagenhaften Goldland in Südamerika. Das Besondere daran war, dass es über drei Etagen ging und dass man schon von außen in die verschiedenen Bereiche hineinblicken konnte. »Das ist eingeschlagen wie eine Bombe.« Die hohen Kosten dafür – fast eine Million Euro – hatten sich also gelohnt.

Begeistert erzählte er mir weitere Einzelheiten seiner Schaustellertätigkeit: »Man muss sich immer gründlich informieren und gute Kontakte zu den Veranstaltern haben, damit man einen geeigneten Standplatz erhält. Wenn man es einmal auf den großen Rummelplätzen, in München, Hamburg und Stuttgart, geschafft hat, dann kann man sich auch größere Projekte leisten, so wie mein ›El Dorado‹.«

Feste Arbeitszeiten oder eine Fünftagewoche gibt es in dieser Welt freilich nicht. »Ich war immer so etwas wie ein Mädchen für alles, und oft genug habe ich 16 Stunden oder mehr am Tag gearbeitet.« Trotz dieser Belastungen liebte Michael F. seinen Beruf und sein Leben, und selten habe ich jemanden erlebt, der so zufrieden mit sich und seiner Welt war. »Das Schönste dabei ist, dass man immer als Familie zusammen sein kann. Deshalb ist auch die Scheidungsrate bei uns Schaustellern sehr gering. So etwas gibt es praktisch nicht.«

Bei all dem hatte ich nicht den Eindruck, dass er mir nur eine schöne, heile Schaustellerwelt vorgaukeln wollte. Auch die Schattenseiten seines Lebens sparte er bei seinem Bericht nämlich nicht aus. »Die Herkules-Show hatte nach einigen Jahren mein jüngerer Bruder Ralf übernommen. Das hat er auch prima hingekriegt. Eines Abends ist er jedoch bei der Rückfahrt von einem Rummel während der Fahrt eingeschlafen und unter einen LKW gerast. Dabei hat er sich tödlich am Kopf verletzt. Das war ein unheimlicher Schlag für die ganze Familie.« Vor allem seine Eltern verkrafteten dies nicht. Seine Mutter starb drei Jahre später, sein Vater ein Jahr nach ihr. Er selbst, so betonte Michael F., habe allerdings nie den Mut verloren. »Ich will kämpfen und weitermachen.«

Ganz von selbst kam er nun auch auf seine Straftat, auf diese eine Nacht im September vor zweieinhalb Jahren zu sprechen. »Das war der größte Fehler, den ich jemals in meinem Leben gemacht habe. Ich habe idiotisch reagiert und denke oft und viel darüber nach.« Ausführlich schilderte er mir den Ablauf des Geschehens und betonte, dass er schon vorher viele ähnliche Situationen erlebt hatte, die er alle ohne Probleme meistern konnte.»Ich habe immer beruhigend auf die Leute eingewirkt, aber als damals meine Tochter um Hilfe gerufen hat, da habe ich nicht mehr nachgedacht. Da ist bei mir eine Sicherung durchgebrannt. Ich kann mir bis heute nicht erklären, was in diesem Moment mit mir passiert ist.« Das Urteil war zwar hart für ihn, doch er akzeptierte es.»Ich hätte das ja niemals machen dürfen.« Sein Anwalt wollte noch in Revision gehen, doch Michael F. lehnte diesen Schritt ab, daraufhin nahm auch die Staatsanwaltschaft, die auf Mord plädiert hatte, ihren Revisionsantrag zurück.

An das Leben im Gefängnis gewöhnte sich Herr F. relativ rasch. Er wurde bald als Hausarbeiter eingesetzt und galt als freundlicher und gutwilliger Insasse. Für eine Therapie oder für Fortbildungsmaßnahmen sah man bei ihm keine Notwendigkeit. Freiwillig besuchte er aber eine wöchentliche Diskussionsrunde, bei der jeder Teilnehmer sein Delikt vortragen musste, über das anschließend gemeinsam diskutiert wurde. Besonders wichtig war für ihn aber der Kontakt zu seiner Familie.»Die halten alle zu mir, und sie besuchen mich regelmäßig. Ich freue mich darauf, wenn ich wieder bei ihnen sein darf.« Seine Zukunftsperspektive war wie erwartet eindeutig auf eine Rückkehr zu seiner Frau, zu seinen Kindern und zu seinem Betrieb ausgerichtet. Schon als Freigänger im offenen Vollzug wollte er wieder im Geschäft mitarbeiten.»Wir wollen zwei neue Weihnachtsstände aufbauen, und da gibt es viel zu tun.« Auch die Opfer seiner Tat hatte er nicht vergessen und betonte, dass er die noch offenen Schmerzensgeldzahlungen so bald wie möglich abschließen wollte. Schon während der U-Haft und bei der Gerichtsverhandlung hatte er sich bei beiden Männern entschuldigt.»Am liebsten wäre es mir aber, wenn ich einmal ein persönliches Gespräch mit ihnen führen könnte. Vielleicht kann das mein Anwalt vermitteln.«

Meine biografische Analyse in diesem Fall war nicht schwer. Die persönliche Entwicklung von Herrn F. war zwar im Vergleich zu vielen anderen Probanden recht ungewöhnlich, aber ausgesprochen stabil und belastbar. Es gab keinerlei Anzeichen für Lebensumstände, die als Risiken für Kriminalität oder Gewalt zu betrachten wären. Im Gegenteil war bei Herrn F. angesichts der Bewältigung mehrerer persönlicher und finanzieller Krisen und Einschnitte ein hohes Maß an Konfliktmanagement, Verantwortung und Belastbarkeit feststellbar. Anscheinend war er in der Regel sehr gut in der Lage, auf schwierige und krisenhafte Problemsituationen angemessen zu reagieren und bei Streitigkeiten ausgleichend zu wirken. Vor diesem Hintergrund stellte sich das Bezugsdelikt in meiner Tatanalyse als ein singuläres Geschehen dar. Infolge der Verkettung mehrerer ungünstiger äußerer Umstände sowie durch die krasse Fehleinschätzung einer vermeintlichen Notsituation kam es bei Herrn F. zu einer falschen, überschießenden Reaktion.

Auch der dritte Schritt meines Gutachtens, die Beurteilung der Haftzeit, gestaltete sich nicht schwierig. Weder gab es besondere Vorkommnisse noch waren seitens des Vollzuges spezifische Maßnahmen vorgeschlagen oder durchgeführt worden, weil dafür keine Notwendigkeit gesehen wurde. Schließlich war auch die Zukunftsperspektive des Probanden leicht einschätzbar. Er würde mit Sicherheit wieder zu seiner Familie und in seinen Betrieb zurückkehren, wollte seine Schulden bald abbezahlen und versuchen, sich mit seinen Opfern weiter zu versöhnen.

Die kriminalprognostische Nullhypothese, Michael F. werde in vergleichbaren Konfliktsituationen ähnlich handeln wie bei seiner Tat, konnte angesichts der erdrückenden Indizien seines bisherigen Lebens, seiner allgemeinen Belastbarkeit und seiner hohen sozialen Leistungsfähigkeit zurückgewiesen werden.

Hinweise auf eine mögliche Flucht, auf neue Straftaten oder auf einen sonstigen Missbrauch von Lockerungen waren nicht erkennbar. Ich empfahl der JVA die Gewährung von Ausgängen und anderen sogenannten »vollzugsöffnenden Maßnahmen«.

Der Weg zurück

Sieben Monate später traf ich Herrn F. wieder. Die Strafvollstreckungskammer des Landgerichts wollte von mir ein ergänzendes Gutachten »zur Vorbereitung der Entscheidung über eine vorzeitige Entlassung«. Michael F. war bald nach meinem ersten Gutachten in den offenen Vollzug verlegt worden, wiederholt hatte er seither seine Familie besucht, und er berichtete mir freudestrahlend davon, dass er erstmalig auch mit seiner 15 Monate alten Enkelin spazieren gehen konnte – »die nächste Generation ist schon da und lernt das Laufen«. In der nächsten Woche wollte er als Freigänger bei einer Schlosserei anfangen und dort auch den ganzen Winter durcharbeiten. »Ich kann das Geld recht gut für mein Geschäft und für die Unterstützung der Familie brauchen. In der Winterpause passt das ganz gut.« Mit seinem Anwalt hatte er weitere Schritte zur Entschädigung seiner Opfer vereinbart. Offenbar waren diese auch bereit, sich mit ihm an einen Tisch zu setzen. Doch erst nach seiner Entlassung wollte er dies umsetzen.

Schließlich wollte ich von ihm noch wissen, ob er inzwischen mit seiner Tochter über die damalige Straftat geredet hatte; ihr Hilferuf sei schließlich in gewisser Weise für ihn der Auslöser gewesen. Auch diesen Punkt hatte Herr F. bereits bei seinen Ausgängen versucht zu klären. »Sie hat sich ja seitdem bittere Vorwürfe gemacht, und sie hat darunter sehr gelitten. Ich habe ihr aber erklärt, dass es dafür keinen Grund gibt. Ich allein habe diese dumme, dreiste Tat begangen, nicht sie.« Obwohl diese einmalige Erklärung wahrscheinlich nicht ausreichen würde, hatte ich doch die Hoffnung, dass Herr F. auf gutem Wege war, die durch seine Tat entstandene Belastung auch mit seiner Tochter ausführlich zu klären.

Meine gutachterliche Stellungnahme an das Gericht war eindeutig. Ich sah bei Michael F. keine Gefahr mehr, »dass dessen durch die Tat zutage getretene Gefährlichkeit fortbesteht«. Ich habe seither nichts mehr von ihm gehört und gehe davon aus, dass er alsbald entlassen wurde. Inzwischen ist er sicher längst wieder mit Eifer auf den Jahrmärkten und Rummelplätzen Deutschlands unterwegs. Obwohl er damals einen Menschen schwer verletzt und fast umgebracht hätte, konnte bei ihm die Annahme einer generellen »Gefährlichkeit« im Sinne einer Rückfallgefahr mit hoher Wahrscheinlichkeit verneint werden.

Völlig ungefährliche Menschen gibt es allerdings nicht. Ich kann nicht einmal für mich selbst ausschließen, dass ich nicht doch eines Tages in eine Situation geraten könnte, in der ich gänzlich anders reagieren würde, als dies sonst der Fall ist. Und weil Michael F. eben schon einmal – wenn auch nur ein einziges Mal – so hart zugeschlagen hatte, nachdem bei ihm, wie er es ausdrückte, »eine Sicherung durchgebrannt« war, musste von einem zumindest leicht erhöhten Risiko für ähnliche Gewalttaten ausgegangen werden. Dennoch spricht alles dafür, dass er in einer vergleichbaren Situation eben nicht wieder gewalttätig, sondern ruhig und besonnen handeln wird, so wie er dies zuvor schon hunderte Male getan hat.

Während die Tat von Michael F. völlig unerwartet, wie ein Blitz aus heiterem Himmel, geschehen war, zeichnet es sich in vielen anderen Fällen schon lange vorher ab, dass irgendwann einmal alles »aus dem Ruder laufen« wird. »Das musste ja eines Tages so kommen«, heißt es dann nicht selten. Als ob es sich um ein unentrinnbares Schicksal handeln würde, das sich jederzeit wiederholen kann. Eine »tickende Zeitbombe« gewissermaßen.

Da ich aber Menschen ungern mit Maschinen vergleiche, hingegen bei einem Gutachten verstehen will, warum jemand in einer bestimmten Situation so und nicht anders gehandelt hat und ob oder wann er wieder so handeln würde, sind solche pauschalen Zuschreibungen wenig hilfreich. Auch nach einer langen kriminellen Karriere, in deren Verlauf jemand die Stufenleiter des menschlichen Lebens gewissermaßen schrittweise nach unten gegangen ist, dabei viele falsche Entscheidungen getroffen und sich zunehmend tiefer in die Welt von Verbrechen und Gewalt verstrickt hat, muss selbst ein Mord nicht bedeuten, dass danach jede Hoffnung auf ein anderes, besseres Leben für immer aufgegeben werden muss. Zugegeben, gerade in solchen Fällen kommt man als Gutachter an die Grenzen seines Berufs. Das Abwägen zwischen den Risiken und Chancen einer Entlassung und eines Neuanfangs in Freiheit wird dann zu einer Gratwanderung.

Wäre es in solchen Fällen nicht besser, ähnlich wie beim Baseball, nach einer Art Three-Strikes-Regel zu verfahren? Wer auch die dritte Chance verspielt, muss weggesperrt werden, und zwar für immer? Einfacher wäre das sicher, und es würde viele langwierige Strafvollstreckungsverfahren und Gutachtenaufträge überflüssig machen. Aber wäre es auch gerechter? Urteilen Sie selbst! Lernen Sie dazu die Geschichte eines Mannes kennen, bei dem ich nach Durchsicht der Strafakte zunächst keinerlei Hoffnung hatte, dass ich für dessen Zukunft auch nur ansatzweise positive Aspekte finden könnte. Nach meinen schriftlichen Unterlagen und nach dem mündlichen Bericht bei meiner Begutachtung ergab sich insgesamt das folgende Bild.

Zahltag

Der Tag hatte begonnen wie immer. Fritz M. war spät aufge-
standen, und gegen Mittag schaute er bei dem Kiosk schräg gegenüber vorbei, um dort wie üblich ein paar Bier und zwei oder
drei Apfelkorn zu sich zu nehmen. Wie erwartet traf er dort seinen alten Kumpel Hans, der ihm erzählte, dass am Abend in der
Südstadt eine große Fete steigen würde. Er musste Fritz nicht
lange überreden. Ein paar Freibier und einen Joint wollte er sich
schließlich nicht entgehen lassen, und vielleicht war da auch wieder Sonja mit ihren langen schwarzen Haaren und der knappen
Jeans. Die hatte ihn zwar bisher immer wieder abblitzen lassen,
doch er wusste, dass sie schon lange an der Nadel hing und deshalb ständig Geld brauchte. Wenn er ihr da etwas bieten könnte,
wäre sie möglicherweise ein wenig aufgeschlossener.

Tatsächlich trafen die beiden Kumpels am späten Nachmittag
auch Sonja, gut gelaunt wie immer; aber ihr Blick verriet Fritz
sofort, dass sie wieder einmal abgebrannt war und bald einen
neuen »Schuss« benötigen würde. Als die Männer merkten, dass
man sich seine Getränke selbst besorgen musste, beschlossen
Fritz und Hans, lieber eine Kneipentour zu machen. Auch Sonja
und ihre Freundin waren mit dabei, als sie am frühen Abend,
so zwischen acht und neun, aufbrachen, um ein wenig »um die
Häuser zu ziehen«. Dabei wurde viel gelacht und getrunken.
Überall trafen sie auf alte Bekannte, die sie zwar freundlich be-
grüßten, aber recht knausrig waren. So musste Fritz nach und
nach seine letzten 80 Euro hinlegen, um für Nachschub an Bier
und etlichen »Kurzen« zu sorgen. Bei Hans war wieder einmal
totale Ebbe in der Kasse, und gegenüber Sonja wollte sich Fritz
natürlich nicht lumpen lassen.

Immer wieder kreiste an diesem Abend das Gespräch zwischen Fritz und Hans um die Frage, wie man ohne große An-
strengung »Kohle machen« könnte. Die »Stütze« reichte nicht

aus, und einen festen Job hatten beide schon lange nicht mehr. Schließlich hatte Fritz eine Idee: Der Kneipenwirt des »Altstadtstübchens« schuldete ihm noch Geld, denn er hatte ihm im Frühjahr bei der Renovierung seines Lokals geholfen und dafür bisher nur ein oder zwei 20er-Scheine bekommen. »Über 1000 kriege ich noch von dem«, prahlte Fritz selbstsicher. Als sich Sonja gegen elf Uhr auf den Heimweg machte, versprach ihr Fritz, später noch einmal bei ihr vorbeizukommen. »Dann bringen wir auch Kohle mit. Du wirst schon sehen.« Fritz und Hans gingen weiter in die Altstadt. Kurz nach elf waren sie da.

Max G. hatte das »Altstadtstübchen« nach dem Tod seiner Partnerin vor einem Jahr alleine weitergeführt. Wegen einer Bechterew-Erkrankung war er seit seiner Jugend körperbehindert. Er konnte nur schwer gehen und hatte einen Buckel, doch die kleine Kneipe mit einem Gastraum und einer beengten Küche bekam er noch in den Griff. Es musste ja gehen, auch wenn es ihm zuletzt immer mehr Mühe bereitete. Seitdem er alleine war, hatte er nämlich wieder angefangen zu trinken, und er redete sich ein, dass »die paar Gläser« nicht schaden würden. »Die Gäste wollen ja nicht meinen Kummer sehen, sondern einen fröhlichen Kneipenwirt haben. Sonst können sie ja gleich zu Hause bleiben«, witzelte er gelegentlich.

Meistens hatte er nur ein paar Stammgäste zu bedienen; Laufkundschaft kam äußerst selten in sein Lokal; dafür gab es zu viel Konkurrenz in der Nähe. So hatte Max G. nur einen bescheidenen Umsatz von höchstens 300 bis 400 Euro pro Tag. Die Schwester von Fritz M. war häufig im »Altstadtstübchen« zu finden, Max G. hatte ihr nach dem Tod seiner Freundin oft genug sein Leid geklagt, und sie hatte ihm geduldig zugehört. Deshalb war auch Fritz M. ein willkommener Gast und bekam schon mal das eine oder andere Bier oder einen kleinen Imbiss geschenkt.

Auch an diesem Abend begrüßte der Wirt seinen alten Bekannten freundlich. Fritz M. kam aber nach dem ersten Bier gleich zur Sache und fragte den Wirt, was denn mit dem restlichen Geld von der Renovierung sei. »Komm später noch einmal«, wehrte ihn Max G. rasch ab, »du siehst doch, dass ich jetzt alle Hände voll zu tun habe.« Rasch kippten Fritz und Hans ein zweites Bier an der Theke hinunter, trotteten davon und kauften sich in einem türkischen Laden zwei Döner, die sie auf einer Parkbank verspeisten. Dabei besprachen sie noch einmal ihr Vorhaben.

»Heute ist Zahltag!« Fritz wollte sein Geld. »Ich weiß, dass er mindestens 1000 Euro Wechselgeld in der Kasse hat, und manchmal bringt er seine Einnahmen auch erst nach zwei oder drei Tagen zur Bank. Der Bucklige braucht mir nur dumm kommen. Ein Schlag, und er liegt am Boden.« Allerdings, so räumte Fritz M. ein, gebe es da noch ein Problem: »Der kennt ja meine Schwester gut, und wenn ich ihm eine aufs Maul haue, zeigt er mich bestimmt an.« Doch Hans beruhigte ihn: »Du kannst gerne im Hintergrund bleiben, den Rest erledige ich schon. Mich kennt er ja nicht« Gegen halb eins machten sich die beiden wieder auf den Weg in das Stübchen.

Ihre Hoffnung, dass sie jetzt die einzigen Gäste sein würden und damit leichtes Spiel hätten, wurde jedoch enttäuscht. Noch immer hielten sich vier Zecher in der Kneipe auf. Also wieder an die Theke und einen »Absacker« bestellt. Als Fritz den Wirt erneut auf das Geld für die Renovierungsarbeiten ansprach, lachte ihn dieser nur aus: »Du hast doch in den letzten Wochen genug bei mir umsonst getrunken und gegessen. Wir sind quitt. Was willst du denn jetzt noch?« Fritz war baff.

Allmählich verabschiedeten sich die letzten Gäste, und als einer von ihnen sah, dass Max G. die Geldtasche mit den Tageseinnahmen nach hinten in die Küche brachte, rief er ihm nach, er solle bloß vorsichtig sein und auf sein Geld aufpassen. Doch Max winkte ab. Endlich waren Fritz und Hans mit Max allein. Sie gingen auf die Toilette und besprachen dort ihren Plan. Fritz sollte Max ablenken und hinter der Theke hervorlocken. Dann wollte ihn Hans mit einem oder zwei Fausthieben niederschlagen. Anschließend würde er die Geldtasche aus der Küche holen, und dann wollten sie so rasch wie möglich abhauen. Als die beiden von der Toilette zurückkamen, hatte Max die Rollläden an den Fenstern seiner Kneipe heruntergelassen und saß bereits wieder auf seinem Barhocker hinter der Theke. Fritz ging zum Musikautomaten, fummelte zum Schein etwas daran herum und rief Max zu: »Da stimmt etwas nicht!« Doch Max widersprach heftig: »Wir brauchen jetzt keine Musik mehr. Für heute ist es genug. Ich will gleich schließen.«

»Einen letzten Obstler kriegen wir aber noch«, verlangte Fritz, und der Wirt schenkte eilig jedem ein Gläschen ein. Hans wollte jetzt sogar noch ein Päckchen Erdnüsse haben. Und auch diesen Wunsch wollte ihm Max nicht abschlagen. Er drehte sich auf seinem Barhocker nach hinten zu der Glasvitrine und kramte dort die Erdnüsse heraus. Noch bevor sich Max wieder umgedreht hatte, rannte Fritz zur Eingangstür, um auch dort die Rollläden herunterzulassen.

Ahnungslos drehte sich Max mit den Erdnüssen in der Hand wieder nach vorne, da schleuderte ihm Hans seine Faust mit voller Wucht ins Gesicht. Max blutete sofort an der Oberlippe und schrie laut um Hilfe. Er wehrte sich mit aller Kraft, doch gegen den bulligen Hans hatte er nicht die geringste Chance. Ein zweites Mal ein Faustschlag gegen seinen Kopf folgte, sodass er rückwärts vom Barhocker fiel und bewusstlos auf den Boden prallte.

Hektisch suchten Fritz und Hans nun in der Küche nach der Geldtasche, konnten sie aber in der Eile nicht gleich finden. Inzwischen war Max wieder zu Bewusstsein gekommen und wollte aufstehen. In diesem Moment wurde den beiden klar, dass ihr ursprünglicher Plan nicht aufgehen würde. Sie schlugen und traten deshalb erneut auf Max ein, um ihn ruhigzustellen. Der aber schrie und jammerte immer lauter um Hilfe. Obwohl Fritz an diesem Abend etliches getrunken hatte und deshalb reichlich benebelt war, erkannte er, dass Max diesen brutalen Überfall nicht einfach hinnehmen würde. Bei aller Gutmütigkeit, die Max sonst zeigte, würde er ihn sicher anzeigen. Auch die Freundschaft zur Schwester von Fritz würde daran nichts ändern.

Ohne lange zu überlegen, griff Fritz deshalb nach dem langen Kabel des auf der Theke stehenden Telefons, legte es Max von vorne um den Hals, verknotete es hinten einmal und führte es dann an den Enden wieder nach vorne. Mit beiden Händen zog er kräftig daran, zwei Minuten, drei Minuten, bis Max nicht mehr zappelte, sondern schlaff zu Boden sank. Als Hans das sah, drehte er sich weg und suchte in der Küche fieberhaft weiter nach der Geldtasche, bis er sie endlich im untersten Schubfach der Anrichte fand. Rasch wühlte er das Geld – insgesamt 1400 Euro – heraus und steckte es ein. Fritz schnürte mit einem letzten Zug an den Kabelenden den Hals von Max noch einmal zusammen, doch der rührte sich nicht mehr. Zusammen mit Hans zog er dem Toten drei vergoldete Ringe von den Fingern. Hastig füllte er seine Hosentaschen mit dem Kleingeld, das auf dem Tresen lag.

Schließlich rannten beide zur Eingangstür, öffneten den Rollladen so weit, dass sie darunter in gebückter Haltung auf die Straße treten konnten. Dabei wurden sie von zwei Nachbarn beobachtet, die durch die Hilferufe von Max aufgeschreckt ans Fenster geeilt waren; doch alsbald verschwanden die beiden Flüchtigen in der nächsten Querstraße. Fritz und Hans rannten zu einem Parkplatz in der Nähe und nahmen dort unter einer Straßenlaterne ihre Beute näher in Augenschein. Die Geldscheine teilten sie je zur Hälfte auf. Danach liefen sie zur Wohnung von Sonja, die sie bereits erwartet hatte. Sie gaben ihr das versprochene Geld und auch zwei der Ringe, die sie Max abgezogen hatten. Danach fuhren alle drei im Taxi zum Stadtpark, wo sich Sonja von ihrem Dealer Heroin besorgte, das sie sich sofort spritzte. Hans kaufte für 200 Euro Kokain, auch Fritz durfte ein wenig davon probieren.

Morgens gegen sechs gingen die drei schließlich zu einer Kneipe am Bahnhof und tranken noch eine Cola mit Schuss. Von dort fuhren sie mit der Straßenbahn zurück. Sie wollten endlich nach Hause, um sich auszuschlafen. Auf ihrem Heimweg kamen sie noch einmal an dem »Altstadtstübchen« vorbei. Schon von Weitem sahen sie, dass dort alles abgesperrt war, mehrere Polizeifahrzeuge und auch ein Leichenwagen standen vor dem Lokal. Auf der anderen Straßenseite hatte sich eine Menschenmenge gebildet, und man konnte aus dem aufgeregten Gemurmel hören, dass sich die Nachricht vom Tod des Kneipenwirts bereits wie ein Lauffeuer verbreitet hatte. Während Hans und Sonja in eine Seitenstraße abbogen, mischte sich Fritz unter die Leute, um zu erfahren, ob schon Verdacht gegen ihn und seinen Kumpel bestand.

Plötzlich kam eine Frau auf ihn zu und rief hektisch: »Der war es! Den habe ich heute Nacht gesehen, wie er aus der Kneipe rausgerannt ist.« Jetzt drehten sich alle nach Fritz um. Er wollte zwar noch weglaufen, doch wie in einem Albtraum versagten plötzlich seine Beine. Wenige Minuten später saß er in einem Polizeifahrzeug und wurde weggefahren. Bei der Kripo wurde er stundenlang verhört und gab dabei rasch zu, dass es am Abend vorher zu einem Streit mit dem Wirt gekommen war.

Wie in vielen ähnlichen Fällen mit zwei Tätern beschuldigten sich Fritz und Hans in der Folgezeit gegenseitig, die Hauptverantwortung für diese Bluttat zu tragen. Wer hatte zuerst die Idee dazu? Wie ist der Streit in der Kneipe entstanden? Wer hat womit zugeschlagen? Und vor allem: Wer hat Max G. mit dem Telefonkabel erdrosselt? Am Ende wurden beide wegen eines gemeinschaftlichen Raubmordes zu einer Freiheitsstrafe von jeweils 14 Jahren verurteilt. Lediglich der hohe Alkoholkonsum vor der Tat, der nach Ansicht des Gerichts zu einer »vermin-

derten Schuldfähigkeit« geführt hatte, ersparte den beiden ein
»Lebenslänglich«.

Wird er es wieder tun?

Elf Jahre nach der Tat erhielt ich den Auftrag, ein Gutachten über
Fritz M. zu erstatten; ich sollte seine Sozial- und Legalprognose
beurteilen. Schon zwei Jahre vorher hatte sich eine Kollegin zu
der gleichen Frage geäußert. Sie war damals zu einem ungünstigen Ergebnis gekommen und hatte die Fortführung verschiedener Behandlungsmaßnahmen und eine gezielte berufliche Förderung empfohlen. Die von Fritz M. beantragte Entlassung zum
Zweidrittelzeitpunkt wurde daraufhin abgelehnt. Nun sollte ich
eine neue Stellungnahme abgeben.

Ich lernte einen mittelgroßen, etwas älter wirkenden 43-jäh-
rigen Mann kennen, der am Anfang ein wenig unsicher auf seinem Stuhl hin und her rutschte und zögerlich begann, mir sein
bisheriges Leben zu erzählen. Ich erfuhr von seinem Aufwachsen
in einer großen Familie – »das elfte von insgesamt 14 Kindern« –
in bescheidenen Verhältnissen, hörte von seinem »fleißigen Vater«, einem Maurer, der recht früh einen Arbeitsunfall erlitten
hatte, danach querschnittsgelähmt war und nach längerer Pflege
durch die Familie schließlich an Knochenkrebs starb. »Das war
grauenhaft für uns alle.« Die Mutter von Fritz M. lebte noch –
mit 75 Jahren – bei einem seiner Brüder, dessen Frau sie wegen
ihrer schweren Demenz zu Hause pflegte.

Die Kindheit war »lustig, aber auch anstrengend«. Fritz M.
schlief mit fünf Brüdern in einem Zimmer. »Da gab es schon
mal Krach, wenn ich einem was weggenommen habe.« So etwas
wie Taschengeld hatte er nicht gekannt. »Jeder musste halt sehen, wo er bleibt.« Als er zwölf war, schloss er sich einer Clique
aus seiner Wohnsiedlung an. »Wir haben viel Blödsinn gemacht

und sind halt dann auch zum Klauen gegangen.« Mit dreizehn brachte ihn die Polizei zum ersten Mal nach einem Ladendiebstahl nach Hause. »Polizei-Taxi haben wir dazu gesagt«, ergänzte er schmunzelnd. »Mein Vater war zwar sauer, doch was konnte er schon machen. Er saß ja im Rollstuhl, und meiner Mutter war es irgendwie egal. Das kannte sie ja schon von meinen Brüdern.«

Mit 14 musste er einmal eine ganze Woche in den Jugendarrest gehen und später noch einmal 14 Tage. Davon stand gar nichts mehr in seinem Strafregister, aber eine Jugendstrafe wegen Diebstahl und Körperverletzung und später noch einmal eine einjährige Gefängnisstrafe, auch hier war der Grund ein »gemeinschaftlicher Diebstahl«. In beiden Fällen bekam er aber Bewährung und musste nicht in den Knast. »Nach drei Jahren wurde mir die Strafe erlassen.«

Die Schule war nicht sein Ding. »Ich habe oft den Unterricht geschwänzt, weil es mir keinen Spaß gemacht hat. Außerdem wurde ich oft gehänselt, weil ich manchmal anfange zu stottern, wenn ich nervös bin. Als mein Vater schwer krank war, wurde ich sogar längere Zeit freigestellt und durfte Schulaufgaben daheim machen.« Mit 15 hatte er die Schule hinter sich, irgendwie hatte es sogar zu einem Hauptschulabschluss gereicht. Danach begann er eine Lehre als Maler und Lackierer, doch schon nach einem halben Jahr brach er ab. »Ich wollte Geld verdienen und habe dann lieber als Staplerfahrer bei einer Spedition gearbeitet.«

Zu dem Zeitpunkt war er auch schon mit Bettina zusammen, die er mit 15 in einem Klub kennengelernt hatte. »Zuerst war es nur so eine Jugendfreundschaft, doch dann sind wir auch intim geworden. Und als schließlich unsere Tochter Anna unterwegs war, haben wir halt geheiratet.« Damals war er 18 Jahre alt. Zwei Jahre später kam sein Sohn Frank auf die Welt, und im nächsten Jahr wurde er schon wieder Vater: Felix, sein zweiter Sohn. »Zu ihm habe ich aber keinen Kontakt mehr, doch Anna besucht mich manchmal im Gefängnis. Sie ist inzwischen verheiratet und hat selbst zwei Kinder. Auch Frank hat geheiratet und ist Vater geworden.«

Die Ehe mit Bettina war nicht von Dauer. Das lag wohl vor allem daran, dass Fritz die Stelle bei der Spedition nach drei Jahren aufgeben musste. »Es hat Krach mit Kollegen gegeben, und da habe ich angefangen, Alkohol zu trinken. Dann wurde ich entlassen.« Er musste seine Familie jetzt von Gelegenheitsjobs ernähren und arbeitete mal da und mal dort. Das gab natürlich Ärger mit seiner Frau. Schon am Morgen hatte er sich deshalb am Kiosk mit Schnaps versorgt, »um munter zu werden«. Irgendwann ging er aber überhaupt nicht mehr zur Arbeit und zog nur noch mit Kumpels in Kneipen herum. Da reichte es Bettina. Sie warf ihn aus der Wohnung und ließ sich scheiden.

»Ich habe dann gar keine richtige Wohnung mehr gehabt, habe bei Kumpels übernachtet oder auch mal auf der Straße bei den Pennern.« Schließlich fing er auch wieder mit dem Klauen an. Als er dabei erwischt wurde, konnte er die Geldstrafe nicht bezahlen und musste ersatzweise für drei Monate ins Gefängnis. In dieser Zeit lernte er Martina kennen, die später seine zweite Ehefrau werden sollte. »Sie war zunächst die Brieffreundin von einem Knastkumpel und hatte schon ein Kind von einem anderen Mann. Das störte mich aber nicht. Am Anfang war sie ja ganz in Ordnung.«

Bald nach seiner Haftentlassung zog er zu ihr, und ein Jahr später wurde geheiratet. Nach einiger Zeit kriselte es auch in dieser Ehe. »Martina wollte immer öfter abends alleine weggehen, und da hätte ich auf ihr Kind aufpassen sollen. Das hat mir nicht gepasst. Wir haben uns auseinandergelebt.« In einer Kneipe lernte Fritz schließlich Carla kennen, die fast zehn Jahre älter war als er und sich fürsorglich um ihn kümmerte – »fast wie eine Mutter«. Fritz lebte in dieser Zeit von Sozialleistungen, doch Carla ging mit ihm zum Arbeitsamt und drängte ihn, doch etwas Sinnvolles zu tun. Nach wie vor zog es Fritz aber jeden Abend zu seinen Kneipenkumpels. »Da gab es immer etwas zu feiern.« Per Zufall traf er dabei einmal seine Frau Martina wieder. »Wir sind dann noch mal zusammengekommen, und ich bin wieder bei ihr eingezogen. Wir waren ja noch verheiratet.«

Schon zwei Monate später wurde Martina schwanger, und als er im Frühjahr darauf ins Krankenhaus fuhr, um seine kleine Tochter zum ersten Mal zu sehen, zeigte ihm die Krankenschwester durch ein Glasfenster dieses Kind. »Das war aber ein farbiges Baby. Ich konnte also unmöglich der Vater sein. Das war mein Untergang, grauenhaft.« Danach trennte er sich endgültig von Martina und zog zu Hans, den er schon seit über zehn Jahren aus der Kneipenszene kannte. »Hans war drogenabhängig, hat ständig Geld gebraucht und auch viel geklaut. Das hat mich noch weiter nach unten gezogen.«

Eine eigene Sicht der Dinge

Damit war Fritz M. von sich aus auf den zentralen Punkt, also auf die Tatnacht im September vor elf Jahren, gekommen. Er erzählte mir den Ablauf dieses Tages im Wesentlichen so, wie ich ihn schon aus der Strafakte kannte. Dabei bezeichnete er die Tat als »völlig sinnlos« und als »den größten Fehler seines Lebens«, eine Formulierung, auf die ich immer wieder stoße. Mir fiel aber auf, dass seine Version in einigen Punkten deutlich vom Urteil abwich; seinen eigenen Anteil an der Tat schilderte er nämlich etwas geringer, während er seinen Mittäter Hans stärker belastete. Außerdem behauptete er, dass er beim Verlassen der Kneipe noch gar nicht gewusst habe, dass Max tot war. »Ich habe gehofft, dass er noch lebt. Erst am nächsten Morgen ist mir dann alles klar geworden.« Gleichzeitig sagte er jedoch, dass er schuld am Tod seines Opfers sei. »Ich sitze hier nicht zu Unrecht.«

Solche Differenzierungen, man könnte auch sagen, Verzerrungen, sind für mich nichts Ungewöhnliches. Nahezu regelmäßig mache ich die Erfahrung, dass Mörder und Verurteilte nach anderen schweren Verbrechen trotz Geständnis und grundsätzlicher Schuldeinsicht mir »eine eigene Sicht der Dinge« präsentieren, also eine Tatversion, die sie zwar nicht völlig entlastet, aber ihr Verhalten doch nicht ganz so brutal und boshaft erscheinen lässt, wie man dies angesichts der Schwere des Delikts und der hohen Strafe denken könnte. »Ganz so schlimm bin ich nicht. Das war ein Ausraster, den ich mir selbst nicht erklären kann.« So oder so ähnlich höre ich das sehr oft.

Die biografische Analyse war in diesem Fall zwar umfangreich, aber dennoch relativ leicht. Bei Fritz M. fanden sich nahezu lehrbuchartig sämtliche Punkte, die in der Kriminologie als Risikofaktoren für eine früh begonnene und lange anhaltende kriminelle Karriere gelten: Schon von Geburt an konnte bei ihm trotz des Aufwachsens in einer vollständigen Familie von einer günstigen Situation nicht die Rede sein. Die vielen Geschwister, die engen räumlichen und finanziellen Verhältnisse, der Unfall seines Vaters, die nachfolgende häusliche Pflege und dessen früher Tod boten einen denkbar schlechten Rahmen für eine vertrauensvolle Entwicklung und ein stabiles Bindungsverhalten von Fritz M. Die wahrscheinlich ständig überforderte Mutter konnte sich nur wenig um ihn kümmern und musste zusehen, wie er nach und nach das Interesse an der Schule verlor und sich bereits mit zwölf Jahren einer Clique angeschlossen hatte, in der er nichts lernte außer Alkohol, Klauen und »Blödsinn machen«.

Es ist deshalb kein Wunder, dass er seine Lehre früh aufgab und stattdessen rasch zu Geld kommen wollte, dass er zunehmend dem Alkohol verfiel und in der Folge zuerst seinen Job verlor und anschließend seine erste Ehe in die Brüche ging. Auch die kurze Zeit danach geschlossene zweite Ehe litt unter seinem instabilen Lebenswandel und war nur von kurzer Dauer. Der zweite Anlauf mit dieser Frau scheiterte endgültig, nachdem er erkennen musste, dass nicht er, sondern ein anderer Mann der Vater des vermeintlich gemeinsamen Kindes war.

In allen wesentlichen Lebensbereichen – Familie, Schule, Beruf, Finanzen, Partnerschaft, Freizeitgestaltung, Bekanntschaften und Freunde, Umgang mit Suchtmitteln – ließen sich bei Fritz M. Defizite und Auffälligkeiten feststellen, die ein kriminalprognostisch äußerst ungünstiges Bild abgaben. Mit Bezug auf die »Internationale statistische Klassifikation der Krankheiten und verwandter Gesundheitsprobleme«, kurz ICD, könnte man bei Fritz M. auch von einer »dissozialen Persönlichkeitsstörung« sprechen, doch ist damit noch keine Erklärung oder gar ein Hinweis auf notwendige Hilfsmaßnahmen oder Schritte zur Verbesserung dieser Problematik verbunden. Es geht dabei lediglich um die Einbindung in ein gebräuchliches Klassifikationssystem, nicht mehr.

Schließlich wurde Fritz M. nicht deshalb zum Mörder, weil er eine solche Persönlichkeitsstörung hatte, es ist genau umgekehrt: Die Zuschreibung dieser Kategorie erfolgt wegen zahlreicher sozialer und persönlicher Auffälligkeiten. Diese erhalten dadurch zwar ein gemeinsames Etikett oder werden, wie man salopp sagt, »verschubladet«, der damit verbundene Erkenntnisgewinn ist freilich gering. Wesentlich hilfreicher für die Erstellung einer Sozial- und Legalprognose finde ich dagegen die Verwendung empirisch erprobter Risikoinstrumente zur Gewinnung einer statistischen Basiswahrscheinlichkeit für mögliche zukünftige Delikte. Daraus lassen sich nämlich auch Hinweise für notwendige Maßnahmen zur Verbesserung der jeweiligen Risikowerte ableiten. Solche Instrumente ersetzen selbstverständlich keine differenzierte Kriminalprognose, sie sind aus meiner Sicht aber nützliche Hilfsmittel für eine erste Einschätzung.

Risiko-Checklisten für einen Neustart

Ein solches Instrument, das sich international bewährt hat und das ich in den letzten Jahren wiederholt angewandt habe, ist die in Kanada entwickelte Skala »Level of Service Inventory-Revised« (LSI-R), für die es auch eine deutschsprachige Version gibt.[2] Sie besteht aus 54 Merkmalen, die zehn inhaltlichen Bereichen zugeordnet sind: kriminelle Vorgeschichte, Ausbildung und Beruf, Familie und Partnerschaft, Finanzen, Wohnsituation, Freizeitgestaltung, Freunde und Bekanntschaften, Alkohol- und Drogenproblematik, emotionale Beeinträchtigungen sowie Einstellungen und Werthaltungen. Aus den einzelnen Angaben wird am Ende ein Gesamtwert ermittelt, der schließlich eine Zuordnung der beurteilten Person zu einer von vier Risikostufen (von gering bis hoch) erlaubt und damit eine erste Schätzung der Legalprognose, also möglicher zukünftiger Straftaten, gestattet.

Bei Fritz M. führte diese Checkliste zu einem recht hohen Wert. Das geschätzte Rückfallrisiko, also die Wahrscheinlichkeit für eine erneute Haftstrafe innerhalb von zwei Jahren nach einer möglichen Entlassung, lag bei ihm deutlich über 50 Prozent. Keine gute Voraussetzung für eine günstige Gesamtprognose.

Auch die von mir durchgeführte Tatanalyse konnte diese Einschätzung nicht verbessern. Zwar hatte Fritz M. offenbar vorher noch keine Gewaltdelikte verübt oder gar einen Mord, dennoch war seine Tat nicht bloß als ein singuläres, unglückliches Ereignis anzusehen, sie entsprach durchaus seinem damaligen Lebensstil. Fritz M. lebte offenbar mehr oder minder in den Tag hinein, ohne feste Arbeit und auch ohne eigene Wohnung. Nach dem Scheitern seiner zweiten Ehe beschränkten sich seine sozialen Kontakte auf Kumpels, die in einer ähnlich ungünstigen oder noch schlechteren Lage waren als er. Viele seiner Bekannten waren abhängig von Drogen oder Alkohol und waren »polizeibekannt«. Durch seinen dauerhaft hohen Alkoholkonsum war er zunehmend in finanzielle Nöte geraten, aus denen er sich durch Schnorren und gelegentliche Eigentumsdelikte zu befreien versuchte. Ein über den Tag hinausgehendes Ziel hatte er offenbar nicht. Alles in seinem Leben drehte sich um »Kohle machen«, irgendwie durch den Tag kommen und Alkohol trinken. Dabei nahm er wenig Rücksicht auf seine eigene Gesundheit, und deshalb mangelte es ihm auch an Mitgefühl für andere.

Man könnte es auch so formulieren, dass Fritz M. planlos dahinlebte und damit nach und nach auf eine ausweglose Situation zusteuerte. Schließlich war er sogar bereit, für ein paar hundert Euro geraubten Geldes einen Bekannten zu erschlagen, einfach so, weil ihm dieser nicht freiwillig etwas geben wollte für einige Hilfsarbeiten, die bereits mehrere Monate zurücklagen. Obwohl der Tatablauf wahrscheinlich nicht von Anfang an in dieser extremen Form geplant war und Fritz M. ohne die Unterstützung seines Mittäters auch kaum zu einer solch schweren Tat in der Lage gewesen wäre, so zeigte dieser brutale Überfall dennoch ein hohes Maß an Rücksichtslosigkeit und Normverletzung. Mit weiteren schweren Taten musste daher gerechnet werden, die Kriminalprognose zum Tatzeitpunkt war also äußerst ungünstig. Um zu einer besseren Einschätzung zu gelangen, müsste sich schon viel in seinem Leben ändern.

Damit wären wir beim dritten Punkt angelangt, also bei der Frage, was sich in den Jahren nach der Tat ereignet hatte. Der Akte konnte ich entnehmen, dass die erste Zeit im Gefängnis bei ihm nicht unproblematisch war. Einmal wurde bei einer Kontrolle seines Haftraumes Bargeld gefunden, was im Knast strikt verboten ist, ein anderes Mal wurde er dabei ertappt, wie er nach der Rückkehr von einer Außenarbeit in seinen Schuhen Haschisch versteckt hatte. Die Drogen waren zwar nicht für ihn, sondern für einen anderen Häftling gedacht, von dem er sich zu dieser Tat hatte überreden lassen, trotzdem brachte ihm dies drei Monate Haft zusätzlich ein. Ein Jahr später wurde er wieder erwischt, diesmal hatte er illegal hergestellten Schnaps, der im Knast »Fiffi« heißt, getrunken. 1,86 Promille Alkohol im Blut ergab ein Test.

In den letzten Jahren hatte sich aber offenbar einiges verändert. Trotz anfänglicher Bedenken hatte er über ein Jahr lang an einem wöchentlichen Gruppentraining für Gewalttäter teilgenommen. Jeder musste dabei seine Tat und sein bisheriges Leben vorstellen und gemeinsam mit anderen besprechen. Danach war er auch bereit, sich durch therapeutische Einzelgespräche intensiver mit seiner Vergangenheit zu beschäftigen. Seit zwei Jahren besuchte er außerdem eine Gruppe der ›Anonymen Alkoholiker«, obwohl er gleich zu Beginn schon wieder aufhören wollte, weil er Zweifel an der vereinbarten Vertraulichkeit der Gespräche hatte. Erst auf Drängen seines Therapeuten blieb er dabei und ließ danach keine Stunde mehr aus.

Die Berichte des psychologischen Dienstes der Anstalt klangen nun viel positiver als zu Beginn seiner Strafhaft. Ich las darin Sätze wie:»Bei Herrn M. ist es in den letzten Jahren zu einer wesentlichen Verhaltensänderung gekommen.« Und:»Er ist seit einiger Zeit in der Lage, offener über sich zu sprechen, und ist selbstkritischer geworden.« Das deckte sich mit meinem persönlichen Eindruck während des Gesprächs mit ihm. Zudem erfuhr ich, dass er an einem »Grundkurs Metall« teilgenommen hatte und dass seine Arbeit im Werkbetrieb allgemein gelobt wurde. In seiner Freizeit spielte er regelmäßig in einer Fußballgruppe, und man hatte ihm sogar die Rolle eines Sportwarts übertragen, der dafür sorgen musste, dass alle Geräte in Ordnung waren und nach einem Spiel wieder alles an den richtigen Platz kam. Er galt als zuverlässig. Zu Mitgefangenen verhielt er sich freundlich, aber ohne Kumpanei:»Ich komme mit jedem gut aus, Freundschaften suche ich hier aber nicht.« Kontakte nach draußen hatte er ausschließlich zu seinen Geschwistern und zu seinem Sohn

Frank. Von seinen früheren »Kumpels« hatte er sich dagegen schon lange losgesagt.

Dies waren viele Pluspunkte für einen möglichen Neustart. Fritz M. hatte trotz mancher Rückschläge und eines wiederholt recht zögerlichen Verhaltens offenbar seine Lektion gelernt und sich nach und nach weiterentwickelt. Dies bestätigten auch seine Zukunftsvorstellungen im vierten und letzten Teil meiner Begutachtung. Er hatte die Hoffnung, nach einer Zeit des stufenweisen Übergangs mit Ausgang und Freigängerarbeit, vorzeitig entlassen zu werden, und wollte zunächst zu seinem Bruder ziehen. »Das hat er mir angeboten, doch es soll nur für die erste Zeit sein. Er will mir helfen, eine Arbeitsstelle und eine eigene kleine Wohnung zu finden.« Auf keinen Fall wollte er wieder in seine alten Kreise zurück, und deshalb erschien es nur konsequent, dass er sich Arbeit und Wohnung in einer anderen Stadt suchen wollte. Zu seinen festen Plänen zählte auch die Fortsetzung der Kontakte zu den Anonymen Alkoholikern. »Das hat mir hier viel gebracht. Ich habe gesehen, wie es anderen geht und wie man von der Flasche wegkommen kann.« Offenbar hatte er begriffen, dass er für einen tragfähigen Neubeginn, für ein Leben ohne Straftaten dauerhaft auf den Konsum von Alkohol und Drogen verzichten muss.

Freilich waren noch viele Fragen unbeantwortet. Schließlich hatte er weder eine Arbeitsstelle noch eine eigene Wohnung in Aussicht, und ob er wirklich neue Freunde finden könnte, etwa in einem Sportverein, ließ sich nicht sicher vorhersagen. Wie erfolgreich also sein Neustart tatsächlich werden würde, konnte niemand wissen. Immerhin war ich mir aber sicher, dass ein erneutes Abgleiten in seine frühere Lebenswelt nicht, jedenfalls nicht unmittelbar, zu erwarten war. Die Wahrscheinlichkeit für neue Straftaten war also deutlich geringer als zum Zeitpunkt seiner Festnahme und auch in den ersten Jahren seiner Haft. Erst die genaue Analyse der Haftzeit und der Vorbereitungen für sein

Leben danach ergaben für Fritz M. trotz einer sehr ungünstigen Einschätzung seiner Biografie und seiner Bezugstat ein insgesamt positives Ergebnis: Die Gefahr, dass »die bei der Tat zutage getretene Gefährlichkeit« fortbesteht, bestand nach meiner Einschätzung jedenfalls für den Augenblick und für die nähere Zukunft nicht mehr.

War dies auch ein Votum für eine vorzeitige Entlassung von Fritz M.? Wurde ich damit zum heimlichen Richter über ihn? Auf den ersten Blick sieht dies so aus, und ja, er wurde tatsächlich nach einiger Zeit zur Bewährung aus der Haft entlassen. Dabei dürfte mein Gutachten eine maßgebliche Rolle gespielt haben. Das Verhältnis zwischen einer gutachterlichen Stellungnahme und einer gerichtlichen Entscheidung ist aber etwas komplizierter, als es den Anschein hat.

Justiz und Psychologie: die Verteilung der Aufgaben

Als Gutachter werde ich üblicherweise nicht danach gefragt, ob ich eine Entlassung empfehlen oder befürworten würde; ich soll mich in aller Regel »nur« zu der Wahrscheinlichkeit neuer Straftaten im Falle einer Entlassung äußern. Diese Frage beantworte ich allerdings nicht nur mit einem einzigen Satz oder mit einer Prozentzahl, sondern durch die Auflistung prognostisch günstiger und ungünstiger Merkmale. Daran schließt sich ein zusammenfassendes Fazit an, das nach meiner Bewertung »für den gegenwärtigen Zeitpunkt« gilt. Es folgen Hinweise auf Voraussetzungen für eine Stabilisierung oder weitere Verbesserung der aktuellen Einschätzung – hier betraf dies zum Beispiel die Bereiche Arbeit, Wohnen, AA-Gruppe, Freizeitkontakte. In gleicher Weise nenne ich aber auch Punkte, die eine Verschlechterung der Prognose, eine Erhöhung des Rückfallrisikos bedeuten würden – etwa neuerlicher Alkoholkonsum, die Wiederaufnahme von Kontakten zu entsprechenden Kreisen sowie der Verlust von Arbeit. Aus diesen Informationen ergeben sich für das Gericht auch Anhaltspunkte für mögliche Auflagen oder Weisungen im Rahmen einer Bewährungszeit.

Der letzte Schritt, die Entscheidung über eine vorzeitige Entlassung, muss dagegen immer dem Gericht vorbehalten bleiben. Das hat nichts mit falscher Bescheidenheit oder gar einer Angst vor möglichen Fehlern zu tun, sondern folgt aus den gesetzlichen Vorgaben sowie aus den jeweiligen Aufgaben, Möglichkeiten und Grenzen von Justiz und Prognosewissenschaft. Ich möchte dies anhand der Bestimmungen des Strafgesetzbuches zur »Aussetzung des Strafrestes bei zeitiger Freiheitsstrafe« erläutern. In § 57 Abs. 1 StGB heißt es dazu:

(1) Das Gericht setzt die Vollstreckung des Restes einer zeitigen Freiheitsstrafe zur Bewährung aus, wenn

1. *zwei Drittel der verhängten Strafe, mindestens jedoch zwei Monate, verbüßt sind,*
2. *dies unter Berücksichtigung des Sicherheitsinteresses der Allgemeinheit verantwortet werden kann, und*
3. *die verurteilte Person einwilligt.*

Bei der Entscheidung sind insbesondere die Persönlichkeit der verurteilten Person, ihr Vorleben, die Umstände ihrer Tat, das Gewicht des bei einem Rückfall bedrohten Rechtsguts, das Verhalten der verurteilten Person im Vollzug, ihre Lebensverhältnisse und die Wirkungen zu berücksichtigen, die von der Aussetzung für sie zu erwarten sind.

Neben dem formalen Kriterium der Mindestverbüßungszeit (»zwei Drittel«) und der Voraussetzung der Einwilligung der »verurteilten Person« – nur wenige Häftlinge wollen lieber »Endstrafe« machen, weil sie danach keine Bewährungszeit mehr durchstehen müssen – werden im unteren Teil dieses Absatzes mehrere Punkte genannt, die nach dem Gesetz »zu berücksichtigen« sind und für die eine gründliche kriminalpsychologische Expertise hilfreich sein sollten. Die Beurteilung der Persönlichkeit von Personen, ihres Vorlebens, also ihrer Biografie, die Umstände ihrer Tat, ihr Verhalten im Vollzug und ihre Lebensverhältnisse sind Themenbereiche, die eindeutig auf psychologische und kriminologische Aspekte verweisen. Entsprechendes gilt für die jeweiligen Zukunftsperspektiven eines Verurteilten, also für die Wirkungen, die »von der Aussetzung für sie zu erwarten sind«, während die Einschätzung des »Gewichts des bei einem Rückfall bedrohten Rechtsguts«, also die Beurteilung der Schwere einer möglichen neuen Tat, eine juristische Bewertung darstellt.

Entscheidend ist aber etwas anderes, nämlich die gesetzliche Vorschrift, dass eine Strafrestaussetzung nur dann möglich sein soll, wenn dies »unter Berücksichtigung des Sicherheitsinteresses der Allgemeinheit verantwortet werden kann«. Dabei handelt es sich um einen Sachverhalt, der nicht mehr auf die Person eines Verurteilten, auf dessen früheres und zukünftiges Leben bezogen ist und der sich auch nicht aus psychologischen Täterprofilen oder kriminologischen Analysen erschließen lässt, sondern es geht dabei um eine normative Wertung, um die Abwägung zwischen den Sicherheitsinteressen der Allgemeinheit und den Wünschen eines Verurteilten nach Freiheit und Resozialisierung. Dazu kann ein Gerichtsgutachter zwar eine persönliche Meinung haben, er sollte diese aber besser für sich behalten, um nicht den falschen Anschein zu erwecken, dass diese Meinung unmittelbarer Ausdruck seiner Sachkunde ist. Umgekehrt wäre es sogar grundfalsch, wenn ein Gericht einen Sachverständigen nach der »Verantwortbarkeit einer vorzeitigen Entlassung« fragen würde. Zum Glück wurde mir diese Frage noch nie gestellt;

ich hätte sie nämlich postwendend zurückgeben müssen: »Dazu könnte ich Ihnen zwar auch etwas sagen, dies wäre jedoch nicht Bestandteil meiner wissenschaftlichen Expertise.«

Um zu verdeutlichen, was ich mit dieser strikten Trennung zwischen einer empirisch begründeten Kriminalprognose einerseits und einer normativ-juristischen Beurteilung der Verantwortbarkeit andererseits meine, hier ein vielleicht etwas ungewöhnlicher, im Kern dennoch zutreffender Vergleich mit einer Wetterprognose und einer damit zusammenhängenden privaten Entscheidung.

Sommerfest im Regen?

Stellen Sie sich vor, Sie möchten im Sommer eine große Gartenparty veranstalten, zu der Sie viele Angehörige und Freunde einladen wollen. In Ihren Garten passen zwar etliche Leute, doch wenn es regnen sollte, wäre Ihr Haus doch zu klein für alle Gäste. In diesem Fall könnten Sie sich mit einem großen Zelt behelfen, das Sie aber rechtzeitig besorgen und aufbauen müssten. In 14 Tagen soll es soweit sein. Noch hätten Sie genug Zeit, Ihre Gäste auf einen anderen Termin einzuladen oder auch das Fest abzusagen. Alles hängt davon ab, ob das Wetter sommerlich schön oder doch verregnet sein wird. Sie wollen aber nichts dem Zufall überlassen, wenden sich deshalb an ein meteorologisches Institut und bitten um eine möglichst genaue Wettervorhersage.

Man teilt Ihnen schließlich mit, dass nach den aktuellen Daten und den verwendeten Wetterstatistiken an Ihrem Wohnort zum fraglichen Zeitraum mit sehr hoher Wahrscheinlichkeit ganztägig sommerliche Temperaturen mit mindestens 20 bis 25 Grad Celsius zu erwarten sind, bei wechselnder Bewölkung und schwachem Wind. Das beruhigt Sie zunächst. Als Regenwahrscheinlichkeit wird Ihnen aber ein Wert von etwa 30 Prozent genannt. Was heißt das eigentlich?

Es bedeutet nicht, dass es an drei von zehn Stunden des Vorhersagetages regnen wird und schon gar nicht ist damit gemeint, dass etwa 30 Prozent des Vorhersagegebietes an diesem Tag Regen erhalten werden und der Rest trocken bleiben wird – die Regenwahrscheinlichkeit drückt vielmehr aus, dass es nach den Wetteraufzeichnungen der vergangenen Jahrzehnte bei einer vergleichbaren Wetterlage in drei von zehn Fällen mindestens einmal am Tag geregnet hat, in sieben anderen Fällen aber nicht.

Werden Sie nun angesichts dieser Wetterprognose Ihre Gartenparty steigen lassen oder ist Ihnen das Regenrisiko dafür zu groß? Vielleicht möchten Sie ja auch sicherheitshalber ein großes Zelt bestellen, damit im Fall eines Falles Ihre Gäste noch schnell ins Trockene flüchten können. Was werden Sie tun? Die Meteorologen des Wetterdienstes werden Ihnen diese Entscheidung sicher nicht abnehmen; Sie brauchen gar nicht erst danach zu fragen. Schließlich ist das, was Sie sich und Ihren Gästen zumuten wollen, nicht mehr Gegenstand einer meteorologischen Einschätzung, sondern eine Frage Ihrer Risikobereitschaft. 30 Prozent Regenwahrscheinlichkeit klingt nicht viel, ist aber auch nicht wenig. Es liegt ausschließlich an Ihnen, wie Sie mit dieser Prognose umgehen.

Bei einer Kriminalprognose und bei der Frage einer darauf gestützten vorzeitigen Entlassung verhält es sich im Grunde ähnlich, wenngleich die Dinge ungleich komplizierter und riskanter sind. Das beginnt schon mit der Dauer des Vorhersagezeitraums, die bei Kriminalprognosen nicht nur für ein paar Tage oder Wochen erwartet wird, sondern nach Möglichkeit weit in die Zukunft reichen soll. Realistischerweise wird man aber kaum für mehr als ein, maximal zwei Jahre die tragfähige Schätzung eines Rückfallrisikos erwarten dürfen. Hinzu kommt, dass das menschliche Verhalten und damit auch die Beachtung von

Gesetzen und Vorschriften, also das Legalverhalten, in weitaus größerem Maße von unvorhersehbaren Ereignissen beeinflusst werden kann als das Wettergeschehen. Nicht zuletzt ist die Datenmenge vergleichbarer Kriminalfälle oder Tätertypen auch für einen langjährig erfahrenen Gerichtsgutachter mit einschlägiger Kenntnis der Rückfallforschung erheblich geringer als der riesige Datenschatz meteorologischer Institute. Kriminalprognosen können daher keinesfalls mit der Genauigkeit von Wettervorhersagen Schritt halten.

Am Ende aber verhält es sich mit einer Kriminalprognose ähnlich wie bei dem Gartenparty-Beispiel. Die wissenschaftliche Expertise kann nur Wahrscheinlichkeitswerte anhand vergleichbarer Situationen beziehungsweise ähnlicher Fälle in der Vergangenheit liefern. Dabei handelt es sich lediglich um Schätzungen, um Erwartungswerte. Ob es wirklich an dem fraglichen Tag regnen wird oder nicht beziehungsweise ob der zu beurteilende Täter zukünftig straffrei bleiben wird oder nicht, lässt sich dagegen erst hinterher feststellen. Die eigentlich zu treffende Entscheidung – »Party ja oder nein? Mit oder ohne Zelt?« beziehungsweise »Entlassung ja oder nein? Mit oder ohne besondere Auflagen?« – erfordert eine Abwägung von Risiken, die außerhalb der Möglichkeiten von Statistik und empirischer Wissenschaft liegt. Sie sollte deshalb auch nicht an Gutachter übertragen werden.

Dennoch kann ein solches Delegieren der Verantwortung für beide Seiten verlockend sein. Richter könnten sich davon eine gewisse Entlastung ihrer schweren Entscheidung erhoffen, und Gerichtsgutachter könnten durch den Zugewinn an Einfluss eine subjektive Aufwertung ihrer Arbeit und ihrer Berufsrolle erfahren und somit gerne zu »heimlichen Richtern« werden. Ich bin daher nicht sehr optimistisch, dass die rechtlich und praktisch gebotene Trennung zwischen kriminalprognostischer Stellungnahme und richterlicher Entscheidung überall konsequent eingehalten wird, obwohl ich dabei lediglich auf Vermutungen und auf nicht überprüfbare Eindrücke angewiesen bin, die ich bei manchen Urteilen gewonnen habe.

In jedem Falle sehe ich in solchen Verlockungen eine große Gefahr sowohl für die Arbeit und das Ansehen von Gutachtern als auch für die Justiz selbst. Deren Aufgabe sollte es schließlich sein, stets auf die genaue Einhaltung gesetzlicher Regelungen zu achten, anstatt sich auf Bedingungen einzulassen, die zwar praktisch und komfortabel erscheinen mögen, die aber lediglich zu einer Konfusion von beruflichen Rollen sowie der damit verbundenen Verantwortung und schließlich zu einer Verwässerung juristischer Entscheidungen führen werden.

Die Entscheidung, die das Gericht damals für Fritz M. getroffen hatte, erwies sich offenbar als richtig. Ich habe jedenfalls nach seiner Entlassung zum Zweidrittel-Zeitpunkt nie mehr etwas von ihm gehört. Er hatte zwar mehrere Jahre gebraucht, bis er bereit war, sich seiner Tat und seinen persönlichen Problemen zu stellen, doch er hatte letztlich die ihm angebotenen therapeutischen Maßnahmen und sozialen Hilfen aktiv angenommen und seinem Leben eine Wendung gegeben.

Täterbehandlung ist kein Allheilmittel

Erfolglose Therapie bei falscher Diagnose

Die Behandlung von Straftätern innerhalb des Strafvollzuges ist zwar – neben der sicheren Verwahrung der Verurteilten – eine gesetzliche Aufgabe, die in den Strafvollzugsgesetzen der Länder meist mit der Formulierung umschrieben wird, dass der Vollzug Gefangene befähigen soll, »künftig in sozialer Verantwortung ein Leben ohne Straftaten zu führen«[1], sie ist aber selbstverständlich kein Allheilmittel. Eine wesentliche Voraussetzung dafür, dass die damit verbundenen Maßnahmen zur Eingliederung in ein straffreies Leben auch erfolgreich sind, ist neben der aktiven Mitwirkung der Verurteilten, die sich wie bei Fritz M. manchmal erst nach mehreren Jahren entwickelt, eine differenzierte und vor allem zutreffende diagnostische Einschätzung jener Faktoren, die maßgeblich zum Entstehen der Bezugstat beigetragen haben. Wie bei der medizinischen Behandlung körperlicher Krankheiten gilt nämlich auch für die primär pädagogisch-psychologische Behandlung von Straftätern der Grundsatz, dass ohne zutreffende Diagnose auch die beste Therapie versagen muss oder gar negative Ergebnisse zeitigen kann. Der nachfolgende Fall zeigt dies sehr deutlich. Die darin geschilderten Straftaten ereigneten sich bereits in den 1980er-Jahren. Als Gerichtsgutachter erfuhr ich erst vor wenigen Jahren, was sich damals zugetragen hatte.

Mordwaffe Auto

An seinem 18. Geburtstag war für Franz H. die Welt noch in Ordnung, das heißt, fast. Er hatte den Führerschein schließlich gleich auf Anhieb bestanden. Von seinem Konfirmationsgeld konnte er sich einen kleinen Gebrauchten kaufen, einen schwarzen Golf mit Rallye-Streifen. Älteres Baujahr zwar, aber noch sehr gut in Schuss. Sein Bruder Peter hatte ihm den Tipp dazu gegeben.

Ein eigenes Auto, das bedeutete Freiheit, das zählte was unter den Kumpels, und auch den Mädchen schien es zu imponieren. Jedenfalls war er jetzt nicht mehr der Außenseiter wie früher, der Schüchterne, über den alle nur gelacht hatten. »Glubschauge« hatten sie ihn immer genannt und über seine schiefen Zähne gewitzelt. Auch sein Stottern haben viele nachgeäfft, obwohl das ja nur in den ersten Schuljahren so schlimm war, bis er die Stunden bei diesem Therapeuten genommen hatte. Danach passierte ihm das nur noch ganz selten, also wenn er aufgeregt war oder sich über etwas geärgert hatte. Doch so schnell regte er sich nicht auf, nicht mehr, denn mit seinem Auto, da war er ja schließlich wer.

Wenn er damit unterwegs war, dann brauchte Franz nicht mehr an früher zu denken, an seine Schulzeit. Zum Beispiel daran, dass er erst mit fast acht Jahren eingeschult worden war und auch danach noch alle Mühe hatte, den Stoff zu begreifen. Erst beim dritten Anlauf packte er die erste Klasse.

Sein Vater war gestorben, als Franz gerade mal sechs Jahre alt war. An Leberzirrhose, der viele Alkohol war schuld. Danach musste die Mutter mit Franz und seinen drei Geschwistern alleine zurechtkommen. Bei der knappen Witwenrente. Es war zwar immer etwas zu essen auf dem Tisch, aber wie soll sich ein Kind da auf die Schule konzentrieren?

Vor allem beim Schreiben und Lesen tat sich Franz schwer, und er musste deswegen schließlich auf die Sonderschule wechseln. Einen richtigen Schulabschluss schaffte er natürlich auch nicht, und der anschließende Fördererlehrgang, bei dem er verschiedene Berufe kennenlernen sollte, mit Holz, Metall, Bauarbeiten, der war für ihn auch nicht der Renner. Eigentlich gefiel ihm gar nichts davon. Er hatte einfach keinen Bock drauf.

Immerhin hatte Peter zu ihm gesagt, dass doch Bäcker immer gebraucht werden, und hatte ihm gleich eine Adresse gegeben. Franz musste nur hingehen, und so bekam er doch noch eine Lehrstelle. Obwohl – so wichtig war das für ihn damals auch wieder nicht, und er musste zur Berufsschule gehen. Da fing die alte Leier wieder von vorne an.

Aber mit dem Auto brauchte er sich nicht mehr zu verstecken, und wenn er damit im Sportverein aufkreuzte – Fußball war ja schon immer seine große Leidenschaft –, dann machten die anderen große Augen, richtige Glubschaugen. Franz musste innerlich grinsen. Er hatte es geschafft. Ohne Schule und den Kram.

Jedes zweite Wochenende hatten sie im Verein ein Heimspiel, nur Kreisliga zwar, aber manchmal kamen richtig viele Leute, um sie anzufeuern. Auch Mädchen waren dabei. So lernte er ganz ohne Mühe Marion kennen. Die gefiel ihm gleich auf Anhieb mit ihrer lustigen Wuschelfrisur. Und wie herzhaft sie lachen konnte! Er durfte sie gleich am ersten Tag in seinem Auto nach Hause fahren. Marion war 17, also nur ein Jahr jünger als er. Sie hatte aber vor ihm schon ein paar Freunde gehabt und deshalb viel mehr Erfahrung in diesen Dingen. Mit ihrem letzten Freund hatte sie Schluss gemacht, als sie Franz kennenlernte. Das machte ihn natürlich stolz. Sein Auto und Marion, die zwei waren sein Heiligtum damals.

Marions Eltern waren allerdings streng. Sie passten auf ihre Tochter auf. Die sollte es schließlich mal besser haben, sagten sie. Ein Besuch bei ihr zu Hause, das ging schon gar nicht. Eigentlich. Ihre Mutter wollte noch nicht einmal, dass Marion bei ihm ins Auto einstieg. Sie hatte einmal gesehen, wie Franz mit quietschenden Reifen losgebraust war. »So ein Raser«, sagte sie dann. »Der ist doch nichts für dich.« Doch richtig verbieten, nein, das konnte sie natürlich auch nicht. Marion war ja schon fast 18.

Tagsüber aber waren Marions Eltern bei der Arbeit. Die beiden trafen sich manchmal in der Mittagspause und hatten dann sturmfreie Bude. Dort konnten sie sich nach Herzenslust austoben. Viel besser als im Auto oder daheim bei Franz, wo ja meistens seine Mutter in der Nähe war. Mit Marion erlebte Franz Sex zum ersten Mal intensiv und oft. Mindestens zweimal am Tag, am Wochenende auch öfter. Das konnte richtig harte Arbeit für ihn werden, doch Marion zeigte ihm vieles, das er bis dahin noch nicht gekannt hatte. Für Franz war es offensichtlich die große Liebe. Davon hatte er bis dahin nur geträumt. Er hatte schon geglaubt, dass er gar keine finden würde, die zu ihm passte. Denn eigentlich war er viel zu schüchtern.

Klar, sein Bruder Peter hatte über sie gelästert. »Die geht ja nur mit dir, weil du ein Auto hast«, hatte er gefrotzelt, und »die benutzt dich als Taxi«. Doch was wusste der denn schon. Das mit dem tollen Sex erzählte er ihm jedenfalls nicht.

Die Bäckerlehre wurde Franz schon nach kurzer Zeit lästig. Er musste immer so früh aus den Federn, vertrug die Hitze und den Mehlstaub nicht, und dann war natürlich noch diese blöde Berufsschule. Er schwänzte ein paarmal den Unterricht und ging schließlich gar nicht mehr hin. Nach einem halben Jahr gab ihm schließlich der Bäckermeister seine Papiere zurück. Er schmiss ihn einfach raus, und Franz musste sich von Neuem auf die Suche machen. Das gefiel ihm natürlich gar nicht.

Auch Peter war ratlos und schimpfte mit Franz. Marion sagte zuerst nichts dazu. Als er aber wieder mal anfing, bei ihr von der Zukunft zu schwärmen, von Kindern und Familie, meinte sie trocken: »Ich brauche keinen Mann, für den ich einmal sorgen muss.« Darüber musste Franz lange nachdenken. Liebte sie ihn vielleicht doch nicht so richtig? Hatte Peter am Ende sogar recht?

Doch es gab ja noch seinen Sport und ein paar gute Kumpel aus dem Verein. Weil Marion abends um zehn zu Hause sein musste, ging Franz danach oft noch in seine Stammkneipe, ins »Fässchen«. Einfach abhängen, quatschen und etwas am Spielautomaten daddeln. Oder mit dem Wirt um Getränke würfeln. Meist waren ja dieselben Leute da. Nur ab und zu kamen auch mal Fremde rein, Geschäftsleute, Vertreter. Eigentlich blieb man gern unter sich.

An einem Abend im Februar stand plötzlich ein großer Mann am Tresen, den niemand kannte. Kräftig gebaut, dunkle Haare, braune Lederjacke. Man sah ihm gleich an, dass er schon einiges getrunken hatte. Er war nicht von hier. Doch er war freigebig, schmiss sofort eine Runde und machte sich über Franz lustig. Der hatte wie üblich nur eine Cola genommen, denn er war ja mit dem Auto unterwegs. »Ein richtiger Mann trinkt in der Kneipe ein Bier. Komm, ich lad dich ein«, sagte der Fremde. Und: »Ich bin der Alfred aus Hamburg, und wer bist du?« So kamen sie ins Gespräch.

Franz hielt Alfred von Anfang an für einen Ganoven oder Zuhälter, weil er eine so »große Klappe« hatte und eine Runde nach der anderen ausgeben wollte. Doch Alfred war nur für ein paar Tage auf Montage in den Ort gekommen. Für eine Baufirma. Er sollte neue Prüfgeräte installieren.

Um eins wollte der Wirt des »Fässchens« seinen Laden dichtmachen. »Die letzte Runde!« Doch Alfred wollte von Franz wissen, wo man um diese Zeit noch was erleben konnte. »Mädchen aufreißen« nannte er das. Beim Bezahlen konnte Franz die dicke Brieftasche von Alfred sehen. Da waren viele große Scheine drin. »Wenn ich die hätte …«, dachte er. Er lud Alfred ein, in seinem Auto mitzukommen. »Ich kenne da ein paar Adressen, wo immer was los ist. Wenn du mir ein bisschen Geld fürs Tanken geben kannst. Bin gerade knapp bei Kasse.«

Tatsächlich hatte sich Franz schon seit einiger Zeit immer wieder in Nachtclubs und Bordellen aufgehalten, aus Neugier und um sich aufzugeilen. Das schummrige Licht, der süße Duft, die leise Musik im Hintergrund und natürlich die vielen leicht bekleideten Mädchen. Das machte ihn an. Marion hatte er davon freilich nichts erzählt, auch seinem Bruder nicht. Es war sein Geheimnis. Doch Franz hatte natürlich nie genug Geld, um dort mehr zu machen, als sich ein wenig umzusehen. So musste er die vielen »Kommst du zu mir?« mit einem gespielten Grinsen abweisen und so tun, als würde er sich nur noch nicht entscheiden können. Daheim in seinem Bett stellte er sich aber den Sex mit diesen Mädchen umso intensiver vor und malte sich die schönsten Dinge aus.

Alfred gab Franz einen Zwanziger fürs Benzin, damit er weiterfahren konnte. »Das muss reichen.« Nach dem Tanken machten sie sich auf den Weg. Doch die ersten Lokale, zu denen Franz fuhr, gefielen Alfred nicht. »Da ist doch nichts los!« So steuerten sie weiter durch die Nacht. In der »Roten Laterne« war noch Betrieb, und sie plauderten dort mit einigen Frauen, die vor ihren Zimmern auf Kundschaft warteten. Alfred war aber mit keiner zufrieden. Zu groß, zu klein, zu dick, zu dünn. Er war inzwischen müde geworden. Kein Wunder bei dem vielen Alkohol. Gegen 3 Uhr hatte Alfred genug gesehen. »Das wird heute nichts.« Er wollte von Franz zu seinem Hotel gefahren werden. Auf der Rückfahrt prahlte Alfred damit, dass er daheim in Hamburg einige Mädchen kenne, die er jederzeit ohne Bezahlung vögeln könnte. »Warum sollte ich denn hier in der Provinz dafür Geld ausgeben?«

Nun war Franz endgültig davon überzeugt, mit einem Zuhälter unterwegs zu sein, zumal Alfred ihm auch noch erzählte, dass er sich gerade einen neuen Porsche bestellt habe. »So ein Dreckskerl«, ging es ihm durch den Kopf. Dem machen ein paar Hunderter doch gar nichts aus. Dabei dachte er ständig an die vielen Geldscheine in Alfreds Brieftasche, die er beim Bezahlen im »Fässchen« gesehen hatte. Weil Alfred während der langen Fahrt dringend pinkeln musste, fuhren sie nicht direkt zum Hotel, sondern machten einen kleinen Umweg durch Seitenstraßen. Alfred stieg an einer wenig beleuchteten Stelle aus und verschwand hinter einem Gebüsch.

Einen Moment lang hatte Franz daran gedacht, sich von hinten an Alfred heranzuschleichen, um ihn niederzuschlagen und ihm rasch die Geldbörse abzunehmen. Doch obwohl Alfred mehr torkelte als ging – eine gezielte Gegenwehr war also nicht zu erwarten –, blieb Franz lieber im Auto sitzen. »Was ist, wenn er mich bemerkt, sich umdreht und sich doch heftig wehrt?« Als Alfred zum Auto zurückkam, sagte Franz: »Wir sind schon fast da. Zum Hotel ist es nicht mehr weit. Du musst nur vor bis zur Hauptstraße und dann ein paar Schritte nach rechts gehen.« Da Alfred sich nicht auskannte, glaubte er ihm.

»Ein kleiner Spaziergang kann nicht schaden«, meinte Alfred, dem der Alkohol jetzt deutlich zusetzte. In Wirklichkeit war aber das Hotel noch in weiter Ferne. Alfred verabschiedete sich von seinem neuen Bekannten mit einem »Mach's gut und halt die Ohren steif!«. Franz setzte sein Auto in Bewegung. Er fuhr erst in die andere Richtung, wendete aber am Ende der Straße, kam zurück und steuerte seinen Golf langsam von hinten auf Alfred zu. Noch bevor dieser reagieren konnte, erfasste er ihn mit dem rechten Kotflügel. Alfred prallte gegen das Fahrzeug, wurde zurückgeworfen und landete schließlich auf dem harten Asphalt. Gesicht nach unten. Ein dumpfer Schlag.

Franz fuhr noch ein Stück weiter, stellte sein Auto ab und blickte sich um, ob ihn jemand gesehen hatte. Um diese Zeit war aber die Straße ruhig und leer. Er eilte zu Fuß zurück zu Alfred, der auf dem Boden lag und sich nicht rührte. Franz drehte ihn auf den Rücken und sah, dass Alfred aus dem Mund blutete und ihn mit großen Augen anstarrte. Jetzt griff Franz rasch in dessen Hosentasche und zog die Geldbörse raus. Alfred kam kurz zu sich und murmelte: »Was ist denn los?« Doch Franz gab ihm keine Antwort. Er rannte einfach davon, fuhr in die Innenstadt und ging in eine Kneipe, wo er noch rasch eine Cola trank. Er war aufgeregt, musste sich beruhigen. Den ausgeleerten Geldbeutel hatte er bereits unterwegs aus dem Auto geworfen.

Am nächsten Morgen ließ Franz bei einem Kumpel zuerst den rechten Scheinwerfer reparieren, der bei dem Aufprall beschädigt worden war. Geld dafür hatte er ja. Später fuhr er wieder in die Stadt, wo er das restliche Geld in der »Roten Laterne« verjubelte. Sein Traum, dort einmal richtig Kunde zu sein und sich sogar mehr als nur eine Frau leisten zu können, war endlich wahr geworden. »Ein Highlight«, prahlte er später. »Sogar eine Farbige und eine Asiatin habe ich gehabt.«

Doch schon am nächsten Tag stand die Polizei vor seiner Tür und nahm ihn mit auf die Wache. Alfred hatte nämlich zum Glück überlebt. Schwer verletzt zwar, aber er konnte seine Begegnung mit Franz im »Fässchen« gut beschreiben und wusste trotz des Alkohols noch ziemlich genau, was an diesem Abend passiert war. Danach war es für die Beamten eine Kleinigkeit, den Fall aufzuklären. Fünf Jahre Jugendstrafe verhängte die Jugendkammer dafür. »Versuchter Mord in Tateinheit mit schwerem Raub und Vornahme eines gefährlichen Eingriffs in den Straßenverkehr« hieß das im sperrigen Juristen-Deutsch. Für Franz begannen dunkle Zeiten. Er lernte den Jugendknast von innen kennen.

Auf und Ab im Jugendknast

Am meisten vermisste Franz im Gefängnis seine Familie, seine Mutter, seinen Bruder. Und natürlich Marion, seine Freundin. Anfangs hatte sie ihm noch ein paar Briefe geschrieben, parfümierte Briefe sogar. Schon der Geruch, ihr Geruch, machte ihn fast wahnsinnig. Gleich beim Öffnen wurde er erregt und musste sich sofort in der Zelle abreagieren. Nach einiger Zeit aber wurden die Briefe von Marion seltener und hörten schließlich ganz auf. Von Peter erfuhr er, dass sie wohl einen Neuen hatte. »Ich hab's ja immer gesagt«, triumphierte er. Franz gönnte ihm diesen Sieg. War ja doch nichts mehr zu machen.

Die anderen Jungs im Knast, die anderen Knackis, machten ihm das Leben am Anfang sehr schwer. Man wollte ihn erst nicht in die Sportgruppe lassen, obwohl er sich gleich dafür beworben hatte. Und es gab auch wieder blöde Bemerkungen wegen seiner großen Augen und seiner ungeraden Zähne, wenn er auf dem Flur oder beim Hofgang war. Durch das viele sinnlose Herumliegen auf seiner Zelle wurden seine sexuellen Fantasien in dieser Zeit noch viel heftiger als sonst, vor allem am Abend und am Wochenende. In seinen Träumen war er immer der große Frauenheld, von allen bewundert.

Und als er sich endlich ein wenig in das Knastleben eingefunden hatte, lernte er, wie man heimlich an Pornohefte herankommt, wie man sie untereinander tauscht und unter der Matratze versteckt, damit die Beamten sie nicht finden. Eigentlich war das verboten, doch Hauptsache, man bleibt friedlich in seiner Zelle und hat keinen Streit mit den anderen. So blieb das Ganze unbemerkt. Angesprochen hatte ihn deswegen jedenfalls damals niemand. Dabei hatte er immer mehrere Hefte zur Verfügung. Bis zu zehnmal am Tag konnte er sich damit in seine Traumwelt hineinsteigern.

Natürlich erstellte man im Gefängnis für ihn einen offiziellen

»Förderplan«. Darin stand, was man mit ihm vorhatte und was er tun sollte, damit er nach seiner Entlassung nichts mehr anstellte. Man meinte es gut mit ihm. Er hatte ja noch immer keinen Hauptschulabschluss, den durfte er jetzt also nachmachen. Auch seine Bäckerlehre konnte er im Gefängnis neu beginnen, und – anders als draußen – lief das auf einmal gut. Irgendwie gefiel ihm die Arbeit sogar. Der Tag verging schneller. Und in seiner Freizeit hatte er ja immer diese Hefte. Über Sexualität wurde allerdings mit ihm kaum geredet. Er galt als Mörder und Räuber. Ein Gewalttäter, kein Sittenstrolch.

Nach fast zwei Jahren im Gefängnis war sein Verhalten »beanstandungsfrei«, und er galt als fleißig. Seine Bäckerlehre machte Fortschritte, und zur Belohnung durfte er das Gefängnis nun erstmalig für ein paar Stunden verlassen. Dabei begleitete ihn der Sozialarbeiter seiner Abteilung. »Kalle« nannten ihn alle nur, und der ließ sich das auch gefallen. Ein freundlicher, zugewandter Mann, der ihm Mut machen wollte. Eigentlich ein netter Typ, dachte Franz. Er plauderte gern mit ihm. Dem konnte man schon was anvertrauen. Im November sollte Franz zum ersten Mal zwölf Stunden Ausgang bekommen. Ein Tagesbesuch bei seiner Familie. Seine Mutter musste unterschreiben, dass er bei ihr wohnen konnte. Sein Bruder Peter sollte ihn mit dem Auto abholen und zurückbringen.

Franz hatte etwas Geld auf seinem Konto angespart und fragte »Kalle«, ob er davon 200 Mark abheben konnte. »Wofür willst du das?«, fragte der. Und Franz, der ehrlich bleiben wollte, sagte, dass er sich damit nach so langer Zeit wieder einmal einen Bordellbesuch gönnen möchte. »Kommt ja gar nicht infrage«, raunzte ihn der Sozialarbeiter an. 50 Mark seien für einen Tagesausgang mehr als genug. »Und striktes Alkoholverbot!« Damit war das Gespräch zu Ende. »Ausgerechnet der Kalle. Von dem hätte ich das nicht gedacht. Tut doch sonst immer so locker.« Franz war wütend und wusste nicht, ob mehr auf Kalle oder auf sich selbst, weil er die Wahrheit gesagt hatte. Jedenfalls nahm er sich vor, so oder so draußen Sex zu haben. Pornohefte und Fantasie – das reichte ihm einfach nicht. Abends auf der Zelle dachte er sich aus, wie das gehen sollte.

Am nächsten Samstag wurde er morgens pünktlich um acht von seinem Bruder mit dem Auto am Gefängnis abgeholt und nach Hause gefahren. Wie vereinbart. Peter freute sich, seinen Bruder zu sehen. Und seine Mutter hatte ihm mittags sogar extra sein Lieblingsessen gekocht. Franz hatte für ein paar Stunden wieder seine gewohnte Umgebung, sein altes Zimmer. Er überlegte noch, ob er Peter oder seine Mutter um etwas Geld bitten sollte für einen Bordellbesuch, doch er schämte sich, diesen Grund zu nennen. Er wollte doch jetzt ehrlich bleiben.

Für den Nachmittag hatte er sich gewünscht, alleine in die Stadt zu gehen. Endlich mal wieder ohne Begleitung. »Will sehen, was sich in den letzten zwei Jahren so verändert hat«, sagte er. »Komm aber pünktlich zurück!«, mahnte ihn seine Mutter. »In sechs Wochen ist Weihnachten. Da wollen wir dich über die Feiertage bei uns haben.« Beim Hinausgehen nahm er aus der Küche heimlich ein Messer mit einer scharfen Klinge mit und steckte es ein. Er ging zu einem großen Parkplatz in der Stadtmitte und hoffte darauf, dass eine Frau alleine mit einem Auto kommen würde.

Und tatsächlich dauerte es nur wenige Minuten. Dann kam Katharina T. mit ihrem japanischen Kleinwagen. Sie hatte sich dort mit ihrem Freund verabredet und blieb deshalb im Auto sitzen. Franz kam aus seinem Versteck, klopfte an die Scheibe, öffnete die Tür und fragte Katharina: »Hast du eine Zigarette?« Dabei rauchte Franz gar nicht. Er suchte nur eine Ausrede, um sie anzusprechen und näher zu betrachten. Katharina erschrak, sagte Nein und zog die Tür rasch wieder zu. Franz ging ein paar Schritte weiter weg, überlegte noch einmal. »Soll ich wirklich?« Er zögerte kurz, blickte sich um und eilte dann entschlossen auf das Auto zu. Hastig riss er die Fahrertür auf und hielt Katharina das mitgeführte Messer an die Wange.

Katharina zuckte zusammen, wurde leichenblass und konnte nichts sagen. »Bleib ganz ruhig!«, mahnte Franz. »Rutsch rüber und lass mich ans Steuer.« Franz startete das Auto und fuhr damit los. Raus aus der Innenstadt. Er kam aber mit der etwas störrischen Gangschaltung nicht gut zurecht und musste ja auch noch das Messer in der einen Hand halten. Schließlich hielt er an, setzte sich nach hinten und ließ Katharina fahren. Dabei drückte er ihr das Messer an den Hals. Er dirigierte sie in eine Waldgegend bis zu einem einsamen Feldweg. »Zieh dich aus! Du weißt ja bestimmt, was ich von dir will.«

Katharina war noch immer geschockt und befolgte alle seine Anweisungen. Sie hatte Angst vor dem langen scharfen Messer und ließ deshalb alles mit sich geschehen. Zwar versuchte sie immer wieder, ihn durch Gespräche abzulenken, damit er von ihr abließe. Franz aber sagte nur: »Bleib ruhig. Dann tue ich dir nichts.« Er vergewaltigte sie schließlich in verschiedenen Stellungen, bis er endlich seinen Höhepunkt erreicht hatte. Katharina schien es wie eine Ewigkeit. Das Schlimmste war aber offenbar jetzt für sie vorüber. Sie durfte sich wieder anziehen, auch Franz ordnete seine Kleidung, und beide blieben noch eine Weile im Auto sitzen. Franz sagte nicht viel. Er war durcheinander. Dann stammelte er so etwas wie: »Tut mir leid. Sei mir nicht böse.«

Katharina wollte nichts mehr von ihm hören. Endlich weg von hier. Voller Angst versprach sie Franz, ihn nicht anzuzeigen. »Ich fahre uns zurück in die Stadt. Nimm aber bitte das Messer weg«, bat sie. Franz glaubte ihr, hoffte es zumindest und warf das scharfe Ding unterwegs aus dem Auto. Katharina fuhr ihn schließlich fast bis zu seiner Wohnung. Das sagte er ihr aber nicht. Man kann ja nie wissen. Wortlos stieg er aus und ging heim.

Die Mutter freute sich, dass Franz so pünktlich zurückgekommen war. Sie verabschiedete sich herzlich von ihm und konnte sich ein paar Tränen nicht verkneifen, obwohl sie es sich ganz fest vorgenommen hatte, nicht zu weinen. Peter brachte seinen Bruder rechtzeitig zurück ans Gefängnistor. Der Beamte an der Pforte vermerkte im Eingangsbuch beruhigt, dass der Gefangene Franz H. pünktlich und nüchtern von seinem Ausgang zurückgekehrt ist. »Lockerungsmaßnahme erfolgreich absolviert.« Doch schon am übernächsten Tag gab es für Franz Besuch von der Kripo. Verhaften brauchten ihn die Beamten aber nicht, er war ja schon im Gefängnis.

Ein tödlicher Irrtum

Neun Monate später erweiterte die Jugendkammer des Landgerichts das bisherige Urteil auf jetzt sieben Jahre. Zwei Jahre mehr für die Vergewaltigung von Katharina. Noch mal Glück gehabt. Man hatte ihm zugutegehalten, dass er sein Opfer wenigstens nicht körperlich misshandelt hatte und sie auch nicht mit aller Macht zu sexuellen Dingen gezwungen hatte, die sie rigoros ablehnte. Seine Entschuldigung in der Verhandlung nahm man ihm ab.

Ausgang und Familienbesuche gab es natürlich vorerst keine mehr für Franz, doch ansonsten blieb im Gefängnis alles beim Alten. Er schloss seine Bäckerlehre erfolgreich ab. Keine überragenden Noten, aber bestanden. Sein Bruder Peter wollte ihn nach der Vergewaltigung zunächst nicht mehr sehen und hören. Er schrieb ihm nur wütend: »Du hast uns benutzt und mit reingezogen.« Doch dann meldete er sich doch wieder bei ihm. Und seine Mutter hatte Franz sowieso rasch verziehen. »Der arme Junge.«

Zu seinem Sozialarbeiter sagte Franz, dass er sich ja nur darüber geärgert hatte, dass man ihm kein Geld für das Bordell geben wollte. »Das wäre sonst nie passiert.« »Kalle« bestand aber darauf, dass der Anstaltsleiter einen Ausgang zu einem Bordellbesuch sowieso niemals erlaubt hätte. »Wenn ich dem davon erzählt hätte, was du bei dem Ausgang machen willst, dann hättest du gar nicht raus gedurft.« So war das also mit der Ehrlichkeit. Auch danach erzählte ihm Franz natürlich nichts von den vielen Pornoheften, die er mit anderen tauschte und die ihn tagtäglich bei seinen fantasierten Sexabenteuern begleiteten. Jetzt erst recht nicht. Die große Langeweile im Gefängnis konnte er damit gut vertreiben. Doch die Pornos machten ihn nur noch gieriger. Wie ein Essen, das nicht satt macht, sondern hungrig.

Wegen seines »stets hausordnungsgemäßen Verhaltens«, wie es in der Akte hieß, wollte ihn die Anstalt schließlich vorzeitig entlassen. Nach zwei Dritteln der Strafe. Dafür musste er allerdings mit einem Gutachter sprechen. Dem erzählte Franz davon, dass ihn sein Vater früher oft geschlagen hatte und dass er von allen gehänselt wurde, dass er sich in der Schule nicht konzentrieren konnte, dass aber das Gefängnis jetzt einen ganz anderen Menschen aus ihm gemacht habe. »Ich überlege jetzt mehr, bevor ich etwas tue«, sagte er. »Es tut mir alles so leid. Ich wollte der Frau doch nichts Böses tun. Und ich bin ja auch älter geworden. Hab viel gelernt.«

Von den Heften und seinen Träumen und dass er sich ständig abreagieren musste, davon erzählte er ihm aber vorsichtshalber nichts. »Ich will mich nicht noch einmal bei meiner Ehrlichkeit erwischen lassen.« Der Gutachter wollte Franz eine zweite Chance geben. »Die Sozialprognose ist günstig«, schrieb er. »Er hat jetzt einen Beruf und kann bei seiner Mutter leben.« Auch das zuständige Gericht sah das so. Franz wurde im Oktober entlassen. Nach fast fünf Jahren Gefängnis war Franz H. wieder ein freier Mann. Seine Mutter war außer sich vor Freude. Und sein Bruder Peter, der zum Tor gekommen war, um ihn abzuholen, hatte ihm schon eine Arbeit bei einer Großbäckerei in der Stadt besorgt. Es ging wieder aufwärts mit Franz. Diesmal wollte er es schaffen.

Sein Sozialarbeiter hatte ihm zuletzt noch ein paar gute Ratschläge mit auf den Weg gegeben. Jedenfalls hatte er es gut gemeint. »Du brauchst wieder eine feste Freundin«, sagte er. »Dann kommst du nicht mehr auf dumme Gedanken.« Und weil Franz sagte, dass er nicht den Mut habe, eine Frau einfach so anzusprechen, gab ihm »Kalle« sogar die Adresse einer Partnervermittlung. »Das kostet zwar etwas Geld, aber da lernst du leicht viele Frauen kennen.« Außerdem riet er ihm, doch einmal eine Sexualberatungsstelle aufzusuchen, »um über den Druck und alles in Ruhe zu reden«. Eigentlich dachte Franz, dass das den »Kalle« doch gar nichts anginge, aber wahrscheinlich hatte der ja sogar recht. Er versprach es ihm.

Franz ging gleich am nächsten Tag zu der Großbäckerei, um mit der Arbeit anzufangen. Allerdings hieß es dort, dass die versprochene Stelle nun doch nicht für ihn frei sei. Franz war deshalb zwei Wochen arbeitslos und fing anschließend bei einem anderen Bäcker an. Der kündigte ihm aber schon nach vier Tagen wieder, als er sich krankgemeldet hatte. Der Mehlstaub und die Luft waren irgendwie anders als in der Backstube im Gefängnis. Er hatte ständig niesen müssen. Nach einer weiteren Woche bekam Franz plötzlich einen Anruf vom Chef der Großbäckerei. Auf einmal war die Stelle doch frei geworden. Er ging gleich am nächsten Tag hin.

So ein großer Betrieb ist aber nicht so gemütlich wie eine Gefängnisbäckerei. Akkordarbeit in drei Wechselschichten. Damit hatte Franz nicht gerechnet. Auch mit den vielen modernen Arbeitsgeräten kannte er sich nicht aus. Er hatte von Anfang an große Probleme. Als die Kollegen vom Chef erfahren hatten, wo Franz die letzten Jahre gewesen war, wurde er von allen gemieden, und es gab Beschwerden über ihn beim Chef. »Der riecht unangenehm und soll sich erst einmal waschen.« Lange hielt es Franz deshalb dort nicht aus. Im »beiderseitigen Einvernehmen« wurde der Vertrag nach einem Monat wieder aufgelöst, und Franz machte sich erneut auf die Suche nach einer Arbeitsstelle. Nach einem Monat fand er schließlich einen kleinen Familienbetrieb, in dem es etwas besser für ihn lief. Der Meister mochte ihn anscheinend, und auch die Kollegen hielten die Füße still. Doch so richtig glücklich wurde er auch da nicht.

Das mit der Partnervermittlung war zunächst ganz leicht. Franz musste nur einen Fragebogen ausfüllen und Geld auf den Tisch legen. 900 Mark in drei monatlichen Raten. Das war viel Geld für ihn. Doch schon ein paar Tage später bekam er wie versprochen die Telefonnummer einer Frau, die sich tatsächlich mit ihm treffen wollte. Er sah sie aber nur zweimal, denn anscheinend suchte sie einen Mann, der viel Geld hatte und ihr ein schönes Leben versprach. Es dauerte dann ganze zwei Monate, bis man ihm eine andere Telefonnummer gab und er eine neue Frau kennenlernen konnte. Die hätte ihm gefallen, und sie wohnte auch in der Nähe, doch anscheinend war er auch diesmal nicht der Richtige. Sie meldete sich jedenfalls nach dem ersten Treffen nicht mehr bei ihm. Rausgeworfenes Geld, dachte er, und rief immer wieder bei dem Institut an, wo man ihn aber nur vertröstete und hinhielt. Weitere Frauen wurden ihm nämlich von dort nicht mehr vermittelt. Er schrieb ein paar Briefe auf Heiratsannoncen, die er in der Zeitung gelesen hatte, bekam aber nie eine Antwort. Franz hoffte dennoch jeden Tag auf gute Nachrichten. Er träumte von einer Frau und gemeinsamen Kindern. Doch daraus wurde nichts.

Ärgerlich war sein Besuch bei der Beratungsstelle. Schon im Wartezimmer hatte er das Gefühl, im falschen Film zu sein. Die anderen Besucher hatten anscheinend ganz andere Sorgen als er. »Ehe- und Familienberatung« stand draußen auf dem Schild. Was hatte das denn mit seinem sexuellen Druck zu tun? Als er schließlich im Sprechzimmer saß, erzählte er vom Gefängnis, von »Kalle« und von seinen beiden Straftaten, den Überfall auf Alfred und die Vergewaltigung von Katharina. Da wurde die Psychologin hinter ihrem Schreibtisch sehr einsilbig. Sie schob ihre Brille nach oben und sagte: »Bei Ihnen scheint das Thema Gewalt im Vordergrund zu stehen. Da wäre ein Anti-Aggressions-Training das Richtige. So ein AAT haben wir allerdings nicht in unserem Programm. Sie können aber gerne zu ein paar Probesitzungen zu uns kommen.«

Franz kam aber nicht wieder. Probesitzen wollte er nicht. Gesessen und gewartet hatte er schließlich lange genug. Und auch nach einem AAT erkundigte er sich nicht weiter. War er denn gewalttätig? Jeder, der ihn kannte, wusste doch, dass er kein Kämpfer war und dass er bei einem Streit meistens rasch nachgab. Wozu also ein solches Training? Klar, bei seinen beiden Taten war schon Gewalt im Spiel gewesen. Das musste er zugeben. Aber eigentlich ging es ja nur um Sex, den er sonst nicht bekommen hätte. Er hatte doch gar nichts gegen Alfred und schon gar nichts gegen diese Frau gehabt. Franz fühlte sich völlig missverstanden.

In seiner Freizeit fehlte ihm ein Auto. Das hätte er sich jetzt zwar auch kaum leisten können, aber wegen dieses Raubüberfalls mit seinem Golf hatte man ihm den Führerschein »geklemmt«. Um ihn zurückzubekommen, hätte er zuerst einen teuren »Idiotentest« machen müssen. Und ob er den bestanden hätte? Wenigstens hatte er noch sein altes Mofa. Er musste also nicht zu Fuß gehen. Bei seinem alten Fußballverein meldete er sich nicht mehr an. Er glaubte auch nicht daran, dort willkommen zu sein. Gelegentlich hatte er nämlich ein paar alte Freunde auf der Straße getroffen, doch mehr als ein »Hallo« oder »Wie geht's? Auch wieder da?« brachten die nicht über die Lippen. Schöne Freunde waren das!

Einmal hatte ihn sein Bruder zum Kegeln mitgenommen.

»Damit du mal rauskommst und was anderes siehst.« Doch auch dort fühlte er sich nicht so recht wohl, weil er niemanden kannte. Er war ein Fremder in seiner eigenen Stadt geworden. Einmal, kurz nach seiner Entlassung, war er in ein Bordell gegangen. Aber für die 50 Mark, die er dabeihatte, gab ihm die Frau nur 15 Minuten Zeit. Da klappte es bei ihm nicht so gut, weil er sehr nervös war. Er kam nicht zum Höhepunkt. So setzte er das fort, was er im Gefängnis schon so ausgiebig gemacht hatte: Pornos und Selbstbefriedigung. Jetzt hatte er aber nicht nur Hefte und Bilder zur Verfügung, sondern konnte sich von einer Videothek Filme ausleihen. Damit verbrachte er viel Zeit. Damit und mit dem Besuch von Spielhallen. Zocken an Geldautomaten. »Vielleicht lerne ich da jemanden kennen«, hoffte er. Doch dort hielten sich fast nur Männer auf, und die wenigen Frauen hatten immer einen Begleiter dabei.

Inzwischen war er schon wieder ein halbes Jahr draußen. Er hatte zwar endlich eine Arbeit gefunden, aber ansonsten ein Bündel von Sorgen. Keine Freundin, keine Freunde, kein Auto, keinen rechten Plan für morgen und übermorgen. »Wenn ich gewusst hätte, dass ich so viele Probleme habe, wäre ich lieber noch ein Jahr länger im Knast geblieben«, erzählte er später.

Schließlich rutschte Franz Anfang April mit seinem Mofa in einer Kurve aus und stürzte auf die Straße. Das hatte ihm gerade noch gefehlt. Sein rechtes Handgelenk war verstaucht, und er musste einen dicken Verband tragen. Der Arzt schrieb ihn für drei Wochen krank. Jetzt war er auf den Bus angewiesen, wenn er in die Stadt fahren wollte, wenn er sich neue Videos holte oder in ein Spielkasino ging. Dort war er jetzt immer öfter. Zeit hatte er ja genug. Dabei verlor er manchmal viel Geld, über 100 Mark. Das wollte er natürlich am nächsten Tag wieder reinholen.

So auch am 17. April. In dem neuen Einkaufszentrum am Rande der Stadt gab es ein großes Spielcasino, »Player's Paradise«. Viele bunte Automaten mit aufblitzenden Lichtern und schrillen Geräuschen. Vor einiger Zeit hatte er dort ein bisschen gewonnen, und deshalb dachte er: »Vielleicht hast du da heute auch wieder Glück.« Er spielte also den ganzen Vormittag an verschiedenen Automaten, verlor aber meistens. Die 50 Mark, die er von zu Hause mitgenommen hatte, waren weg. Gegen eins wollte er erst einmal heimfahren zum Mittagessen. Auf dem Weg zur Bushaltestelle hielt plötzlich ein Auto neben ihm an. Eine junge Frau saß am Steuer. Sie kurbelte die Seitenscheibe nach unten und wollte wissen, wo der Haupteingang des Einkaufszentrums sei. »Ich muss mich dort im Personalbüro vorstellen und bin etwas in Eile. Können Sie mir helfen? « Franz zeigte ihr den Weg. Er blickte ihr noch nach, wie sie ihr Auto auf dem Parkplatz abstellte und zum Eingang eilte. Franz blieb stehen und wartete. Die Frau war jung und hübsch, besonders ihre Stimme gefiel ihm. Dabei musste Franz an Marion denken und daran, wie kläglich seine Versuche, eine neue Freundin zu finden, in der letzten Zeit gescheitert waren. An Vergewaltigung dachte er dabei nicht. Noch nicht.

Schon nach kurzer Zeit kam die Frau zurück auf den Platz, strahlte vor Freude und sprudelte los: »Sie stehen ja immer noch da! Ich habe den Job gekriegt. Gleich am Montag kann ich anfangen. Ist das nicht toll?« Franz war beeindruckt, wie nett, wie ungezwungen sie mit ihm sprach. So, als ob sie sich schon lange kennen würden. »Meinen Glückwunsch!«, sagte er hastig. »Ich muss aber jetzt heimgehen. Mittagszeit.« Doch die junge Frau wollte von ihm wissen, ob er hier was eingekauft habe und ob er in der Nähe wohne. »Nein«, sagte Franz, »hab mich nur umgesehen. Ich wohne mehr in der Stadtmitte. Da vorne ist mein Bus.«

»Das ist auch meine Richtung. Wenn Sie wollen, kann ich Sie gerne mitnehmen. Ich heiße übrigens Doris.« Franz war verblüfft über dieses spontane Angebot, und er brauchte nicht weiter überredet werden. Er stieg zu ihr ins Auto. Doris fuhr aber nicht gleich los, sondern redete erst noch ein wenig weiter. »Wie ein Wasserfall«, dachte Franz. Das kannte er nicht von den Frauen, denen er sonst begegnete. »Ich bin eigentlich Kindergärtnerin und will mich beruflich verändern. Ich habe bei meiner alten Stelle gekündigt. War nicht mehr das Richtige für mich. Diesen Job im Einkaufszentrum brauche ich nur für ein paar Wochen als Übergang.« Franz kam fast nicht zu Wort. Eigentlich hatte er auch gar keine Lust, so viel zu schwätzen.

Dann erzählte er ihr aber von seinem Unfall mit dem Mofa, sagte, dass er gelernter Bäcker sei, jetzt aber wegen seiner verletzten Hand mindestens zwei Wochen nicht arbeiten könnte. Inzwischen waren sie schon beim Du angelangt. Als Doris schließlich losfuhr, stellte sich Franz vor, wie schön es wäre, wenn er mit ihr zusammen sein und mit ihr schlafen könnte.

Doris redete munter weiter und wollte nun wissen, wie es am schnellsten zur Stadtmitte ging. »Wenn wir die Umgehungsstraße fahren, können wir viele Ampeln vermeiden. Das geht schneller.« Dabei ging ihm aber der Gedanke durch den Kopf: »Damals hat das mit der Vergewaltigung ja gut geklappt. So kannst du es heute wieder machen.«

Der angeblich bessere Weg führte durch ein Waldstück. Dort zog Franz plötzlich ein Schmetterlingsmesser aus seiner Jackentasche, das er wie üblich bei sich hatte, und hielt es ihr vor die Nase. »Bleib ruhig!« »Was willst du von mir?«, rief Doris erschrocken. »Ich will nichts, du fährst nur dahin, wohin ich es sage.« Sie fuhr ängstlich weiter bis zu einem Wendeplatz im Wald. Dort sollte sie anhalten. Franz wollte sich erst alles in Ruhe überlegen.

Doris aber ließ ihm keine Ruhe und fragte wieder und wieder, was er eigentlich vorhabe. »Sei ruhig, dann passiert dir nichts!« Mit ihrem Schal verband er ihr nun die Augen. »Damit sie nicht auf dumme Gedanken kommt.« Er wollte sich einfach Zeit lassen. Zeit zum Nachdenken. Doch Doris hakte nach: »Was willst du denn eigentlich?« »Ich weiß es noch nicht. Jetzt sei ruhig.

Ich muss erst einmal überlegen.« Doris wurde immer nervöser, ängstlicher, und auch Franz wurde unruhig, weil er nicht wusste, wo und wie er »es« machen sollte. Nebenan war anscheinend ein Tennisplatz. »Das ist zu riskant. Da könnte jemand kommen und mich entdecken«, sagte er zu sich.

»Was willst du? Sag mir endlich, was du willst!« Doch Franz sagte nichts. Die vielen Fragen von Doris nervten ihn zunehmend. Er dachte darüber nach, ob sie zu demselben Platz fahren sollten, wo er vor vier Jahren Katharina vergewaltigt hatte. Dann fiel ihm ein, dass die Polizei durch den gleichen Tatort sehr schnell auf ihn als Täter kommen könnte. »Ich muss eine andere Stelle finden.« Schließlich nahm er Doris den Schal wieder ab, damit sie weiterfahren konnte. Er selbst war jetzt zu nervös, um sich ans Steuer zu setzen. Noch dazu mit dem Messer und der verbundenen Hand. Er dirigierte Doris auf einen anderen Waldweg, dann zweimal links in einen Seitenweg. Am Ende des Weges war eine Kreuzung. Man konnte nur noch nach rechts oder links abbiegen. Dahinter waren Schrebergärten zu sehen. »Wohin soll ich fahren?«, wollte sie wissen. »Jetzt rechts hoch!«, verlangte Franz. Dabei drehte er sich um und wollte prüfen, ob Menschen oder ein anderes Auto in der Nähe waren. In diesem Moment beschleunigte Doris plötzlich ihr Auto und lenkte es seitlich auf einen Gartenzaun. Dadurch kam der Wagen abrupt zum Stehen. Die Beifahrertür war durch den Zaun blockiert. Franz hätte also nicht aussteigen können. Doris riss die Fahrertür auf und wollte hinausspringen.

»Bleib da!«, befahl Franz und packte sie an der rechten Schulter. Doris schlug mit ihrer rechten Hand heftig zurück und traf ihn mitten im Gesicht. Ein stechender Schmerz durchzuckte seine Nase. »Ich will nicht das, was du tun willst«, schrie sie ihn an und schlug weiter um sich. Franz war geschockt und ratlos. »Alles geht schief. Nicht einmal das klappt noch«, durchfuhr es ihn.

Ohne weiter nachzudenken, fast wie von selbst, trieb er das lange Messer, das er immer noch in der Hand hatte, ruckartig nach vorne. Einmal, zweimal. »Hilfe!« Ein lauter Schrei erfüllte die Luft. Doch niemand konnte sie hören. Außer Franz. Der aber stieß weiter und immer schneller mit dem Messer auf sie ein. Ruhelos. Sinnlos. Anfangs wehrte sich Doris noch nach Kräften gegen diese unaufhörlichen Attacken. Sie kreischte und tobte und wollte sich losreißen. Doch wegen der vielen Stiche und Schnitte von allen Seiten ließen ihre Kräfte rasch nach, und ihr Körper sackte nach vorne zusammen. Franz hörte erst auf zuzustechen, als er in seiner verstauchten rechten Hand starke Schmerzen verspürte. Mehr als 80 Einstiche zählte später die Rechtsmedizin. Doris verblutete innerhalb kürzester Zeit.

»Bloß schnell weg hier!«, war sein einziger Gedanke, als er die reglose Frau neben sich liegen sah. Die Beifahrertür war aber noch immer dicht am Gartenzaun eingeklemmt und ließ sich nicht öffnen. Franz löste die Handbremse und ließ das Auto im Leerlauf etwas zurückrollen. Dann stieg er aus und rannte davon.

Schon nach wenigen Tagen war diese Tat aufgeklärt, und Franz H. kam wieder ins Gefängnis. Dort musste er zunächst den zur Bewährung ausgesetzten Rest seiner früheren Jugendstrafe absitzen, fast zweieinhalb Jahre. In dieser Zeit fand auch der Prozess wegen des Mordes an Doris statt. Das Schwurgericht des Landgerichts verurteilte ihn zu einer lebenslangen Freiheitsstrafe. Wegen der besonderen Schwere der Schuld wurde eine Verbüßungsdauer von mindestens 18 Jahren festgesetzt. Es sollte aber fast 23 Jahre dauern, bis Franz H. erneut Vollzugslockerungen gewährt wurden und die zuständige Strafvollstreckungskammer ihm eine Entlassung zur Bewährung ermöglichte. In den letzten sechs Jahren seiner Strafzeit hatte er sich einer umfassenden Behandlung in einer Spezialeinrichtung des Strafvollzuges, einer sogenannten sozialtherapeutischen Anstalt, unterzogen. Diesmal wurde er sehr gründlich mit seinen drei schweren Taten und den Folgen für die Opfer konfrontiert, und es wurden ihm die Möglichkeiten einer verantwortlichen Lebensführung in Freiheit aufgezeigt. Franz stellte sich dieser Herausforderung, obwohl das für ihn ein langer und schwieriger Weg war.

Anders als bei seiner früheren Jugendstrafe standen dabei nicht mehr seine Bildungsdefizite im Mittelpunkt, und auch sein nach wie vor angepasstes Verhalten im Vollzugsalltag spielte bei der Entscheidung über Lockerungen und vorzeitige Entlassung keine nennenswerte Rolle. Vielmehr wurde die Zeit genutzt, um ihm die Ursachen seiner Gewalttaten aufzuzeigen, und er konnte lernen, mit sich, seinen sexuellen Wünschen und seinen Vorstellungen vom Leben angemessen umzugehen. Auch sein Bruder Peter wurde in diese Arbeit mit einbezogen. Er half ihm bei seinen ersten Gehversuchen in der wiedergewonnenen Freiheit. Seine Mutter allerdings hatte den Tag seiner Entlassung nicht mehr erlebt. Nach einem Schlaganfall verfiel sie in Demenz und starb einige Zeit später in einem Pflegeheim.

Zweifellos trägt Franz H. die alleinige Schuld an diesem schrecklichen Mord an Doris, und er wurde dafür auch mit der vollen Härte des Gesetzes bestraft. Dennoch bin ich der Meinung, dass diese Tat vielleicht zu verhindern gewesen wäre, wenn man die vorausgehende Jugendstrafe besser genutzt hätte und wenn bei dem damaligen Prognosegutachten eine intensivere Tatanalyse erstellt worden wäre. Einem jungen Straftäter, der bislang ohne Ausbildung war, eine solche Berufsperspektive zu verschaffen, ist selbstverständlich sinnvoll, es ist ein Wert an sich. Es war deshalb richtig, Franz H. einen Abschluss seiner Bäckerlehre zu ermöglichen.

Wenn allerdings eine Straftat gar nicht als Folge eines Bildungsmangels anzusehen ist, sondern, wie in diesem Fall, vor allem das Ergebnis einer spezifischen Störung war, dann sollte versucht werden, sich nach Möglichkeit zumindest auch mit dieser Störung zu befassen, wenn man den gesetzlichen Auftrag der Resozialisierung von Verurteilten erreichen will. Franz H. war bei seiner ersten Tat bereit, einen Menschen schwer zu verletzen oder gar zu töten, nur um mit dessen Geld einen Bordellbesuch zu finanzieren. Schon hier hätte man erkennen können, dass dies kein gewöhnlicher Raub war. Auch wenn es sich dabei (noch) nicht um eine Sexualstraftat gehandelt hatte, so war doch der sexuelle Bezug dieses versuchten Totschlags nicht zu übersehen.

Spätestens bei seiner zweiten Tat, der Vergewaltigung von Katharina, hätte man allerdings eine sehr gründliche Analyse seiner sexuellen Neigungen vornehmen müssen. Ob er schon damals zu einer entsprechenden Therapie bereit gewesen wäre, lässt sich rückblickend zwar nicht feststellen. Tatsache ist jedenfalls, dass es eine solche Therapie nicht gegeben hatte. Die Ratschläge, sich doch bei einer Partnervermittlung eine Freundin zu suchen und einmal bei einer Eheberatungsstelle vorstellig zu werden, waren kaum mehr als klägliche Versuche, auf die eigentliche Problematik von Franz H. einzugehen. So als würde man einem Depressiven einen Smiley-Button geben, in der Hoffnung, er könnte dadurch lebensfroher werden.

Angesichts dieser Sachlage erscheint es schwer nachvollziehbar, dass das Prognosegutachten, das zur vorzeitigen Entlassung aus der Jugendstrafe geführt hatte, so günstig ausgefallen war. Allerdings ist dabei zu bedenken, dass dieses Gutachten Ende der 1980er-Jahre geschrieben wurde. Die Standards und die Methoden der Begutachtungspraxis wurden seither umfassend weiterentwickelt. Ich habe daher die Hoffnung, dass eine ähnlich tragische Entwicklung heute nicht mehr möglich wäre. Sicher bin ich mir dabei freilich nicht.

Risikomanagement – aus Schwächen sollen Stärken werden

Fortschritte in der Begutachtung von Straftätern ergeben sich zumindest teilweise aus der Entwicklung und Erforschung effektiver Methoden der Behandlung von Straftätern. Ich möchte daher kurz auf einen Ansatz eingehen, dessen Ursprünge bis in die 1990er Jahre zurückreichen und der in den letzten Jahren eine breite Anerkennung gefunden hat, das sogenannte Risikomanagement-Modell von Don A. Andrews und James Bonta[2]. Diese beiden kanadischen Forscher haben zur Beantwortung der Frage nach der richtigen, also der wirksamen Behandlung von jugendlichen wie erwachsenen Straftätern aufgrund einer Meta-Analyse von Evaluationsstudien innerhalb und außerhalb des Strafvollzuges ein Grundmodell der Straftäterbehandlung formuliert, das drei zentrale Prinzipen umfasst. Behandlungsprogramme, die diese drei Prinzipien erfüllen, das konnten Andrews und Bonta eindrucksvoll belegen, haben deutlich günstigere Effekte, also geringere Rückfallraten, als Programme, die nicht oder nur teilweise auf diese Prinzipien ausgerichtet sind. Was ist damit konkret gemeint?

Das erste Prinzip heißt *Risikoprinzip* (risk principle); darunter verstehen die Wissenschaftler eine angemessene Dosierung der Behandlungsintensität entsprechend dem jeweiligen Risikoprofil eines Täters. Verurteilte mit einem höheren Rückfallrisiko sollten also intensiver, länger, gründlicher behandelt werden als solche mit einem geringeren Risiko. Das ist doch trivial, werden Sie jetzt vielleicht sagen. Was denn sonst?

Das Problem dabei besteht freilich darin, dass sich dieses individuelle Risiko nicht immer ohne Weiteres bestimmen lässt. So bedeuten zum Beispiel schwere Anlassdelikte, wie im Falle des Schaustellers Michael F. gezeigt, nicht automatisch ein hohes Rückfallrisiko. Aber auch andere Kriterien, etwa das Leugnen einer Tat oder die nach meinem Eindruck oft überbewertete Frage der Empathie, also des Einfühlungsvermögens in ein Opfer, werden nicht immer richtig gewichtet. Ganz zu schweigen von der überstrapazierten Bedeutung eines »hausordnungsgemäßen Verhaltens« im Vollzug.

Hier kommt es entscheidend darauf an, schon im Strafvollzug für jeden einzelnen Inhaftierten ein individuelles Risikoprofil zu erstellen und die erforderlichen und geeigneten Fördermaßnahmen darauf abzustimmen. Dafür ist in jedem Fall eine gründliche Analyse der Tat und der jeweiligen Entstehungszusammenhänge erforderlich. Dies führt uns automatisch zu dem zweiten Prinzip, dem *Bedürfnisprinzip* (need principle).

Andrews und Bonta meinen damit, dass die Behandlung von Straftätern gezielt auf die Veränderung kriminalitätsfördernder oder -begünstigender Merkmale, also auf die individuellen kriminogenen Risikofaktoren, ausgerichtet sein sollte. Dies betrifft sogenannte dynamische, also prinzipiell veränderbare Risikofaktoren. Wie das Beispiel von Franz H. gezeigt hat, sind dies nicht immer Defizite im Bildungsbereich oder andere scheinbar naheliegende Bedürfnisse oder Problembereiche, sondern manchmal Merkmale, die sich erst im Rahmen einer gründlichen kriminalpsychologischen Tatanalyse erschließen.

Neben Risikofaktoren sollen übrigens auch immer präventive Merkmale, also Schutzfaktoren, erfasst werden, weil sich dadurch Ansatzpunkte für eine Stärkung solcher günstigen Eigenschaften ergeben können. Ähnlich wie in der Medizin, die heute nicht nur die Erkenntnisse der Pathogenese, also das Wissen über die Entstehung von Krankheiten, therapeutisch nutzt, sondern auch auf Erhaltung der Gesundheit, also auf die Förderung der Salutogenese, ausgerichtet ist, gibt es auch in der modernen Straftäterbehandlung nicht nur defizitorientierte Ansätze (Reduzierung von Risikofaktoren), sondern auch kompetenzorientierte Konzepte (Stärkung von Schutzfaktoren).

Das dritte Prinzip von Andrews und Bonta heißt *Ansprech-*

barkeitsprinzip (responsivity principle). Es bezieht sich darauf, dass die eingesetzten Programme den spezifischen Erfahrungen, Lernweisen und Fähigkeiten eines Straftäters angepasst werden müssen. Man sollte ihn also – bildlich gesprochen – dort abholen, wo er gerade steht, und ihn nicht mit Maßnahmen überfordern, die für ihn fremd oder ungewöhnlich sind und deshalb von vornherein abgelehnt werden.

Dies schließt freilich nicht aus, dass man Verurteilte stufenweise an bestimmte Verfahren und Methoden heranführt oder dafür wirbt, und manchmal ist es vielleicht auch nur die richtige Bezeichnung einer Maßnahme, die deren Akzeptanz erhöht. So mag ein »Anti-Aggressions-Training« auf manchen gewaltaffinen Täter abschreckend wirken, eine »Selbstbehauptungsgruppe« dagegen kann vielversprechend klingen.

Vielleicht sollten wir aber auch nicht zu ängstlich im Umgang mit originellen Behandlungsangeboten sein, manchmal kommt der Geschmack ja bekanntlich beim Essen. So war ich selbst überrascht, als ich vor einiger Zeit erfuhr, dass die Methode Naikan, ein aus Japan stammendes Schweigeseminar, das zur Selbsterkenntnis, zu einem neuen Blick auf das eigene Leben führen soll, in vielen deutschen Vollzugsanstalten bei Jugendlichen und Erwachsenen mit anscheinend gutem Erfolg eingesetzt wird.[3] Verwunderlich ist dies deshalb, weil Naikan aus einer kulturellen und pädagogischen Tradition stammt, die mit unseren abendländischen Vorstellungen auf den ersten Blick nur schwer vereinbar zu sein scheint. Doch ich wurde eines Besseren belehrt.

Zentraler Punkt einer zuverlässigen Kriminalprognose, das sollten die bisherigen Fallbeispiele verdeutlichen, ist stets eine gründliche Tatanalyse, die Beantwortung der Frage also, warum jemand in einer bestimmten Situation so und nicht anders gehandelt hat. Das kann manchmal recht einfach sein, wenn die Entstehungszusammenhänge offensichtlich und leicht nachvollziehbar sind. Schwieriger wird es, wenn die eigentlichen Tatmotive verdeckt bleiben, etwa bei einem Handtaschenraub, bei dem es nur scheinbar um das Geld des Opfers geht, die tatsächliche Absicht, der Versuch, einer Frau Angst einzujagen etwa, nicht erkannt und vom Täter auch verschwiegen wird. Ab und zu treffe ich allerdings auch auf Straftaten und Täter, bei denen ich trotz einer gründlichen Beweisführung im Prozess mit zahlreichen in den Akten aufgeführten Details und einer umfangreichen psychologischen Exploration lange Zeit vor einem Rätsel stehe. Hier ein Beispiel dafür.

Hitzewelle

Seit fast zwei Wochen hatte sich die Hitze wie eine schwere Last über die Stadt gelegt, und der Wetterbericht versprach auch für die nächsten Tage keine Abkühlung, höchstens ein Gewitter am Nachmittag. Frau Magda L. war deshalb schon am frühen Morgen zum Einkaufen in den Lebensmittelmarkt gegenüber gegangen, da waren die Temperaturen noch erträglich. Fast täglich ging sie dorthin, auch um ein wenig zu plaudern, denn seit dem plötzlichen Tod ihrer Tochter vor ein paar Jahren – ihr Mann ruhte schon lange auf dem Südfriedhof – hatte sie kaum noch jemanden, mit dem sie reden konnte. Sie litt unter dieser Einsamkeit, depressive Trauerreaktion hatte ihr Arzt das genannt. Immerhin hatte er ihr den Kontakt zu einer Frau H. vermittelt, die vor einem Jahr ihre Mutter verloren hatte und mit der sie nun jeden Tag ein wenig telefonierte. Ihre Verluste ergänzten sich irgendwie, und so gab es immer etwas zu erzählen. Zu Besuch war diese Frau aber nur zweimal zu ihr in die Wohnung gekommen, einmal an ihrem Geburtstag und dann nach einem gemeinsamen Arztbesuch.

Mit ihren 85 Jahren versorgte sich Frau L. noch immer nahezu selbst. Sie führte ihren Haushalt fast ohne fremde Hilfe und trug auch ihre Einkaufstaschen alleine nach Hause, obwohl der Weg bis zu ihrer Mansardenwohnung im dritten Stock manchmal schon recht beschwerlich war. Dennoch wollte sie sich nur ungern helfen lassen, schon gar nicht von Personen, die sie nicht kannte. Sie war misstrauisch geworden. Vertrauen hatte sie lediglich zu Klaus A., einem jungen Mann aus der Nachbarschaft, den sie – über seine Mutter und Großmutter – schon seit seiner Kindheit kannte und der ihr gelegentlich bei Reparaturen im Haushalt aushalf. Ihm alleine hatte sie auch unbegrenzte Bankvollmacht erteilt, die er jedoch so gut wie nie in Anspruch nahm. Ehrlichkeit währt eben doch am längsten.

Sorgfältig verriegelte sie an diesem Vormittag wie üblich die beiden Schlösser ihrer Wohnungstür und legte auch noch eine Sicherheitskette vor. Man kann ja nie wissen. Ihre Nachbarn hielten sie für eine arme alte Rentnerin, denn sie lebte in recht bescheidenen Verhältnissen. Ihre Wohnung im Hinterhaus war ziemlich klein und alt, und auch die Möbel waren recht anspruchslos. Dabei hatte sie durch verschiedene Erbschaften in den letzten Jahren ein beträchtliches Vermögen erworben. Niemand wusste davon, außer Klaus A. natürlich, der ihren Kontostand ja regelmäßig sehen konnte. Sie hob von dem Geld aber immer nur so viel ab, dass es für ihre Einkäufe und ihr sparsames Leben reichte. Ihren Reichtum wollte sie anderen nicht zeigen. Das bringt nur Neid.

Weil sie über vieles grübeln musste, konnte sie nachts meist nicht mehr richtig durchschlafen; sie stand immer wieder auf und wanderte manchmal stundenlang in der Wohnung umher. Durch die Hitzewelle in den letzten Tagen war alles noch schlimmer geworden. In der Nacht fand sie keine Ruhe, und am Tag überfiel sie wiederholt eine bleierne Müdigkeit, sodass sie sich ab und zu ein Mittagsschläfchen gönnte. Nachdem sie alle eingekauften Lebensmittel eingeräumt hatte, ging sie auch heute in ihr Schlafzimmer und legte sich hin. Dabei trug sie wegen der Hitze nur ein dünnes Kittelkleid, das am Rücken lediglich mit einer Schleife zusammengehalten wurde. Ihr Hörgerät legte sie auf den Nachttisch, das brauchte sie sowieso hauptsächlich für Gespräche. Einfache Geräusche konnte sie nämlich noch ganz ordentlich wahrnehmen, nur bei hohen Tönen klappte es nicht mehr richtig. Deshalb hörte sie auch Klingelgeräusche nicht so gut, und sie ging des Öfteren zu ihrer Wohnungstür, um sich zu vergewissern, dass niemand draußen war.

Nachdem sie ein wenig gedöst hatte, glaubte Frau L., in der Ferne ein Klingeln gehört zu haben. Sie war sich aber nicht sicher. Deshalb stand sie auf und ging in den Flur, um nachzusehen. Da war irgendetwas an ihrer Tür, ein Kratzen oder Knacken wie mit einem Gegenstand. Sie ging näher und rief: »Wer ist da draußen?« Eine männliche Stimme antwortete: »Ich bin der Klaus und will Sie etwas fragen.« Das wird wohl wichtig sein, wenn der Junge extra am Tag zu mir kommt«, dürfte sich Magda L. gedacht haben. Anscheinend wollte sie ganz sicher sein, ob sie seine Stimme richtig erkannt hatte und öffnete die Wohnungstür nur ganz vorsichtig, einen Spalt breit. Doch schon wurde die Tür mit voller Wucht aufgedrückt, und Frau L. blickte mit Schrecken in das Gesicht eines Mannes, der sicher nicht Klaus A. war ...

Zwei Fingerabdrücke, zwei Täter?

Am Nachmittag versuchte Frau H. wie üblich bei Magda L. anzurufen, sie konnte sie aber nicht erreichen. »Vielleicht ist ihr neues Hörgerät defekt oder sie ist heute zu ihrer Nachbarin nach unten gegangen«, beruhigte sie sich. Doch als sie auch am nächsten Tag wiederholt vergeblich die Nummer ihrer »neuen Mama« gewählt hatte, verständigte sie am Abend über den Notruf 110 die Polizei und bat darum, in der Wohnung von Frau L. nach dem Rechten zu sehen. »Da stimmt etwas nicht.«

Eine Polizeistreife fand die Wohnung verschlossen, bemerkte aber Einbruchspuren an der Tür. Weil auf mehrfaches Klingeln niemand reagierte, brachen die Beamten schließlich das Schloss auf und gingen hinein. In der Küche und im Wohnzimmer waren Schränke und Schubladen durchwühlt worden, Wäschestücke und andere Sachen lagen verstreut auf dem Boden. Im Schlafzimmer fanden sie schließlich Frau L. Sie lag mit geschlossenen Augen auf dem Rücken, als würde sie schlafen. Ihr nackter Körper war mit einer Bettdecke bis zum Hals zugedeckt. Ihr Kittelkleid lag neben dem Bett auf dem Boden.

Doch Magda L. schlief nicht. Sie war mit bloßen Händen erwürgt worden. Die polizeilichen Ermittlungen ergaben, dass das Opfer seinem Mörder wohl selbst die Tür geöffnet hatte, denn die Beschädigungen am Schloss waren für ein gewaltsames Eindringen nicht ausreichend. Die zerwühlten Schränke deuteten auf einen Raubmord hin, doch es fehlten anscheinend nur Kleinigkeiten. Die rechtsmedizinische Untersuchung konnte außer den tödlichen Verletzungen am Hals und zwei Hämatomen in der linken Gesichtshälfte keine weiteren Wunden oder Beeinträchtigungen feststellen. Insbesondere auf sexuelle Handlungen an dem Opfer schien nichts hinzuweisen. Die Spurensicherung konnte lediglich an einem Briefumschlag in der Küche und an einer Blutspur an der Innenseite der Wohnungstür zwei Fingerabdrücke sichern, die aber keiner Person zugeordnet werden konnten. Es schien, als seien andere Spuren mit einem Lappen weggewischt worden. Allerdings war zunächst unklar, ob die beiden Fingerabdrücke von ein und derselben Person stammten. Man suchte also nach einem Täter oder nach zweien.

Nachforschungen im sozialen Umfeld der Ermordeten führten trotz monatelanger mühevoller Kleinarbeit nicht weiter. Auch Klaus A., der die Bankvollmacht von Frau L. hatte und zunächst in Verdacht geraten war, schied als Täter aus. Man tappte im Dunkeln. Das Ermittlungsverfahren musste deshalb nach einem halben Jahr eingestellt werden, vorläufig nur, denn routinemäßig wurden die beiden Fingerabdrücke immer wieder mit dem aktualisierten Bestand der beim BKA gespeicherten Datensätze verglichen.

Erst drei Jahre später führte diese »daktyloskopische Vergleichsuntersuchung« endlich zu einer Übereinstimmung. Im Zuge eines anderen Ermittlungsverfahrens waren Egon T., einem damals 32 Jahre alten Mann, Fingerabdrücke abgenommen worden, die identisch mit dem Fingerabdruck auf dem Briefumschlag in der Küche von Frau L. waren. Er war beschuldigt worden, seine sechsjährige Stieftochter und deren gleichaltrige Freundin mehrfach sexuell belästigt zu haben, und befand sich bereits in U-Haft. Durch diesen »Treffer« in der BKA-Datenbank stand nun aber ein weiterer, noch schlimmerer Verdacht im Raum: die Ermordung von Magda L.

Der Verdacht erhärtete sich, als sich herausstellte, dass Egon T. zur Tatzeit nur wenige Gehminuten vom Tatort entfernt gewohnt hatte. Ein Jahr später war er jedoch umgezogen, weil einer seiner vielen Brüder verstorben war und er sich um dessen Witwe kümmerte. Er heiratete sie bald darauf und wurde Vater einer Tochter. Seine Frau hatte bereits aus ihrer ersten Ehe zwei Kinder mitgebracht, ebenfalls Mädchen. Das jüngere davon soll angeblich ebenfalls schon von ihm gewesen sein; sein Bruder habe das wegen seiner schweren Krankheit so gewollt, erzählte er später. Wegen des angeblichen Missbrauchs der ältesten Tochter seiner Ehefrau hatte man Egon T. schließlich festgenommen.

Ich bin doch kein Mörder!

Als ihn die Polizei danach fragte, wie sein Fingerabdruck auf den Briefumschlag in der Wohnung von Frau L. gekommen sei, sagte er sofort: »Die Sache geht mir schon seit zwei Jahren durch den Kopf und belastet mich auch. Ich bin froh, dass ich jetzt endlich darüber sprechen kann.« Danach schilderte er ausführlich, was an diesem heißen Julitag vor drei Jahren angeblich passiert war. Er präsentierte dabei eine Geschichte mit vielen Details, etwa dass Frau L. am Ende nackt in ihr Bett gelegt wurde und dass sie Schläge auf die linke Gesichtshälfte erhalten hatte; Einzelheiten, über die in der Presse nicht berichtet worden war. »Täterwissen« heißt das in der Sprache der Kriminalistik. Die Tat selbst wollte er jedoch nur beobachtet haben; er nannte einen Kumpel und einen ihm unbekannten Dritten als die eigentlichen Täter. »Die haben mich dazu überredet, bei einem Einbruch mitzumachen, weil sie Geld brauchten. Mit dem Mord habe ich nichts zu tun.«

Doch schon am nächsten Tag, nachdem er sich mit einem Anwalt länger unterhalten hatte, gab er zu Protokoll, dass er seinen Kumpel zu Unrecht beschuldigt hatte. »Der hat gar nichts mit der Sache zu tun. Ich habe gestern gelogen, weil ich böse auf ihn bin, denn er hat mir oft Schwierigkeiten gemacht.« Nun erzählte er, dass ihn in seiner Stammkneipe zwei fremde Männer angesprochen hätten, die diesen Einbruch und auch den Mord ausgeheckt hatten. »Davon habe ich aber nichts gewusst. Ich wollte ja wegrennen, aber der eine hat mich an der Jacke gezogen und hat mich gezwungen dabeizubleiben.«

Auch diese Version hielt nur jedoch einen Tag. Danach erzählte er, dass er doch alleine in der Wohnung gewesen war. Einen Grund dafür konnte er aber nicht angeben. »Ich bin in dem Haus einfach ganz hochgegangen. Ich wusste nicht, wer da wohnt.« Nachdem er es nicht geschafft hatte, das Türschloss mit einem Messer aufzumachen, hatte er von innen eine Frauen-

stimme gehört und sich dann angeblich als Gasmann aus-
gegeben. Die Frau öffnete ihm daraufhin und ließ ihn in die
Wohnung. »Ich bin dann mit ihr in die Küche, habe das Gas angemacht und dann wieder ausgemacht. Was dann passiert ist,
weiß ich nicht mehr. Ich habe die Frau in der Küche auf den Boden geschmissen und habe ihr auf die Backen gehauen, dass sie
ruhig sein soll. Das war sie dann auch.« Danach wollte er alle
Schränke und Schubladen durchsucht haben, doch er habe nur
Kleingeld gefunden. Später, so schilderte er weiter, habe er die
Frau dann von der Küche ins Schlafzimmer getragen. Das Kittelkleid soll sie verloren haben, als er sie ins Bett hob. »Weil sie keinen Mucks mehr von sich gegeben hat, wollte ich prüfen, ob sie
noch Puls hat. Ich habe sie deshalb vorne am Hals gedrückt. Da
habe ich dann ganz schwach etwas gefühlt.«

Anschließend habe er mit einem Lappen alle Gegenstände ab-
gewischt, die er vorher angefasst hatte. »Dann bin ich raus und
rüber in die Kneipe. Ich habe dort nichts geredet, nur gezittert.«
Erst später will er aus der Zeitung erfahren haben, dass in seiner
Nachbarschaft eine alte Frau umgebracht wurde. »Da habe ich
auf einmal Angst bekommen. Ich habe doch nichts gemacht.«
Das war zwar kein umfassendes Geständnis, weil der eigentliche
Mord, wie ich das auch in etlichen anderen Fällen erlebt habe,
als bedauerlicher Unfall dargestellt wurde, doch immerhin waren die Geschichten mit den angeblichen anderen Tätern jetzt
vom Tisch. Auch vor dem zuständigen Haftrichter blieb Egon T.
wenige Tage später bei dieser Version. Inzwischen konnte durch
eine neue, verfeinerte Analyse auch der bis dahin unklare zweite
Fingerabdruck ebenfalls eindeutig Egon T. zugeordnet werden.
Der Tatverdacht konzentrierte sich jetzt ausschließlich auf ihn.

Bei der Obduktion der Leiche von Frau L. wurde ein Bruch
beider »Schildknorpelhörner«, das sind zwei Knorpel im Bereich
des Kehlkopfes, festgestellt. Dadurch wurde die Blutzufuhr zum
Gehirn unterbrochen, sodass schließlich der Tod eintrat. Eine

derartige Verletzung kann aber nicht dadurch entstehen, dass man lediglich den Puls am Hals fühlen möchte. Vielmehr deutete alles auf eine massive gewaltsame Manipulation am Hals hin. Die Staatsanwaltschaft erhob deshalb sechs Monate später Anklage wegen Mordes »aus Habgier, um eine andere Straftat zu verdecken, und zur Befriedigung des Geschlechtstriebs«.

Inzwischen war Egon T. im Auftrag der Staatsanwaltschaft auch psychiatrisch untersucht worden. Dabei wurden zwar eine gewisse Minderbegabung und eine selbstunsichere, kontaktarme Persönlichkeit diagnostiziert, der Psychiater fand aber keine Anzeichen für eine gesteigerte Aggressivität oder andere schwere Auffälligkeiten, die für eine strafrechtliche Minderung der Schuldfähigkeit gesprochen hätten. Allerdings bestritt Egon T. bei diesem Gutachter nun auf einmal doch, etwas mit dem Tod von Frau L. zu tun zu haben: »Ich habe die Tat lediglich aus Angst gestanden, weil mir die Polizei bei der Vernehmung mit allen möglichen Dingen gedroht hat. Einzelheiten habe ich nur erfunden, um meine Ruhe zu haben. Oft habe ich zu dem, was man mir vorgehalten hat, nur Ja gesagt oder genickt.«

Ein Jahr nach seiner ersten Vernehmung eröffnete die Große Strafkammer des Landgerichts die Hauptverhandlung gegen Egon T. Der aber machte an allen sechs Verhandlungstagen »keine Angaben zur Sache«. Das war zwar sein gutes Recht als Angeklagter – niemand ist gezwungen, sich selbst zu belasten –, das Gericht wertete jedoch sowohl seine Angaben zur Tat bei dem psychiatrischen Sachverständigen als auch die bei der Polizei und vor dem Amtsrichter geäußerte Unfallversion (»habe nur den Puls gefühlt«) als Schutzbehauptung. Am Ende sah es die Kammer als erwiesen an, dass Magda L. »vorsätzlich, rechtswidrig und schuldhaft« getötet wurde, um den vorausgegangenen versuchten Einbruchsdiebstahl zu verdecken. Egon T. wurde wegen Mordes zu lebenslanger Freiheitsstrafe verurteilt.

Auch ohne sein Geständnis gab es hinreichende Beweise für

seine Täterschaft. Zwar sah das Gericht das in der Anklage behauptete Mordmerkmal der Habgier als nicht hinreichend erwiesen an, und auch sexuelle Beweggründe konnten ihm »nicht mit der erforderlichen Sicherheit« nachgewiesen werden, doch das Mordmerkmal der Verdeckungsabsicht wurde von der Kammer bestätigt. Weil das Gericht der psychiatrischen Diagnose folgte und Egon T. als voll schuldfähig ansah, gab es auch keinen Milderungsgrund, der ihm die gesetzlich zwingend vorgeschriebene Höchststrafe für Mord erspart hätte. Die Revision von Egon T. gegen das Urteil wurde vom Bundesgerichtshof »als unbegründet verworfen«, weil »keine Rechtsfehler zum Nachteil des Angeklagten« feststellbar waren. Auch mehrere Anträge auf Wiederaufnahme des Verfahrens blieben ohne Erfolg, ebenso Gnadengesuche an den Bundespräsidenten und an den Ministerpräsidenten des Landes.

Ein spätes Geständnis, doch viele offene Fragen

Egon T. musste sich also auf eine lange Zeit im Strafvollzug einstellen, und nachdem all seine Bemühungen, das Urteil zu revidieren oder zumindest die Strafzeit deutlich abzukürzen, gescheitert waren, fügte er sich nach und nach in sein Schicksal. Während er in den Anfangsjahren seiner Inhaftierung wiederholt durch Beschimpfungen von Bediensteten und Arbeitsverweigerung aufgefallen war, einmal hatte er sogar mit einem Hungerstreik gedroht, galt er nun als weitgehend problemloser Gefangener. Weder im Haftalltag noch beim Arbeitseinsatz machte er Schwierigkeiten.

Er blieb aber dabei, die Tat zu leugnen, und bezeichnete sich immer wieder als »unschuldig verurteilt«. Eine Zusammenarbeit mit den Fachdiensten der Anstalt kam deshalb nur ansatzweise zustande, und auch eine Verlegung in eine sozialtherapeutische

Anstalt scheiterte an seiner beharrlichen Weigerung, sich mit seiner Tat auseinanderzusetzen. Versuche, ihn über einen Elementarkurs an den Hauptschulabschluss und an eine Berufsausbildung heranzuführen, erwiesen sich ebenfalls als nicht durchführbar. Neben seiner geringen Intelligenz war auch sein Interesse an derartigen Maßnahmen nicht ausreichend.

Als Hausarbeiter erledigte er die ihm übertragenen Aufgaben allerdings überdurchschnittlich gut, und er verbesserte dadurch auch seine Position gegenüber Mitgefangenen. Das wirkte sich zugleich günstig auf seine allgemeine psychische Verfassung aus. Seine früher immer wieder geäußerten Selbstmordgedanken waren offenbar verschwunden. Die Anstalt beurteilte ihn jetzt als zuverlässig und stabil und gewährte ihm schließlich einige Ausführungen in Begleitung von Beamten zu einem seiner Brüder und zu seiner Schwester. Weil dabei alles problemlos verlaufen war, wollte man ihm schließlich weiterführende Lockerungen in Form von Tagesausgängen zu einer Familie gewähren, die ehrenamtlich aktiv war und Herrn T. bereits im Gefängnis besucht hatte. Als sich aber herausstellte, dass die von ihm benannte Kontaktperson keine erwachsene Frau, sondern die neunjährige Pflegetochter dieser Familie war, wurde die Genehmigung eines solchen Ausgangs wieder zurückgenommen.

Nun sollte ein psychiatrisches Gutachten das Vorliegen einer möglichen Sexualproblematik klären. Immerhin gab es im Vorfeld des Verfahrens wegen der Ermordung von Frau L. bereits ein Ermittlungsverfahren wegen des Verdachts eines sexuellen Missbrauchs, das zu einem Haftbefehl führte, aber im Zuge der Anklage wegen Mordes wieder eingestellt worden war – die zu erwartende Strafe wäre nämlich »nicht beträchtlich ins Gewicht« gefallen (§ 154 StPO). Außerdem wurde bereits in seiner Jugend wegen ähnlicher, wenngleich weniger schwerwiegender Delikte zweimal gegen ihn ermittelt, ohne dass es freilich zu Verurteilungen gekommen wäre. Wie nicht anders zu erwarten, bezeichnete

Herr T. auch diese Vorwürfe als falsch und als das Ergebnis von Missverständnissen. Der Psychiater diagnostizierte schließlich zwar keine eindeutig pädophile Neigung bei Herrn T., er stellte aber fest, dass Egon T. »seinen sexuellen Wünschen und seinen sexuellen Handlungsweisen gegenüber Kindern kritiklos gegenübersteht«. Deshalb sei nicht auszuschließen, dass er bei entsprechenden Gelegenheiten erneut den Kontakt zu Mädchen suchen würde. In der Folge dieses Gutachtens stoppte die Anstalt endgültig den Einstieg in weitere Lockerungsmaßnahmen.

Weil bei Herrn T. »keine besondere Schwere der Schuld« festgestellt wurde – ein für Laien und wahrscheinlich auch für etliche Fachleute schwer fassbarer Ausdruck, mit dem »normal schwere« von »besonders schweren« Mordfällen unterschieden werden sollen –, bestand die grundsätzliche Möglichkeit einer Entlassung zur Bewährung nach 15 Jahren Gefängnis. Das zuständige Stoffvollstreckungsgericht lehnte aber einen entsprechenden Antrag von Herrn T. ab und stützte sich dabei vor allem auf das psychiatrische Gutachten und die darin geäußerten Bedenken wegen möglicher Sexualdelikte.

Herr T. zog sich daraufhin immer mehr in seine Zelle zurück, sprach kaum noch mit anderen Gefangenen oder Bediensteten und lehnte Angebote der Anstalt auf therapeutische Maßnahmen rigoros ab. Er fühlte sich hingehalten und enttäuscht. Lediglich seine Arbeit im Hause gefiel ihm immer noch ganz gut. Es vergingen weitere Jahre ohne erkennbare Entwicklung. Sowohl die Vollzugsanstalt als auch das Strafvollstreckungsgericht bezeichneten die Situation als festgefahren; Herrn T. drohte eine perspektivlose Haft bis ins sehr hohe Alter. Man suchte jetzt nach einer Kriminalprognose, die sich weniger an psychiatrischen Einschätzungen orientiert, sondern eine Beurteilung aus einem anderen Blickwinkel vornimmt, ohne dass dies näher spezifiziert wurde. So lernte ich Herrn T. 20 Jahre nach seiner Tat kennen.

Wegen der offensichtlichen Schwierigkeit des Falles ließ ich mir dafür mehr Zeit als üblich. Ich suchte ihn mehrmals im Gefängnis auf und studierte die sehr umfangreichen Aktenbände gründlich. Diesen Unterlagen konnte ich entnehmen, dass er in der Vergangenheit nicht nur auf direktem Wege versucht hatte, sich als unschuldig darzustellen, er hatte vielmehr auch wiederholt anonyme Schreiben an die Staatsanwaltschaft und an das Gericht verfasst, in denen sich ein »Mister X.« als der wahre Täter zu dem Mord an Frau L. bekennt. Geständnisse einer erfundenen Person, die aber eindeutig ihm zugeordnet werden konnten.

Angesichts der in den Akten festgehaltenen Vorgeschichte hatte ich einen wortkargen, skeptischen Gesprächspartner erwartet und stellte mich auf schwierige Dialoge ein. Egon T. überraschte mich aber durch eine freundliche Begrüßung und eine offenbar große Bereitwilligkeit, mit mir zu sprechen, die während der Sitzungen auch nicht nachließ. Wieder einmal zeigte es sich, dass ein zu gründliches Aktenstudium vor dem ersten Gespräch eher hinderlich sein kann, weil das dabei vermittelte Bild nicht der realen Begegnung entsprechen muss. Er hatte sich offenbar gründlich auf alles vorbereitet und zeigte mir spontan Briefe und Unterlagen, die er in einem mitgebrachten Ordner verwahrte.

Gleich zu Beginn wollte er mir von den früheren Ausführungen zu seinen Geschwistern erzählen: »Wir haben gemeinsam Spaziergänge gemacht, und auch das Grab meiner Eltern habe ich besuchen dürfen.« Um ihn kennenzulernen, wollte ich aber zunächst etwas über seine Herkunft und sein früheres Leben wissen. Ich erfuhr, dass er aus einer sehr kinderreichen Familie stammte: neun leibliche Geschwister und zwei Halbgeschwister aus den ersten Ehen seiner Eltern. Ein Bruder hatte sich offenbar das Leben genommen, ein anderer starb an den Folgen einer Alkoholsucht.

Die Familie lebte zunächst in einer Art Notunterkunft, und

obwohl er seine Kindheit als »die schönste Zeit seines Lebens« bezeichnete, war seine familiäre Situation allenfalls bis zu seinem zehnten Lebensjahr halbwegs harmonisch. Danach gab es offenbar viel Streit mit seinem Vater, der mit dem aufsässigen Jungen immer weniger zurechtkam. Erst mit sieben Jahren wurde er eingeschult, doch seine wiederholten Wutanfälle führten schon im ersten Schuljahr zu einem mehrwöchigen Aufenthalt in einer Kinderklinik. Danach kam er in eine Sonderschule, doch es gab weiterhin massive Probleme mit Lehrern und Mitschülern. Einen qualifizierten Schulabschluss schaffte er nicht, und auch eine spätere Lehre an einer Tankstelle musste er abbrechen. Ihm blieben Hilfsarbeiten, die meist nur kurzfristig waren, auch deshalb, weil er wenig zuverlässig war und nach einiger Zeit wieder entlassen wurde. Zu Gleichaltrigen hatte er lediglich oberflächliche Kontakte, er galt als Eigenbrötler. Immerhin verstand er sich mit zwei älteren Brüdern besser. Später war er einmal sogar von zu Hause weggelaufen und hielt sich zwei Monate lang bei Zufallsbekanntschaften auf. Wegen des Verdachts, zahlreiche Diebstähle begangen zu haben, wurde er durch Gerichtsbeschluss mit 18 Jahren drei Monate lang in eine psychiatrische Klinik eingewiesen.

Wieder einmal hatte ich es mit einer biografischen Analyse zu tun, die wegen der vielen Einzelheiten zwar kompliziert und umfassend, aber doch recht eindeutig war. Es fanden sich zahlreiche Hinweise auf früh einsetzende und relativ dauerhafte persönliche und soziale Schwierigkeiten im Leben von Herrn T., die eine massiv gestörte Entwicklung und deutliche Verhaltensdefizite indizierten. Die kriminalpsychologische Erklärung der wiederholt gegen ihn geführten Verfahren wegen einfachen Diebstahls, Sachbeschädigung und anderer kleinerer Delikte war deshalb nicht schwer. Wenig nachvollziehbar war jedoch für mich, dass es einmal zur Einstellung eines Ermittlungsverfahrens wegen »Schuldunfähigkeit« gekommen war; ein Psychiater hatte ihn als »schwachsinnig infolge einer ererbten Hirnsubstanzminderwertigkeit oder einer frühkindlich erlittenen Hirnschädigung« bezeichnet – eine, wie sich später zeigte, krasse Fehldiagnose. Auch ich stellte lediglich eine vor allem sprachliche Minderbegabung fest, von einer extremen Intelligenzminderung konnte aber keine Rede sein. Seine praktischen Fähigkeiten waren sogar ausgesprochen gut. Schon früh hatte er sich für Autos und Technik interessiert, und der Erwerb eines Führerscheins scheiterte zunächst lediglich an der theoretischen Prüfung, während er den praktischen Teil auf Anhieb bestand.

Schwerer zu beurteilen waren dagegen die angeblichen sexuellen Übergriffe gegen Kinder. Obwohl es in diesen Fällen keine Verurteilungen gegeben hatte, war es für mich wichtig, auch auf diese Punkte näher einzugehen. Immerhin erschien die Sachlage bei dem letzten Verfahren – der behauptete Missbrauch seiner Stieftochter – doch recht klar gewesen zu sein. Von Egon T. erfuhr ich dazu wenig. Er erklärte mir zu jedem einzelnen Vorwurf recht umständlich, dass alles ganz harmlos gewesen sei und dass er doch »kein Sexmonster oder Kinderschänder« sei. »Ich bin da viel zu schüchtern und mache gar nichts.«

Das wollte ich mir von ihm näher erklären lassen, und er schilderte mir, wie ängstlich und vorsichtig er in seiner Jugend auf Mädchen zugegangen sei. »Ich habe schon Chancen gehabt, aber gemacht habe ich nichts.« In der Tat hatte er eine feste Partnerin offenbar erst, als ihn sein schwerkranker Bruder gebeten hatte, sich um seine Frau zu kümmern. Damit hatte er gewissermaßen eine »Lizenz« oder gar Verpflichtung zum Sex erhalten, die er dann auch erfüllte. Da war er aber bereits 31 Jahre alt. Bei einer solch gering entwickelten und wenig erprobten sexuellen Erfahrung kommt es nicht selten vor, dass auch Kinder in den Fokus des sexuellen Interesses rücken, selbst dann, wenn gar keine eigentliche, also primäre sexuelle Präferenz für Minderjährige, eine sogenannte Kernpädophilie, besteht. Da es im Leben von Herrn T. nicht nur einen einzigen fragwürdigen Vorfall dieser Art gegeben hatte, sprach einiges dafür, dass es eben nicht nur um Missverständnisse oder falsche Behauptungen ging.

Was aber hatte all dies, die Entwicklungsprobleme von Herrn T. in seiner Familie und in der Schule, die zwar wiederholten, aber doch nicht besonders schwerwiegenden Straftaten im Jugendalter, die verschiedenen Aufenthalte in psychiatrischen Kliniken, seine geringe partnerschaftliche Erfahrung und auch die sexuellen Handlungen an oder vor Kindern, mit dem Bezugsdelikt, mit dem Mord an Magda L., zu tun? Die biografische Analyse gab darauf keine Antwort. Ich musste mir also die Tat selbst näher anschauen.

Das Gericht hatte wegen des vorausgehenden versuchten Wohnungseinbruchs von einem »Verdeckungsmord« gesprochen, konnte aber den Tatablauf nicht in allen Einzelheiten klären. Dafür war die Spurenlage nicht eindeutig genug, und Egon T. hatte der Polizei recht unterschiedliche, teils widersprüchliche Angaben zur Tat gemacht, in der Hauptverhandlung schließlich vollends geschwiegen. Eigentlich hatte ich damit gerechnet, dass er auch mir gegenüber jede Tatbeteiligung abstreiten würde, doch er überraschte mich damit, dass er auf einmal spontan anfing, von Frau L. zu sprechen.

Er erzählte mir, dass er damals arbeitslos gewesen sei und auch keine eigene Wohnung gehabt habe. »Ich habe bei Bekannten oder manchmal auch in einem Bus geschlafen.« Gegenüber von Frau L. sei aber eine Wohnung frei gewesen, und deshalb habe er sie nach dem Hausmeister oder dem Vermieter fragen wollen. »Da bin ich hoch zu ihr und habe geklingelt. Sie hat aber nicht aufgemacht, war ja auch schwerhörig, die alte Frau. Dann habe ich mit einem Messer ein wenig an der Wohnungstür herumgemacht.« An dieser Stelle schwieg er plötzlich. Ich ließ ihm Zeit, und wir redeten zunächst über seinen Aufenthalt im Gefängnis. Nach einer kurzen Pause, die ich immer wieder gern einlege, um einem Gesprächspartner, aber auch mir selber etwas Zeit zum Nachdenken und Luftholen zu geben, stellte ich ihm die Frage, ob er denn meine, zu Unrecht hier zu sitzen. Er zögerte erst ein wenig und sagte dann: »Nein, ich habe es ja getan und kann es nicht mehr rückgängig machen. Wenn ich etwas ändern könnte in meinem Leben, dann diesen einen Tag. Dann würde ich nicht hochgehen zu dieser Frau, und dann wäre das alles nicht passiert.« Spontan ergänzte er jedoch: »Ich bin aber kein Mörder, kein schlechter Mensch!« Dieses unerwartete Geständnis überraschte mich, und ich riet ihm, seine Tat in weiteren Gesprächen mit einem Therapeuten aufzuarbeiten. Er nickte zustimmend und meinte, dass es wahrscheinlich gut wäre, darüber einmal ausführlich zu reden. »Ich kann nicht sagen, warum ich das damals getan habe. Vielleicht, weil die Frau schon alt gewesen ist. Ich weiß es aber nicht.« Weitere Einzelheiten über den Ablauf der Tat wollte er mir allerdings nicht nennen.

Nun hatte ich zwar von ihm die Bestätigung, dass er nicht nur rechtskräftig, sondern auch zu Recht verurteilt worden war, meine Tatanalyse brachte diese Erkenntnis aber nicht weiter. Woher kannte er überhaupt diese Frau? Wenn er damals tatsächlich nur nach einer Wohnung fragen wollte, warum hat er dann versucht, bei ihr einzubrechen, nachdem sie ihm auf sein Klingeln nicht geöffnet hatte? Wie konnte er diese misstrauische Frau schließlich dazu bringen, ihm die Tür zu öffnen? Stimmte vielleicht doch die Version mit dem angeblichen Gasmann, der nach dem Rechten sehen muss? Warum hatte er sie, die vermeintlich arme Rentnerin, überhaupt berauben wollen und schließlich erwürgt? Nur deshalb, damit sie nicht nach Hilfe rufen konnte? Fragen über Fragen. Äußerst ungewöhnlich erschien mir auch, dass er sein Opfer nach der Tat ins Bett gelegt und zugedeckt hatte, so als wollte er den Anschein eines natürlichen Todes erwecken.

Er selbst konnte – oder wollte – mir dazu nichts sagen. Ich musste also weitersuchen und fand schließlich in der Strafakte unter den »Geständnissen« eines von Herrn T. erfundenen Mister X. ein Schreiben, das die wahren Zusammenhänge womöglich besser zum Ausdruck brachte als alle anderen vermuteten oder behaupteten Tatversionen. Weil dieser Text handschriftlich mit Großbuchstaben und zahlreichen Rechtschreib- und Grammatikfehlern verfasst wurde, habe ich mir erlaubt, hier eine zwar inhaltlich korrekte, aber äußerlich verbesserte Version wiederzugeben:

Ich bekenne mich schuldig am Tod von Frau L. Ich kannte diese Frau durch Herrn Klaus A., der oft von ihr gesprochen hat, auch darüber, dass er die Vollmacht hat, für sie Geld von der Bank zu holen. Ich hatte damals Geldprobleme und wusste keinen Ausweg mehr. Ich bin dann zu ihrer Wohnung gegangen. Weil sie auf mein Klingeln nicht reagiert hat, habe ich mit einem Messer am Schloss rumgemacht. Dann hat sie gerufen: »Wer ist da?« Ich habe gesagt, Herr A. Da wurden von innen einige Schlösser aufgemacht, und sie stand dann vor mir mit einem Kittelkleid. Ich schubste sie, und sie fiel sofort auf den Boden. Dann packte ich sie und hielt ihr den Mund zu. Ich ging mit ihr bis zum Schlafzimmer. Dort habe ich sie geschlagen, damit sie mir sagt, wo das Geld ist. Es kam zu einem Gerangel, bei dem ihr Kittelkleid heruntergefallen ist. Da stand sie dann nackt vor mir. Sie wollte schreien und da habe ich sie auf das Bett geschmissen. Ich habe sie am Hals genommen und habe auch einige Male auf ihren Körper eingeschlagen. Dann habe ich sie zugedeckt. Es sollte so aussehen, als wäre die Frau im Bett gestorben. Ich habe dann in der Wohnung nach Geld gesucht, habe aber nur wenig gefunden.

Der verurteilte Herr T. ist nicht der Mörder von Frau L. Ich bekenne mich schuldig.

Hochachtungsvoll

Der Mörder

Wenn man davon ausgeht, dass damit der tatsächliche Ablauf der Tat zutreffend beschrieben wurde, dann ergäbe sich für die Tatanalyse folgendes Bild: Herr T. wusste über entsprechende Bemerkungen von Klaus A., dass Frau L. nicht arm war, und er vermutete deshalb, dass sie auch Geld in ihrer Wohnung aufbewahrte. Dies ergäbe angesichts seiner dauerhaft problematischen finanziellen Situation ein nachvollziehbares Motiv für einen Einbruch oder Raubüberfall. Als nach dem Klingeln niemand öffnete, nahm er vielleicht zunächst an, dass Frau L. nicht zu Hause sei, und wollte bei ihr einbrechen. Weil sie sich dann doch von innen meldete, gab er vor, ebendieser Klaus A. zu sein, von dem er ja wusste, dass sie ihm vertraute und ihm öffnen würde, was schließlich auch geschah. Unmittelbar danach kam es zu dem eigentlichen Überfall, bei dem er sie durch Schläge zwingen wollte, ihm zu sagen, wo sie ihr Geld aufbewahrte.

Weil sich Frau L. gegen den Angriff zur Wehr setzte, verlor sie im Hin und Her ihr nur leicht zusammengebundenes Kittelkleid und war jetzt nackt. Danach kippte die Situation für Herrn T. Er warf Frau L. aufs Bett und erwürgte sie dort. Um einen natürlichen Tod vorzutäuschen, vielleicht aber auch, um so etwas wie ein spätes Bedauern auszudrücken, deckte er sie bis zum Hals zu. Es könnte also sein, dass wir es hier mit zwei verschiedenen Tatmotiven zu tun haben: Der zunächst geplante Einbruch in die Wohnung und der anschließende Versuch eines Raubes oder einer räuberischen Erpressung würde in das Muster früherer Eigentumsdelikte von Herrn T. passen, wenngleich deutlicher ausgeprägt und gewaltsamer.

Zu der zweiten, entscheidenden Tat, dem Mord, kam es, als Herr T. plötzlich einer nackten Frau gegenüberstand: eine Situation, die ihn wahrscheinlich irritierte, beunruhigte, weil es so etwas bis dahin in seinem Leben offenbar noch nicht gegeben hatte. Die sexuellen Kontakte mit der Frau seines Bruders begannen nämlich erst ein Jahr später. »Vielleicht, weil die Frau schon alt gewesen ist«, hatte Herr T. zu mir als möglichen Anlass für seine Tat gesagt. Wollte er damit zum Ausdruck bringen, dass er sie nicht getötet hätte, wenn sie jünger gewesen wäre?

Das könnte er wahrscheinlich selbst nicht beantworten, und es ist auch eine müßige Frage. Vorstellbar ist freilich, dass ihn der unerwartete Anblick einer nackten alten Frau einerseits sexuell erregt hatte und er gleichzeitig von einem Gefühlsmix aus Scham, Ekel und Angst überflutet wurde. Um diesen schwer erträglichen, spannungsgeladenen Zustand abrupt zu beenden, tötete er spontan die Frau. Anschließend konstruierte er durch die äußerlich friedliche erscheinende Platzierung der Leiche eine Situation, die man als scheinbare Rücknahme oder symbolische Form der Neutralisierung seiner schrecklichen Tat bezeichnen könnte. Auch die eigenartigen »Bekennerschreiben« des angeblich wahren Mörders lassen sich auf diese Weise interpretieren. Die Tat wird zwar gestanden, aber von der eigenen Person abgespalten.

Bei der Tat ging es also anscheinend sowohl um Diebstahl und Raub als auch um den Umgang mit irritierenden, paradoxen sexuellen Empfindungen. Ein Sexual- oder Lustmord war diese Tat zwar dennoch nicht, aber sie hatte wahrscheinlich zumindest auch einen sexuellen Bezug. Diese Einschätzung war freilich nur wenig abgesichert, doch zumindest eine Hypothese, für deren weitere Prüfung ich dem Vollzug und nicht zuletzt auch Herrn T. aufklärende Gespräche empfahl, am besten im Rahmen einer sozialtherapeutischen Anstalt.

Wegen dieser und weiterer ungeklärter Fragen fiel meine aktuelle Prognose bezüglich einer baldigen Entlassung zwar ungünstig aus, ich formulierte aber im Gutachten einen stufenweisen Plan zur Tataufarbeitung, zur Festigung der Persönlichkeit von Herrn T. und zur Konkretisierung seiner Zukunftspläne. Was daraus geworden ist, kann ich leider nicht sagen, denn ich

habe danach nichts mehr von Egon T. gehört oder gar einen erneuten Gutachtenauftrag erhalten. Ich habe aber die Hoffnung,
dass die »festgefahrene Situation«, die Anlass dieser Expertise
war, im Laufe der Zeit allmählich überwunden werden konnte.

Schuld und Strafe

Ohne Schuld handelt ...

Eine zentrale Regel unseres Strafrechts lautet: »*Nulla poena sine culpa*«, keine Strafe ohne Schuld. Niemand darf also bestraft werden, wenn ihn keine Schuld trifft. Das ist doch selbstverständlich, sagen Sie jetzt vielleicht. Was aber ist Schuld? Interessanterweise wird dieser wichtige Begriff im Strafgesetzbuch zwar mehrfach verwendet, aber nirgendwo klar definiert.

So soll die Schuld eines Täters Grundlage für die Zumessung der Strafe sein (§ 46 Abs. 1 StGB). Daneben nennt das Strafgesetzbuch auch Schuldausschließungsgründe, nämlich Verbotsirrtum (§ 17 StGB), wenn jemand gar nicht weiß, dass er Unrechtes tut, und entschuldigenden Notstand (§ 35 StGB), also ein rechtswidriges Handeln zur Abwehr einer unmittelbar drohenden, »nicht anders abwendbaren Gefahr für Leben, Leib oder Freiheit«.

Für Kinder, also für Personen unter 14 Jahren, gilt, dass sie generell als schuldunfähig bezeichnet werden (§ 19 StGB). Sie können daher – im juristischen Sinne – gar nicht schuldhaft handeln. Für die Tätigkeit von Sachverständigen besonders wichtig sind die §§ 20, 21 StGB. Nach § 20 StGB handelt ohne Schuld, wer bei der Begehung der Tat wegen bestimmter dauerhafter oder auch nur kurzzeitiger psychischer Störungen unfähig war, das Unrecht der Tat einzusehen oder nach dieser Einsicht zu handeln. Insgesamt nennt das Strafgesetzbuch also in der Art einer Negativliste verschiedene Sachverhalte, bei deren Vorhandensein keine oder eine nur geringe Schuld vorliegt; dagegen wird nicht positiv aufgezeigt, was unter Schuld und Schuldfähigkeit letztlich zu verstehen ist.

Ein Blick in strafrechtliche Lehrbücher und in die Kommentarliteratur zeigt, dass beide Begriffe seit Jahrzehnten heftig diskutiert werden und überaus umstritten sind. Dies überrascht, denn schließlich handelt es sich bei dem Schuldprinzip nicht um irgendeine nebensächliche Angelegenheit, sondern um ein wesentliches Merkmal unserer Rechtsordnung. Der anhaltende Streit über die grundsätzliche Bedeutung von Schuld, Unschuld, Schuldfähigkeit usw. müsste daher eigentlich die Rechtspflege bis ins Mark erschüttern. Das ist jedoch nicht der Fall. Ganz offensichtlich hat die Strafjustiz einen Ansatz gefunden, der für die alltägliche Praxis ausreichend erscheint und den theoretischen oder dogmatischen Streit über solche Begriffe weitgehend ausblendet oder anderen überlässt.

Dieser pragmatische Ansatz geht, wenn ich ihn richtig verstanden habe, nicht zwingend davon aus, dass jeder Mensch tatsächlich einen freien Willen hat und deshalb jederzeit in der Lage sein sollte, sich für Recht oder Unrecht zu entscheiden – ein solch strenger Indeterminismus[1] würde nämlich psychologischen Konzepten über die Entstehungszusammenhänge menschlichen Handelns widersprechen. Vielmehr repräsentiert die im Schuldprinzip verankerte Annahme der grundsätzlichen Entscheidungs- oder Willensfreiheit lediglich die soziale Erwartung an einen »reifen«, rational handelnden Menschen. Ob also jemand in einer konkreten Situation tatsächlich hätte anders handeln können, wird folglich mit dem strafrechtlichen Schuldbegriff nicht behauptet und wäre auch gar nicht überprüfbar. Es genügt die Feststellung, dass sich jemand normverletzend verhalten hat und dass er damit seiner Rolle und seiner Verantwortung als Staatsbürger nicht entsprochen hat. Der Schuldbegriff reflektiert also gewissermaßen einen gesellschaftlichen Konsens, eine Vorstellung davon, wie sich jemand normalerweise verhalten *sollte*. Einfacher ausgedrückt: Wer sich nicht an die gesetzlich definierten Spielregeln des Sozialverhaltens hält, der macht sich schuldig und wird bestraft.

Eine Ausnahme soll, wie oben erwähnt, neben den beiden Schuldausschließungsgründen generell für Kinder gelten. Auch dabei handelt es sich nicht um ein zwingendes, unumstößliches Prinzip, sondern lediglich um die pragmatische Festlegung einer Altersgrenze, die in anderen Rechtssystemen durchaus höher oder niedriger liegen kann.[2] Niemand geht schließlich davon aus, dass ein Kind am Tag seines 14. Geburtstags, sozusagen von einem Moment auf den anderen, die Gabe der Schuldfähigkeit empfängt. Zumal auch wesentlich jüngere Kinder mitunter schon sehr gut in der Lage sind, die Folgen ihrer Handlungen abzuschätzen und demgemäß verantwortlich handeln können. Der Gesetzgeber will mit dieser Altersgrenze der Schuldfähigkeit oder Strafmündigkeit lediglich ausdrücken, dass bei Verfehlungen von Kindern (noch) nicht die Strafjustiz zuständig sein sollte, sondern ausschließlich Erziehungsberechtigte, die Schule, die Jugendbehörde oder auch das Familiengericht.

Bei Jugendlichen, also bei Personen zwischen 14 und 18 Jahren, wird zwar das Vorliegen von Schuldfähigkeit allgemein vorausgesetzt, dennoch ist im Einzelfall die strafrechtliche Verantwortlichkeit nach § 3 JGG zu prüfen.[3] Während es dabei primär um Verzögerungen in der intellektuellen und sozialen Entwicklung geht, bezieht sich die für alle Altersgruppen geltende Schuldfähigkeitsprüfung nach § 20 StGB auf psychische Beeinträchtigungen zum Tatzeitpunkt:

§ 20 StGB Schuldunfähigkeit wegen seelischer Störungen

Ohne Schuld handelt, wer bei Begehung der Tat wegen einer krankhaften seelischen Störung, wegen einer tiefgreifenden Bewusstseinsstörung oder wegen Schwachsinns oder einer schweren anderen seelischen Abartigkeit unfähig ist, das Unrecht der Tat einzusehen oder nach dieser Einsicht zu handeln.

Auch wenn die in dieser Vorschrift verwendeten Begriffe längst nicht mehr alle zeitgemäß sind[4] – besonders grässlich finde ich die Formulierung »seelische Abartigkeit«, ein Begriff, der Assoziationen zur nationalsozialistischen Ideologie der »Entartung« weckt –, so verweist der Text doch eindeutig auf psychiatrisch-psychologische Konzepte. Dies legt die Einbeziehung von Gutachtern mit entsprechender Sachkenntnis nahe.

In der Praxis werden Gutachtenaufträge zu § 20 StGB weit überwiegend an Sachverständige mit psychiatrischer, also medizinischer Ausbildung vergeben, nicht an Psychologinnen und Psychologen. Das ist sicherlich immer dann sinnvoll, wenn das Vorliegen einer massiven psychiatrischen Störung anzunehmen ist oder jedenfalls möglich erscheint. Anders verhält es sich dagegen bei sogenannten Affektdelikten, zum Beispiel bei innerfamiliären Gewalttaten, ohne Hinweise auf dauerhafte und auch anderweitig aufgetretene psychische Beeinträchtigungen. Hier könnte ein Rechtspsychologe mit entsprechender Erfahrung auf dem Gebiet der Gewaltkriminalität unter Umständen die bessere Wahl sein.

In jedem Fall handelt es sich bei der hier zu leistenden Aufgabe eines Sachverständigen um einen zweistufigen Prozess. In einer ersten Stufe muss festgestellt werden, ob mindestens eines der vier sogenannten psychischen Merkmale zum Tatzeitpunkt vorgelegen hat, also:

1) eine krankhafte seelische Störung. Gemeint sind hier hirnorganische Störungen, endogene Psychosen wie Schizophrenie, aber auch krankhafte Rauschzustände;
2) eine tiefgreifende Bewusstseinsstörung. Dazu zählen nichtkrankhafte, kurzzeitig wirksame Beeinträchtigungen wie Alkoholrausch, extreme Erschöpfung und Übermüdung sowie hochgradige Affekte;
3) Schwachsinn, also eine schwere Beeinträchtigung der intellektuellen Fähigkeiten ohne organischen Befund (sonst Merkmal 1);
4) eine schwere andere seelische Abartigkeit. Mit diesem schwammigen Begriff werden in der Regel psychische Störungen umschrieben, die nicht im klassisch-psychiatrischen Sinne als Krankheiten anzusehen sind, etwa schwere Persönlichkeitsstörungen, Alkoholismus und andere Abhängigkeiten sowie sexuelle Abweichungen (Paraphilien).

Erst nach positiver Feststellung eines dieser Merkmale oder einer Kombination mehrerer Merkmale erfolgt eine weitere Prüfung, die meist als normative Stufe der Schuldfähigkeit bezeichnet wird. Zu prüfen ist hier, ob ein (mutmaßlicher) Täter zum Zeitpunkt der Tat wegen eines der in der ersten Stufe festgestellten Merkmale unfähig war, das Unrecht seiner Tat einzusehen (Einsichtsfähigkeit) oder nach dieser Einsicht zu handeln (Steuerungsfähigkeit). Dabei soll die Prüfung stets auf die jeweilige Tat bezogen sein, eine generelle Schuldunfähigkeit im Sinne eines »Persilscheins« sieht das Strafrecht nicht vor. So kann ein Täter bei mehreren Delikten lediglich in einem Fall schuldunfähig gewesen sein. Möglich ist aber auch eine partielle Schuldfähigkeit, etwa eines psychisch Kranken für Taten, die von der Krankheit nicht beeinflusst waren.

Die Prüfung all dieser Voraussetzungen ist sicherlich keine leichte Aufgabe, insbesondere wenn man bedenkt, dass sich alle

Feststellungen auf den Tatzeitpunkt beziehen müssen, der aber unter Umständen schon Monate oder gar Jahre zurückliegen kann. Wie lässt sich in solchen Fällen der psychische Zustand eines Täters zur Zeit der Tat hinreichend genau bestimmen?

Eine weitere Komplikation bildet das Konzept der verminderten Schuldfähigkeit nach § 21 StGB.[5] Darunter wird eine mindere Stufe der Schuldfähigkeit verstanden, die zu einer milderen Strafe führen kann, aber nicht muss. Weil es hier nicht um eine Ja-Nein-Entscheidung geht, sondern um den Grad, um das Niveau von Einsichts- und Steuerungsfähigkeit, ergeben sich vielfältige Spielräume und Interpretationsmöglichkeiten sowie zahlreiche Angriffsflächen für Kritik und kontroverse Standpunkte. Das zeigt sich nicht nur in der öffentlichen Diskussion über Strafverfahren, sondern oft schon während einer Gerichtsverhandlung. So habe ich mehr als einmal erlebt, wie ein Angeklagter vehement behauptete, bei der Tat stark angetrunken gewesen zu sein. Dabei könnte es sich um eine bloße Schutzbehauptung handeln, in der Hoffnung, dann weniger schwer bestraft zu werden. Wenn hier Sachbeweise in Form einer Blutalkoholuntersuchung fehlen, kann man lediglich aus dem Tatablauf, aus den Angaben des Angeklagten und aus Zeugenaussagen indirekt Schlüsse auf mögliche Einschränkungen der Handlungsfähigkeit ziehen.

Für die Allgemeinheit gefährlich

Noch schwieriger wird der Sachverhalt, wenn – wie dies in vielen Fällen geschieht – zusätzlich zur Beurteilung der Schuldfähigkeit auch die Voraussetzungen für die Unterbringung in einem psychiatrischen Krankenhaus gemäß § 63 StGB festgestellt werden sollen:

§ 63 StGB Unterbringung in einem psychiatrischen Krankenhaus

Hat jemand eine rechtswidrige Tat im Zustand der Schuldunfähigkeit (§ 20) oder der verminderten Schuldfähigkeit (§ 21) begangen, so ordnet das Gericht die Unterbringung in einem psychiatrischen Krankenhaus an, wenn die Gesamtwürdigung des Täters und seiner Tat ergibt, dass von ihm infolge seines Zustandes erhebliche rechtswidrige Taten zu erwarten sind und er deshalb für die Allgemeinheit gefährlich ist.

Die besondere Problematik besteht hier darin, dass die Bestimmung der Schuldfähigkeit auf die Vergangenheit, nämlich auf den Tatzeitpunkt, bezogen ist, während die Einschätzung der Gefährlichkeit für eine mögliche Unterbringung im psychiatrischen Maßregelvollzug sich auf die Zukunft beziehen soll, also nach vorne gerichtet ist. Ist ein solcher Spagat überhaupt realisierbar? Besteht nicht die Gefahr einer irrtümlich falschen, sachlich nicht gerechtfertigten Unterbringung in der Psychiatrie, wenn schon bei dem ersten Schritt, der Klärung der Schuldfähigkeit, Fehler gemacht wurden, so wie das in dem bekannten Fall von Gustl Mollath offenbar geschehen ist?

Wichtig ist, dass all diese Fragen – Schuldfähigkeit versus Schuldunfähigkeit, volle oder verminderte Schuldfähigkeit, Unterbringung im psychiatrischen Maßregelvollzug usw. – letztlich von einem Strafgericht zu entscheiden sind. Ein Sachverständiger soll zwar durch seine spezielle Sachkenntnis dem Gericht eine Entscheidungshilfe anbieten, das ist schließlich der Sinn eines Gutachtenauftrags, er soll aber dem Gericht nicht vorschreiben, was es tun soll. Immer wieder stoße ich jedoch in Strafakten auf Gutachten, in denen ein Sachverständiger ultimativ geschrieben hat, der Angeklagte sei »aus psychiatrischer Sicht schuldunfähig« oder sei gemäß § 63 StGB »in einem psychiatrischen Krankenhaus unterzubringen«. Vollends grotesk wird es, wenn solche apodiktisch vorgetragenen Feststellungen eines Gutachters ohne weitere Begründung oder Kommentierung in das anschließende Urteil aufgenommen werden. Dann werden gerichtliche Sachverständige tatsächlich zu heimlichen Richtern, die den eigentlichen Richtern vorgeben, was diese tun sollen.

Zweifellos haben die Feststellungen eines psychiatrischen oder psychologischen Sachverständigen zur Frage der Schuldfähigkeit eines Angeklagten in der Regel eine große Bedeutung für die Urteilsfindung. Deren unkommentierte Übernahme in das Urteil mag auch für das Gericht bequem sein, weil es sich dann nicht mehr die Mühe machen muss, eine eigene Einschätzung vorzunehmen; sie ist jedoch genauso verfehlt, wie es die Nichtbeachtung wäre. Aus meiner Sicht zeigt sich hier eine doppelte Problematik. Einerseits kann es für Sachverständige durchaus reizvoll sein, aus der bloßen Gehilfenrolle herauszutreten und zur eigentlich bestimmenden Figur eines Strafprozesses zu werden. Das verleiht Autorität und Einfluss. Andererseits könnten aber auch Richter geneigt sein, die Entscheidung über solch schwierige Fragen vollständig an Sachverständige zu delegieren.

In einer solchen »unheiligen Allianz« zwischen Psychiatrie/ Psychologie und Justiz sehe ich eine große Gefahr für einen fairen Prozess und sachgerechte Entscheidungen. Schließlich sind die Konsequenzen der Schuldfähigkeitsbeurteilung für die Betroffenen in der Regel erheblich: Verurteilung oder Freispruch, Gefängnis oder Psychiatrie. Schon deshalb wäre es wünschenswert, wenn Gericht und Sachverständige sich strikt an ihre gesetzlich vorgeschriebenen Aufgaben und Zuständigkeiten halten würden, anstatt die Verantwortung von der einen auf die andere Seite zu schieben.

Besonders bedenklich ist dabei aus meiner Sicht, dass zur Begutachtung von Schuldfähigkeit (§§ 20, 21 StGB) und Unterbringung im Maßregelvollzug (§§ 63, 64 StGB) in der Regel lediglich ein einziger Sachverständiger vom Gericht beauftragt wird. Von dessen Votum kann es dann unter Umständen abhängen, ob ein Angeklagter den Rest seines Lebens als Patient einer forensisch-psychiatrischen Klinik verbringen muss oder als »normaler« Strafgefangener spätestens nach Verbüßung der verhängten (zeitigen) Freiheitsstrafe sozusagen automatisch wieder entlassen wird.[6] Hier ist der Gesetzgeber gefragt. Es ist nicht einzusehen, weshalb bei der Gewährung von Lockerungen im Strafvollzug mitunter grundsätzlich zwei Sachverständigengutachten verlangt werden[7], während für die Beurteilung der Gefährlichkeit im Rahmen eines Strafprozesses ein einziges Gutachten ausreichend sein soll.

Freilich ist auch das hier angesprochene Vier-Augen-Prinzip kein Garant für fehlerfreie Entscheidungen, wenngleich damit zumindest der Einfluss einzelner Gutachter deutlich reduziert werden könnte. Die Gerichte hätten dann nämlich einen größeren Spielraum für die zu treffenden Entscheidungen, müssten sich aber unter Umständen auch mehr Mühe machen, sich mit den jeweils zu treffenden Feststellungen genauer zu befassen.

An dieser Stelle kann nicht unerwähnt bleiben, dass die Frage der Sicherheit und Eindeutigkeit psychiatrischer Diagnosen seit Jahrzehnten kontrovers diskutiert wird, nicht nur in Deutschland, sondern weltweit. So kamen im Prozess gegen den norwegischen Massenmörder Anders Breivik, der im Juli 2011 insgesamt 77 Menschen getötet hat, zwei psychiatrische Gutachten zu in wesentlichen Punkten unterschiedlichen Ergebnissen. Während im ersten Gutachten eine paranoide Schizophrenie festgestellt wurde, mit der Folge, dass Breivik für seine Taten strafrechtlich nicht verantwortlich wäre, kamen die Sachverständigen des zweiten Gutachtens zu dem Schluss, Breivik leide »lediglich« an einer narzisstischen und antisozialen Persönlichkeitsstörung, Symptome einer Psychose gebe es aber nicht. Und dies erfordere keine Unterbringung in der forensischen Psychiatrie. In der

211

mündlichen Hauptverhandlung sagten noch weitere Mediziner und Psychologen als (sachverständige) Zeugen aus. Auch dabei ergab sich kein einheitliches Bild, obwohl die Mehrzahl der Experten eine schwere Beeinträchtigung der Zurechnungsfähigkeit von Breivik verneinte. Diese Einschätzung übernahm später auch das Gericht, das in seinem einstimmig gefassten Urteil vom 24. August 2012 Breivik zu 21 Jahren Freiheitsstrafe mit anschließender Sicherungsverwahrung verurteilte.

Zugegeben, bei den Taten von Breivik handelte es sich um ungewöhnlich brutale, extrem seltene terroristische Akte eines Einzeltäters, für die auch ein Sachverständiger mit langjähriger Berufserfahrung wohl kaum auf vergleichbare Fälle zurückgreifen kann. Wo aber Vergleiche fehlen, ist es schwer zu sagen, ob ein Täter wie Breivik ernsthaft psychisch krank oder einfach nur »böse« ist (mad or bad). Doch selbst vor diesem Hintergrund ist es erstaunlich, wie kontrovers der Streit um die zutreffende diagnostische Einschätzung von Breivik geführt wurde. An sich, so möchte man meinen, sollten doch psychiatrisch-psychologische Sachverständige hinreichend sicher in der Lage sein, Art und Schwere einer psychischen Störung zu beurteilen – oder etwa nicht?

In diesem Zusammenhang wird immer wieder auf ein Experiment von David Rosenhan verwiesen, dessen Methode und Aussagekraft zwar umstritten ist, das aber doch, auch 40 Jahre nach seiner Veröffentlichung, nachdenklich stimmt.

Gesund an kranken Orten

Rosenhan, ein amerikanischer Psychologe und Jurist, wollte herausfinden, wie zuverlässig Psychiater zwischen psychisch gesunden und psychisch kranken Personen unterscheiden können.[8] Dazu gingen er und sieben weitere Freiwillige in die Ambulanzen verschiedener psychiatrischer Kliniken und sagten, dass sie eine Stimme hören würden[9]. Auf die Frage, was die Stimme sagt, antworteten diese Pseudopatienten vereinbarungsgemäß, dass die Stimme oft unklar sei, aber Wörter wie »leer«, »hohl« und »dumpf« sage. Alle übrigen Angaben, die sie machten, zu ihrer Person, zu Familie und Lebensgeschichte – außer einem falschen Namen, Beruf und Arbeitgeber – entsprachen der Wahrheit. Nach der eventuellen Aufnahme in eine Klinik sollten sie nicht mehr behaupten, Stimmen zu hören, und sich auch sonst völlig normal verhalten. Zu ihrer eigenen Überraschung wurden alle acht Personen sofort stationär aufgenommen und erst nach durchschnittlich 19 Tagen wieder aus der Klinik entlassen. Die Aufenthaltsdauer schwankte zwischen 7 und 52 Tagen.

Manche Versuchsteilnehmer hatten geglaubt, dass man sie bald als Betrüger entlarven würde, und verhielten sich deshalb zu Beginn etwas nervös und ängstlich. Eine Sorge, die sich aber als unbegründet erwies. In Wirklichkeit wurde bei fast allen angeblichen Patienten eine Schizophrenie diagnostiziert – in einem Fall eine »manisch-depressive Psychose«[10] –, und es wurden ihnen entsprechende Medikamente verabreicht, die sie aber, so wie sie dies vorher geübt hatten, nicht einnahmen. Obwohl sie keine weiteren Symptome simulierten, wurden manche ihrer (normalen) Verhaltensweisen als Merkmale ihrer vermeintlichen psychischen Störung interpretiert. So wurden etwa Tagebuchaufzeichnungen als »pathologisches Schreibverhalten« gedeutet. Kein einziger Klinikmitarbeiter durchschaute offenbar die Täuschung; bei der Entlassung wurde stets die Diagnose einer »Spontanremission« gestellt, also eine unerwartete Besserung oder Genesung, ohne dass die ursprüngliche Diagnose als falsch oder fraglich bezeichnet worden wäre. Erstaunlicherweise äußerten aber mehrere Patienten der Kliniken den Verdacht, dass hier etwas nicht stimmen könnte: »Sie sind nicht verrückt. Sie sind Journalist oder Professor.« Oder: »Sie überprüfen die Klinik.« Was fiel diesen Patienten auf, das dem Klinikpersonal verborgen blieb?

Wie nicht anders zu erwarten, löste die Studie von Rosenhan einen Sturm der Entrüstung unter Psychiatern aus. Die Studie sei pseudowissenschaftlich und beweise nichts, hieß es. Schließlich, so wurde argumentiert, hätten sich diese Pseudopatienten eben nicht normal verhalten, sondern ein psychiatrisch auffälliges Symptom simuliert, das die Ärzte doch ernst nehmen mussten. Beispielsweise würde doch auch jeder Arzt einen Menschen, der vorher einen Becher Blut getrunken hat und dies in seiner Praxis ausgespuckt, nicht einfach nach Hause schicken.[11] Dass die Simulation von Krankheitssymptomen gelingen könne, belege außerdem keineswegs, dass die Psychiatrie nicht in der Lage sei, zwischen gesunden und kranken Personen zu unterscheiden. Eine psychiatrische Klinik fühlte sich schließlich durch Rosenhans Studie herausgefordert und bestritt nachdrücklich, dass es nicht möglich sei, Personen mit bloß simulierten Symptomen zu entlarven.

Rosenhan nahm die Herausforderung an und kündigte an, dass in den nächsten drei Monaten mehrere Pseudopatienten versuchen würden, auch in jener Klinik aufgenommen zu werden. Das Klinikpersonal wurde gebeten, bei jedem neu aufzunehmenden Patienten anhand einer zehnstufigen Skala einzuschätzen, ob es sich um einen echten, also psychisch kranken oder um einen falschen Patienten handelt. Für 41 der insgesamt 193 Neuzugänge in diesem Zeitraum wurde von mindestens einem Klinikmitarbeiter behauptet, es handle sich um einen Simulanten. In 23 Fällen wurde dieser Verdacht von einem Psychiater geäußert, in 19 Fällen von einem Psychiater und einem weiteren Mitarbeiter.

Tatsächlich aber hatte Rosenhan niemanden als Pseudopatienten in diese Klinik geschickt. Waren diese vermeintlich entdeckten Simulanten also in Wirklichkeit psychisch gesund oder hatte die Klinik lediglich zur Vermeidung falscher Krankheitsdiagnosen lieber den Fehler einer irrtümlich falschen Gesundschreibung in Kauf genommen?[12] Niemand kann das sicher feststellen. Rosenhans Schlussfolgerung war jedoch eindeutig: Eine Diagnostik, die so schnell bereit ist, sich massiven Fehleinschätzungen auszusetzen, kann nicht sehr zuverlässig sein.

Die gute Nachricht in der Folge dieses für die Psychiatrie wahrlich nicht rühmlichen Experiments von Rosenhan ist die Tatsache, dass seither die Frage der Genauigkeit und Reliabilität, also Zuverlässigkeit, psychiatrischer Diagnosen verstärkt und ernsthaft diskutiert wird. Dabei wurden offenbar gute Fortschritte gemacht. Auch Robert Spitzer, einer der heftigsten Kritiker von Rosenhan[13], setzte sich später nachhaltig für eine Präzisierung und Verbesserung der diagnostischen Kriterien in dem psychiatrischen Klassifikationssystem DSM ein, das von der American Psychiatric Association (APA) herausgegeben wird.[14] Entsprechendes gilt für das in Konkurrenz zu dem DSM stehende internationale Klassifikationssystem ICD[15] der Weltgesundheitsorganisation WHO.

Doch wie groß sind die dabei erzielten Verbesserungen in der Praxis der psychiatrischen Diagnostik wirklich? Wäre es heute wie damals möglich, dass Pseudopatienten unzutreffende Diagnosen erhalten, falsch behandelt und in Kliniken festgehalten werden? Lauren Slater, eine amerikanische Psychologin, wollte das vor rund zehn Jahren herausfinden.[16] Sie legte sich einen falschen Namen und eine teilweise geänderte Biografie zu und meldete sich ähnlich wie Rosenhans Versuchsteilnehmer in der Notaufnahme von insgesamt acht psychiatrischen Kliniken mit der falschen Behauptung, sie würde eine Stimme hören, die »plopp« sagt.

Das Ergebnis: In keinem Fall erfolgte eine stationäre Aufnahme, und auch die Diagnose Schizophrenie wurde nirgendwo gestellt. Stattdessen wurde Lauren Slater mitgeteilt, dass sie depressiv wirke und einen »Hauch von Psychose« zeige. Allerdings wurden ihr zahlreiche Antipsychotika und Antidepressiva verordnet. Auch sie wurde also fehldiagnostiziert und erhielt unnötige Medikamente, sie wurde aber nicht in eine geschlossene Abteilung eingewiesen, und sie wurde außerdem, wie sie lobend erwähnt und anders als die Scheinpatienten der Rosenhan-Studie, überall freundlich und höflich behandelt. Man hatte ihr Nachuntersuchungen empfohlen und einen 24-Stunden-Notdienst angeboten.

Geht man davon aus, dass es sich bei den Erfahrungen von Slater nicht bloß um isolierte Ereignisse, sondern um einen allgemeinen, internationalen Trend handelt, dann wird man zumindest der Allgemeinpsychiatrie ein verändertes, subtileres Vorgehen bei der Erstellung psychiatrischer Diagnosen und einen besseren Umgang mit Personen, die in der Psychiatrie von sich aus Hilfe suchen, bescheinigen dürfen. Es ist zu hoffen, dass sich ein ähnlicher Trend auch in der forensischen Psychiatrie entwickelt hat, denn hier handelt es sich um Menschen, die in der Regel nicht auf eigene Veranlassung in eine psychiatrische Klinik gehen, sondern zwangsweise eingewiesen werden. Eine Fehldiagnose könnte hier verheerende Folgen haben, unter Umständen eine dauerhafte, geschlossene Unterbringung ohne Aussicht auf Entlassung. Zwar gibt es gesetzliche Vorschriften zur Überprüfung der weiteren Unterbringung im Maßregelvollzug (§ 67e StGB), doch auch dafür werden Gutachten eingeholt, und die Wahrscheinlichkeit, dass eine einmal gestellte Fehldiagnose im Nachhinein als falsch identifiziert wird, dürfte nicht sehr hoch sein. Wer möchte schon sich selbst widersprechen oder einen anerkannten Kollegen anschwärzen? Wie schwer es sein kann, den Teufelskreis falscher Eingangsdiagnosen und nachfolgender scheinbarer Bestätigungen zu verlassen, zeigen der Fall Mollath und einige andere in letzter Zeit bekannt gewordenen Fälle sehr eindrucksvoll – und erschreckend.[17]

Hilflos gegenüber Fehldiagnosen?

Viele Menschen fragen sich daher, ob ihnen nicht eines Tages ein ähnliches Schicksal drohen könnte, dass sie also – aus welchen Gründen auch immer – in einen falschen Verdacht geraten könnten und anschließend von einem Gutachter als psychisch krank und allgemeingefährlich eingestuft würden. Endstation Psychiatrie. Ganz so einfach ist das wahrscheinlich nicht, denn es müssten schon eine ganze Reihe von unglücklichen Umständen zusammentreffen. Trotzdem sollte man diese Möglichkeit nicht einfach als absurd oder nahezu ausgeschlossen bezeichnen.

Meiner Meinung nach kommt es entscheidend darauf an, dass gleich zu Beginn eines Strafverfahrens die Weichen richtig gestellt werden. Fehler bei der Aufklärung und Analyse eines Falles und falsche Annahmen über Motive und Persönlichkeit eines Beschuldigten können sich im Sinne einer selbsterfüllenden Prophezeiung (self-fulfilling prophecy) leicht in subjektive Gewissheiten verwandeln. Deren Veränderung oder Korrektur wird umso schwerer, je länger sie als zutreffend angesehen werden und je mehr Personen davon überzeugt sind. Das gilt nicht nur für den hoffentlich äußerst seltenen Fall der gänzlichen Falschbeschuldigung eines vermeintlichen Täters, gewissermaßen der Super-GAU der Strafjustiz, sondern auch dann, wenn eine Täterschaft zwar offensichtlich vorliegt, aber zu den genaueren Umständen falsche Einschätzungen vorgenommen werden.

Fehler können dabei freilich in zweierlei Hinsicht gemacht werden: Entweder erfolgt eine irrtümlich falsche Einschätzung psychischer Störungen und damit verbunden die Annahme einer weiterhin hohen Gefährlichkeit. Dies könnte zu einer nicht angemessenen Unterbringung im psychiatrischen Maßregelvollzug führen und dramatische Folgen für das weitere Leben der betreffenden Person haben. Oder aber – auch das kommt immer wieder vor – die psychische Problematik einer Person wird im

Rahmen eines Strafverfahrens oder einer Strafvollstreckung zu oberflächlich oder zu optimistisch beurteilt. Auch dies kann zu falschen Maßnahmen und Entscheidungen und letztlich sogar zu schweren (Rückfall-)Taten führen, so wie ich das für den Fall von Franz H. in Kapitel »Täterbehandlung ist kein Allheilmittel« schon beschrieben habe.[18]

Ein anderes eindrucksvolles Beispiel für derartige Fehleinschätzungen lässt sich anhand der justiziellen Aufarbeitung der Entführung von Sascha Buzmann im Jahre 1986 zeigen. Buzmann hat seine Leidensgeschichte 2012 in einem Buch veröffentlicht, deshalb darf ich ihn hier ausnahmsweise mit vollem Namen erwähnen.[19] Ich war bei dem damaligen Gerichtsprozess zwar nicht als Gutachter tätig, sondern hatte erst vor einigen Jahren die Gelegenheit, durch die Auswertung der gesamten Strafakten dieses Falles und weiterer Unterlagen den Verlauf von Strafverfahren und Strafvollstreckung zu analysieren und nachzuzeichnen. Obwohl dieser Kriminalfall etliche Jahre zurückliegt, wäre es verfehlt, die dabei feststellbaren Fehler und Mängel als historisch und nicht wiederholbar zu betrachten.

Der Fall Adam G.

Am Abend des 10. Januar 1986 verschwand der damals neunjährige Sascha Buzmann aus Wiesbaden auf dem Heimweg von einer Rollschuhbahn. Er wurde zuletzt in einem Linienbus gesehen, kam aber nicht zu Hause an. Trotz einer groß angelegten Suchaktion gelang es in den nächsten Tagen und Wochen nicht, brauchbare Hinweise auf den Verbleib des Jungen zu finden. Bereits am 22. Februar 1986 wurde deshalb die 20-köpfige Sonderkommission der Polizei wieder aufgelöst. Man hoffte jetzt auf »Kommissar Zufall«. Dieser kam auch nach weiteren sechs Wochen der Ungewissheit.

Am Abend des 5. April 1986 sollten zwei Polizeibeamte einen Haftbefehl wegen Zechprellerei in Höhe von 39 Mark vollstrecken und fuhren deshalb zu einer ungewöhnlichen Wohnung, einem Schausteller-Wohnwagen mit angebautem Bretterverschlag am Stadtrand von Wiesbaden. Zu ihrer Überraschung fanden sie darin Sascha Buzmann, der dorthin von seinem Entführer, Adam G., im Januar verschleppt worden war und unter unvorstellbaren Bedingungen wiederholt geschlagen, sexuell missbraucht und monatelang gefangen gehalten wurde.

Adam G., ein damals 34 Jahre alter Mann, wurde sofort festgenommen, verhört und später im Rahmen des staatsanwaltlichen Ermittlungsverfahrens auch zur Frage der Schuldfähigkeit und einer möglichen Unterbringung im Maßregelvollzug psychiatrisch untersucht. Dabei zeigten sich viele Details einer mehr als ungewöhnlichen Biografie. Als einziges Kind seiner in zweiter Ehe verheirateten Eltern wuchs Adam G. in jenem Schausteller-Wohnwagen auf, in dem er auch den größten Teil seines Lebens verbrachte und der schließlich der Tatort der Gefangenschaft des kleinen Sascha war. Die isolierte Wohnlage der Familie G. brachte es mit sich, dass Adam G. von Kindheit an kaum Kontakte zu Gleichaltrigen knüpfen konnte; seine Welt waren seine Eltern, das Grundstück und ebendieser Wohnwagen. Mit seinem Vater vertrug er sich kaum; er bezeichnete ihn als »rechthaberisch« und »bärbeißig«, hatte oft Streit mit ihm und konnte mit ihm nie Probleme besprechen. Dagegen verstand er sich mit seiner Mutter wesentlich besser. Sie nahm ihn oft vor seinem Vater in Schutz und bestrafte ihn nur selten. Dennoch hatte er auch vor ihr Angst.

Adam G. besuchte keinen Kindergarten, lernte erst spät sprechen und wurde schon sehr früh ein Sonderling. Im Alter von vier Jahren musste er wegen einer Knochenentzündung sechs Monate lang in einer Kinderklinik stationär behandelt werden. Er fiel dort durch starke Kontaktstörungen und aggressive Verhaltensweisen auf. Diese Auffälligkeiten setzten sich während der Schulzeit fort. Er galt auch im Unterricht bald als Außenseiter, wurde oft gehänselt und hatte kaum Freunde, schon gar nicht für längere Zeit. Seine schulischen Leistungen verschlechterten sich von Jahr zu Jahr, sodass er die vierte Klasse wiederholen musste. Nach neun Jahren verließ er die Schule, ohne einen Hauptschulabschluss erreicht zu haben. Auf Wunsch seines Vaters begann er danach eine Bäckerlehre, die er aber nach einem Dreivierteljahr wieder abbrach, weil ihm die Arbeit – »die schweren Säcke«… »das frühe Aufstehen«… »die heiße Backstube« – zu mühsam wurde.

Danach scheiterten kurz hintereinander mehrere Versuche, eine Lehre als Koch, als Konditor oder als Gärtner zu absolvieren. Adam G. erwies sich für vieles als zu ungeschickt und musste die Ausbildungen meist schon nach wenigen Wochen wieder beenden. Auch bei Hilfsarbeiten konnte er nicht recht Fuß fassen, sein Verhalten wurde zunehmend sonderbarer und auffälliger. Gegenüber seinem Vater verhielt er sich jetzt auch offen aggressiv. Er drohte sogar, ihn mit einem Beil zu erschlagen, und äußerte umgekehrt die Sorge, im Schlaf von ihm vergiftet zu werden. Im Alter von 16 Jahren wurde er wegen seines auffälligen Verhaltens auf Wunsch seiner Eltern einen Monat lang in einer Nervenklinik stationär behandelt. Die Abschlussdiagnose lautete: Pfropfschizophrenie[20] bei Debilität – eine krasse Fehleinschätzung, wie sich später zeigen sollte. Aufgrund dieser Diagnose besuchte Adam G. vier Jahre lang eine »Beschützende Werkstatt für geistig behinderte Jugendliche«. Dort klebte er tagsüber Pappkartons zusammen; er wohnte in dieser Zeit weiterhin bei seinen Eltern.

Mit 20 Jahren unternahm er den Versuch, sich auf eigene Füße zu stellen. Er trat eine Stelle als Lagerarbeiter an und mietete sich ein eigenes Appartement. Allerdings fand er weder an seiner Arbeitsstelle noch in der Freizeit nennenswerte soziale Kontakte und blieb abends fast immer zu Hause. Wegen häufigen Fehlens und schlechter Arbeitsleistungen verlor er auch diese Beschäftigung nach gut einem Jahr und zog zu seinen Eltern zurück. Ab und zu bemühte er sich um neue Arbeitsmöglichkeiten, blieb aber kaum mehr als ein paar Wochen dort. Gelegentlich fragte er auch beim Arbeitsamt nach, fand aber – ohne Ausbildung und Führerschein – nichts. Stattdessen beschäftigte er sich im Garten seiner Eltern und lebte von der Pension seines Vaters.

Zwischenzeitlich hatte er sich wegen Schwindelanfällen und innerer Unruhe erneut für drei Wochen in die ihm bereits bekannte Nervenklinik begeben. Man nahm dort Abstand von der früher gestellten Diagnose einer Pfropfschizophrenie und hielt nun seine Kontaktunfähigkeit für das eigentliche Problem. Aufgrund seiner dauernden Arbeitslosigkeit wuchsen die Spannungen zwischen ihm und seinem Vater. Im Alter von 25 Jahren schlug G. seinen Vater ohne erkennbaren Anlass (»Kurzschluss«) mit einem Holzprügel bewusstlos, knebelte und fesselte ihn, sodass sich dieser erst nach über 12 Stunden befreien konnte. Durch Beschluss des Amtsgerichts Wiesbaden wurde G. daraufhin für zwei Monate in der geschlossenen Abteilung eines psychiatrischen Krankenhauses untergebracht. Ein IQ-Test ergab eine durchschnittliche Intelligenz. G. erklärte, dass er unter seinen Kontaktproblemen leide und diese Schwierigkeiten gerne gelöst haben möchte. Die vorläufige psychiatrische Diagnose lautete: abgeklungener Erregungszustand im Verlauf einer hebephrenen Schizophrenie. Nach Ablauf der gerichtlichen Unterbringungsfrist blieb G. auf Anraten der behandelnden Ärzte noch über ein Jahr in der Klinik. Die endgültige Diagnose lautete nun: abnorme Persönlichkeitsentwicklung, schubweise Schizophrenie, Kontaktarmut und mangelnde Ausdauer.

Nach der Entlassung aus der Klinik, Adam G. war inzwischen 26 Jahre alt, kam er in ein Rehabilitationszentrum für psychisch Kranke, eine Art Behindertenwerkstatt mit Wohnheim. Er teilte sich dort ein Zimmer mit einem anderen Patienten, erhielt ein kleines Taschengeld und hatte tagsüber Computerteile einzupacken. Diese Arbeit erschien ihm auf die Dauer jedoch zu stumpfsinnig, und er verließ darum die Einrichtung bereits nach einem halben Jahr. Er suchte sich eine Stelle in einem Industrieunternehmen und mietete sich ein kleines Zimmer. Wegen Krankfeierns wurde er aber bereits nach zwei Monaten wieder entlassen. Mit 27 Jahren kehrte er schließlich erneut zu seinen Eltern zurück. Dort arbeitete er ab und zu ein wenig im Garten, bekam dafür von seinem Vater etwas Taschengeld, manchmal wurden ihm vom Arbeitsamt auch Gelegenheitsarbeiten vermittelt. Von dem Lohn gönnte er sich bisweilen einen Gaststättenbesuch, bei dem er auch mit anderen Gästen ins Gespräch kam. Längere Bekanntschaften oder gar Freundschaften entstanden daraus jedoch nicht.

Seine Mutter war inzwischen ernsthaft erkrankt, musste gelegentlich ins Krankenhaus und konnte sich um die Wohnung nicht mehr richtig kümmern. Da auch Vater und Sohn G. mit der Haushaltsführung nicht zurechtkamen, verwahrlosten Wohnwagen und Grundstück zusehends. Wegen wiederholten Schwarzfahrens[21] war Adam G. dreimal zu Geldstrafen verurteilt worden, die er aber nicht bezahlte, nicht bezahlen konnte, sodass er 1983 eine vierteljährige Ersatzfreiheitsstrafe antreten musste. In dieser Zeit starb seine Mutter, ohne dass er die Gelegenheit gehabt, ja nicht einmal darum ersucht hatte, zu ihrer Beerdigung gehen zu können. Nach der Haftentlassung lebte er alleine mit seinem Vater in besagtem Wohnwagen, nach wie vor ohne Beschäftigung und ohne weitere soziale Kontakte.

Zu Beginn des Jahres 1985 wurde sein Vater in ein Altersheim aufgenommen, wo es ihm zunehmend schlechter ging, bis er im Oktober verstarb. Adam G. lebte von nun an vereinsamt und zurückgezogen auf dem Grundstück. Den Wohnwagen verließ er nur noch selten, zum Beispiel wenn er zum Einkaufen ging oder wegen finanzieller Hilfen das Sozialamt aufsuchen musste.

Will man die Biografie von Adam G. kurz zusammenfassen, dann stellt sie sich als die Geschichte eines Einzelgängers dar, eines kontaktarmen Außenseiters, der bis zu seinem 34. Lebensjahr so gut wie ausschließlich bei seinen Eltern in äußerst bescheidenen und zunehmend schwierigeren Verhältnissen lebte, der nie gute Freunde oder Kumpels hatte, der weder in der Schule noch im Berufsleben noch in seiner Freizeit Fuß fassen konnte in Cliquen oder in Bekanntenkreisen und der natürlich auch nie eine partnerschaftliche Beziehung oder gar eine Freundin hatte. Seine sexuellen Erfahrungen beschränkten sich auf gelegentliche Masturbationen und einen einmaligen Besuch in einem Bordell, der ihm aber, wie er sagte, kein Vergnügen bereitet hatte. Da er vorher noch nie eine Frau nackt gesehen hatte, gab er der Prostituierten die dafür extra verlangten 100 Mark. Im Dämmerlicht konnte er aber nicht viel erkennen und ärgerte sich über dieses frustrierende Erlebnis. Verabredungen mit Frauen habe er aber nie gehabt, berichtete er dem psychiatrischen Gutachter.

Dieser schrieb ein recht ausführliches Gutachten von fast 80 Seiten und sah die Voraussetzungen für die Annahme einer verminderten Schuldfähigkeit als gegeben an. Zu der Wahrscheinlichkeit zukünftiger Straftaten schrieb er relativ vorsichtig, dass »auch in Zukunft aufgrund der bestehenden Persönlichkeitsstörung mit sozialen Konflikten früherer Art gerechnet werden« müsse. Die Prognose hinsichtlich zukünftiger Sexualstraftaten sei »zweifelhaft, eher ungünstig«. Deutlicher wurde die Staatsanwaltschaft in ihrer Anklageschrift. Dort hieß es, dass die Prognose für zukünftige Straftaten »als besonders ungünstig angesehen werden« müsse und dass daher zur Sicherung der Allgemeinheit »neben der Strafe die Einweisung in ein psychiatrisches Krankenhaus gemäß § 63 StGB unumgänglich« sei.

Unter großer Beachtung der Medien fand im November 1986 die Hauptverhandlung vor dem Wiesbadener Landgericht statt. Das Urteil lautete: sieben Jahre Freiheitsstrafe wegen Kindesentziehung und sexuellen Missbrauchs. Das Gericht ordnete aber keine Unterbringung in einem psychiatrischen Krankenhaus an. Auch der Staatsanwalt hatte in seinem Plädoyer – anders als noch in der Anklageschrift – diese Forderung nicht gestellt, weil sich eine Klinikeinweisung »wegen des unauffälligen Vorlebens des Mannes und wegen seiner sexuellen Antriebslosigkeit« nicht rechtfertigen lasse. Das Gericht schloss sich dieser sonderbaren, schwer nachvollziehbaren Einschätzung an. Zwar sei, so schrieben die Richter, »bei dem Angeklagten auch in Zukunft mit sozialen Konflikten zu rechnen, ... die allerdings weder in einem psychiatrischen Krankenhaus noch in der Haftanstalt letztendlich zu lösen seien ... Eine Unterbringung würde bei der labilen Struktur des Angeklagten nichts verändern.«

Allerdings wurde dieses Urteil nicht rechtskräftig; eine erfolgreiche Revision beim Bundesgerichtshof führte zur erneuten Verhandlung des Falles vor einer anderen Strafkammer des Landgerichts. Diese Kammer kam im Januar 1988 aber zu dem gleichen Ergebnis wie ihre Kollegen 14 Monate vorher: sieben Jahre Freiheitsstrafe, keine Unterbringung in einem psychiatrischen Krankenhaus. Zur Begründung hieß es jetzt noch deutlicher: »Weder ist es ... wahrscheinlich, dass der Angeklagte in Zukunft vergleichbare rechtswidrige Taten begehen wird, noch hätte eine Therapie Erfolgsaussichten, da der Angeklagte nicht mitarbeiten würde.« Eine fatale Fehleinschätzung, zumindest was den ersten Teil der Aussage anbelangt.

Adam G. verbüßte danach seine siebenjährige Haftstrafe vollständig. Ein Antrag auf vorzeitige Entlassung wurde abgelehnt, da G. keinerlei Fortschritte erkennen ließ und Behandlungsangebote des Vollzuges stets abgelehnt hatte. Aus diesem Grund wurden ihm auch keine Vollzugslockerungen gewährt, weil eine beanstandungsfreie Bewältigung von Lockerungen nicht ersichtlich war.

Bei einer gerichtlichen Anhörung kurz vor dem Entlassungstermin erklärte G., dass er die Absicht habe, in den Raum Frankfurt überzusiedeln. Allerdings hatte er dort keine Wohnung und wollte deshalb zunächst in einem Obdachlosenheim unterkommen. Wegen der nach wie vor ungünstigen, ja eher verschlechterten Prognose trat mit der Entlassung eine sogenannte Führungsaufsicht gemäß § 68 f StGB ein. Konkret bedeutete dies für G., dass er unter die Leitung und Aufsicht eines Bewährungshelfers aus Frankfurt gestellt und zudem angewiesen wurde, Frankfurt nicht ohne die Erlaubnis der Aufsichtsstelle zu verlassen. Es kam freilich alles ganz anders.

Am 1. September 1993 um 9 Uhr 10, der Vollzug ist bei solchen Angaben sehr penibel, wurde Adam G. aus dem hessischen Strafvollzug entlassen. Er hatte seine Strafe bis auf den letzten Tag abgesessen und kehrte ohne vorherige Lockerungsmaßnahmen, ohne festen Wohnsitz, ohne Arbeitsstelle, ohne Bezugsperson in die Freiheit zurück. Zuerst lebte er in verschiedenen Hotels in Frankfurt – immerhin hatte er neben dem Entlassungsgeld offenbar auch etwas Geld aus der Erbschaft seiner Eltern erhalten – und meldete sich am 16. September 1993 bei seinem zuständigen Bewährungshelfer. Dieser riet ihm, sich um eine Unterkunft zu bemühen, und nannte ihm eine entsprechende Hilfseinrichtung. Danach sollte er wieder zu ihm kommen, was G. jedoch nicht tat. Den Akten konnte ich keine Hinweise entnehmen, dass es in den darauffolgenden Wochen irgendwelche Aktivitäten gegeben hätte, nach ihm zu suchen.

Erst später stellte sich heraus, dass er sich zunächst noch einige Zeit in Hotels aufgehalten hatte, danach aber, irgendwann im November 1993, wieder an den Ort zurückkehrte, der für ihn, so paradox es klingen mag, seine alte und einzige Heimat war. Da der frühere Wohnwagen aber bereits im Mai 1986 von Unbekannten in Brand gesetzt und anschließend völlig beseitigt worden war, hatte er dort keine Unterkunft mehr. Auf dem Gelände befand sich lediglich ein betonierter, zwei Meter tiefer

Brunnenschacht von etwa einem Quadratmeter Grundfläche. Abgedeckt mit Holzplatten, diente dieser Schacht G. in der Folgezeit als Schlafplatz. Tagsüber hielt er sich in Bahnhofshallen und anderen Orten auf, wo er sich aufwärmen konnte, denn es war inzwischen Winter geworden.

Anfang Januar 1994 sah er am Mainzer Hauptbahnhof einen blonden Jungen in einen Bus einsteigen. G. spürte, dass ihn dieser Anblick sexuell erregte, und wollte ebenfalls in den Bus steigen, doch der Busfahrer schloss die Türen und fuhr weg. Am 16. Januar 1994, fast auf den Tag genau acht Jahre nach der Entführung von Sascha Buzmann, sah G. auf dem Bahnhofsplatz in Mainz einen 13-jährigen Jungen. Er folgte ihm, als dieser in einen Bus eingestiegen war, und stieg später mit ihm aus. An einer schlecht beleuchteten Stelle in der Nähe der Haltestelle packte er den Jungen mit den Händen und zog ihn in ein nahe gelegenes Feld. Er drohte ihm damit, dass er einen Dolch bei sich habe, und zwang ihn zu einem mehrstündigen Fußmarsch bis zu dem Brunnenschacht in Wiesbaden.

Die nächsten Tage verbrachten G. und sein zweites Opfer fast ständig unter unvorstellbaren äußeren Bedingungen in diesem Schacht, den der Junge zumindest tagsüber, selbst zur Verrichtung der Notdurft, nicht verlassen durfte. Trotz der Enge dieser Behausung missbrauchte er den Jungen mehrfach sexuell. Als Nahrung dienten ihm Abfälle aus dem Futterhaus eines in der Nähe befindlichen Tiergeheges. Als sie dabei von zwei Männern gesehen wurden, floh G. mit dem Jungen in ein Gartenhäuschen. Die Eigentümerin dieses Häuschens bemerkte jedoch die ungebetenen Gäste am 26. Januar, und G. floh daraufhin mit dem Jungen erneut – über die Eisenbahnbrücke nach Mainz. Dort ließ er den Jungen schließlich laufen, G. selbst wurde kurze Zeit später festgenommen.

Da die neuerliche Entführung in Mainz begonnen hatte, war diesmal die Mainzer Justiz zuständig. Bereits im Mai 1994 kam es zur Hauptverhandlung vor dem Landgericht Mainz, und erneut wurde ein Psychiater damit beauftragt, zur Frage von Schuldfähigkeit und möglicher Unterbringung im Maßregelvollzug Stellung zu nehmen. Dieser Gutachter distanzierte sich sehr deutlich von den früheren Diagnosen einer angeblichen Schizophrenie und stellte die Kontaktarmut und Bindungsproblematik von G. als Ergebnis einer Kindheitsentwicklung dar, die ihm kaum fördernde Anregungen und keinerlei Kontakt zu Gleichaltrigen geboten hatte. Durch die offensichtlich massiv gestörte Persönlichkeit von G. bezeichnete auch dieser Gutachter die Voraussetzungen für die Annahme einer verminderten Schuldfähigkeit als gegeben. Hinsichtlich der Prognose äußerte er sich aber deutlich pessimistischer als sein Kollege im ersten Strafverfahren von 1986. Die Tat und die gravierende Persönlichkeitsstörung von G., so schrieb er, begründen »die zukünftige Erwartung erheblicher Taten«.

Das Urteil lautete diesmal auf acht Jahre Freiheitsstrafe wegen sexuellen Kindesmissbrauchs und Kindesentziehung, allerdings wurde nun auch die Unterbringung in einem psychiatrischen Krankenhaus angeordnet. Die Mainzer Richter begründeten dies wie folgt:

»Der Angeklagte ist aufgrund seiner Persönlichkeitsstruktur für die Allgemeinheit gefährlich, denn es ist mit an Sicherheit grenzender Wahrscheinlichkeit zu erwarten, dass sich gleichartige Delikte wiederholen werden. Nur dann, wenn der Angeklagte während seines Aufenthaltes in einer geeigneten Einrichtung derart therapeutisch betreut wird, dass er lernt, menschenwürdig zu leben und sozialadäquat mit anderen Menschen umzugehen, kann vielleicht einmal verantwortet werden, ihn wieder in die Freiheit zu entlassen.«

Adam G. befindet sich auch heute noch in einer »Forensik«, also in einer geschlossenen psychiatrischen Einrichtung. Eine Entlassung ist derzeit nicht abzusehen, weil G. sich einer Therapie im eigentlichen Sinne weitgehend entzieht und die Prognose deshalb weiterhin ungünstig ist.

Von den vielen offenen Punkten, die dieser Fall aufwirft, erscheint mir an dieser Stelle vor allem die Frage wichtig, warum bei der ersten Verhandlung die Persönlichkeit von Adam G. und die daraus und aus seiner Tat ableitbare Rückfallgefahr so falsch eingeschätzt wurden. Wieso war es angesichts der offenbar von Geburt an extrem isolierten Lebensumstände von Adam G., seiner vielfach festgestellten, wenn auch teilweise falsch, nämlich als Anzeichen von Schizophrenie, beurteilten, Verhaltensauffälligkeiten, seiner wiederholten Klinikaufenthalte und seiner häufigen Misserfolge in Schule und Beruf, einer offensichtlich schwer gestörten Beziehung zu seinem Vater und vor allem seiner ausgeprägten Kontaktarmut möglich, von einem »unauffälligen Vorleben« des Angeklagten zu sprechen? Schon ein Laie hätte doch erkennen müssen, dass eine solche Einschätzung zwar, bezogen auf frühere Verurteilungen wegen Kindesmissbrauchs, zutreffend, ansonsten aber völlig unangemessen, nahezu absurd war.

Warum wurde die in dem Gutachten des ersten Sachverständigen zumindest angedeutete und in der Anklageschrift sogar als »unumgänglich« bezeichnete Unterbringung im Maßregelvollzug schließlich doch nicht angeordnet? Die Begründung, dass eine solche Unterbringung »bei der labilen Struktur des Angeklagten nichts verändern« würde, zeigt zwar, dass das Gericht verstanden hatte, dass es sich bei Adam G. um eine schwer einschätzbare und auch mit therapeutischen Maßnahmen kaum erreichbare Persönlichkeit handelt, doch immerhin hätte ein solcher Klinikaufenthalt kein von vorneherein definiertes Ende gehabt. Eine automatische Entlassung, so wie sie dann nach sieben Jahren Gefängnis erfolgte, wäre jedenfalls ausgeschlossen gewesen. Damit hätte man mit hoher Wahrscheinlichkeit auch verhindern können, dass acht Jahre nach Sascha Buzmann auch noch ein zweites Kind von Adam G. entführt und gequält wurde.

Um solche Fehler zu vermeiden, kommt es nach meiner Ansicht vor allem darauf an, dass Sachverständige in Strafprozessen nicht nur gründlich die Akten studieren und ausführliche Gespräche mit einem Angeklagten führen – dies alles war hier bereits bei der ersten Verhandlung offensichtlich gegeben. Entscheidend ist vielmehr, dass Gutachter ihre Erkenntnisse umfassend und nicht zu zaghaft vortragen, ohne jedoch – das wäre ein Fehler in umgekehrter Richtung – die endgültige Entscheidung des Gerichts vorwegnehmen zu wollen.

Das Beispiel zeigt auch, wie wichtig es ist, dass alle Prozessbeteiligten ihre jeweiligen Aufgaben gründlich erfüllen. Staatsanwaltschaft, Gericht und Sachverständige sollten dabei im Rahmen ihrer Zuständigkeiten den Gerichtssaal als Ort des gemeinsamen Bemühens um faire und gerechte Entscheidungen nutzen; das Verschieben von Verantwortung, die Demonstration von Dominanz und Besserwisserei, aber auch das zu vorsichtige Vorbringen von Fakten und Erkenntnissen sind dabei kontraproduktiv. Wünschenswert wäre außerdem eine Strafverteidigung, die nicht bloß kurzfristig argumentiert und lediglich ein möglichst mildes Urteil für den jeweiligen Mandanten erreichen möchte, sondern auch das Ziel verfolgt, zu stabilen, langfristig wirksamen Lösungen beizutragen.

Wege und Irrwege

Mein Weg zur Rechtspsychologie

Angesichts der vielfältigen Schwierigkeiten, die eine Tätigkeit als Gerichtsgutachter mit sich bringen kann, fragen Sie sich vielleicht, welche Voraussetzungen man erfüllen muss, um von einem Gericht als Sachverständiger beauftragt zu werden und wie man überhaupt auf die Idee kommen kann, sich ausgerechnet auf diesen Teilbereich der Psychologie zu spezialisieren. Das ist gar nicht so leicht zu beantworten, denn ich selbst bin am Anfang eher zufällig auf das Thema Kriminalpsychologie gestoßen und habe mich dann Schritt für Schritt eingearbeitet. Ein Weg, der heute so nicht mehr möglich und auch nicht mehr nötig wäre, denn inzwischen gibt es sorgfältig ausgearbeitete Programme und Studiengänge. Am besten schildere ich das der Reihe nach.

Als Student war ich mir ziemlich sicher, auf welchem Gebiet der Psychologie ich später einmal arbeiten möchte. Ich wollte nicht wie viele meiner Studienkollegen Therapeut oder psychologischer Berater werden, und ich wollte auch nicht in einer Klinik oder in einer Behörde arbeiten, nein, ich wollte Wissenschaftler werden. Meine Diplomarbeit war eine experimentelle Studie über das sprachliche Kurzzeitgedächtnis von Schülern – ich selbst hatte immer schon Mühe gehabt, mir Namen zu merken –, und genau auf diesem Gebiet, der sogenannten Allgemeinen Psychologie, die sich mit Wahrnehmung, Lernen, Gedächtnis und anderen psychischen Grundfunktionen befasst, wollte ich später weiterarbeiten. Zwar hatte ich bei meiner Diplomprüfung auch ein Gutachten über einen 16-jährigen Schulabgänger, der aus einem schwierigen Milieu stammte und in einem Heim lebte, zu schreiben – ich sollte mich zu dessen Entwicklungschancen äußern –, doch dieses Thema war mir damals fremd, und entsprechend schwach fiel auch meine Klausurnote aus. Das ärgerte mich zwar ein wenig, aber ich sah in solchen Fragestellungen ohnedies keine Zukunft für mich.

Für meinen geplanten Weg als Gedächtnispsychologe brauchte ich freilich zunächst eine Stelle als Universitätsassistent, doch leider war an den dafür infrage kommenden Lehrstühlen »meiner« Uni in Erlangen gerade keine geeignete Stelle frei. Auch der damals noch nicht sehr üppige Stellenmarkt für wissenschaftliche Mitarbeiter an anderen psychologischen Instituten bot mir zunächst keine passende Alternative; ich musste also etwas warten und improvisieren.

Professor Walter Toman, Lehrstuhlinhaber in Erlangen und mein späterer akademischer Lehrer, fragte mich eines Tages, ob ich Interesse hätte, einen Forschungsbericht über die ersten Ergebnisse einer »sozialtherapeutischen Anstalt« zu schreiben. Ich hatte zunächst keine Ahnung, was er damit meinte, und ließ mir von ihm erklären, dass es sich dabei um eine vor einiger Zeit eröffnete Justizvollzugsanstalt zur Behandlung rückfallgefährdeter Straftäter handelte, also um ein Gefängnis mit besonders geschultem Personal und einem speziellen Resozialisierungsprogramm. »Das Ganze ist ein Werkvertrag für sechs Monate, das könnte Ihr wissenschaftliches Gesellenstück werden«, so lockte er mich. Ich wusste allerdings nichts vom Strafvollzug und schon gar nichts über die Behandlung von Straftätern. Aber es klang interessant. Und es sollte ja nur sechs Monate dauern. Meine Neugier war jedenfalls geweckt. Und so ging ich bald darauf zum ersten Mal – ziemlich aufgeregt – in ein Gefängnis.

Dabei handelte es sich um ein ehemaliges Amtsgerichtsgefängnis, das nun »sozialtherapeutische Versuchs- und Erprobungsanstalt« hieß und offenbar gründlich renoviert und umgebaut worden war. Die Zellen waren tagsüber offen. Man hatte sie mit modernen Möbeln ausgestattet und mit einem Lichtschalter, den die Gefangenen selbst betätigen konnten, damals ein absolutes Novum für einen Haftraum. In dem Gefängnishof war neben einem Sportplatz ein als »Therapiebaracke« bezeichneter Containerbau errichtet worden mit Büros für Psychologen, Sozialarbeiter und Pädagogen und mit einem großen Gruppenraum. Obwohl ich nie zuvor ein Gefängnis betreten hatte, merkte ich sofort, dass hier viele Dinge anders waren als im »normalen« Strafvollzug.

Meine Aufgabe für die kommenden Monate war es, dieses neue Konzept eines behandlungsorientierten Strafvollzugs zu beschreiben und auch etwas über die mutmaßlichen Wirkungen der Sozialtherapie herauszufinden. Ich hatte zunächst keinen Plan, wie ich die Sache angehen sollte, und wollte mir erst einmal alles anschauen. Nachdem mir bei meinem Antrittsbesuch ein freundlicher Beamter das ganze Haus, die Küche, die Werkstätten und weitere Räume gezeigt und erklärt hatte, bemerkte ich, dass die Gefangenen diesen Neuling keineswegs als störend betrachteten, sondern offenbar als willkommene Abwechslung. Bei dem Rundgang waren mir bereits mehrere Männer begegnet, die wegen ihrer einheitlichen Kleidung leicht als Strafgefangene zu erkennen waren. Ich hatte jedes Mal höflich und sicher auch etwas scheu gegrüßt. Einigen von ihnen stellte ich mich schließlich vor und sagte, dass ich in den nächsten Wochen öfter im Hause sein würde, um einen Bericht über die Anstalt zu schreiben. Spontan lud mich einer der Insassen ein, ob ich nach meiner Führung durchs Haus nicht in seine Zelle kommen möchte, vielleicht kämen auch ein paar andere Kumpels dazu, die sich bestimmt freuen würden über meinen Besuch. Dort könne man gleich über alles reden.

Natürlich konnte und wollte ich dieses Angebot nicht ablehnen, doch etwas mulmig war mir dabei schon zumute. Was sollte ich denn sagen? Gab es Tabuthemen? Was sollte ich machen, wenn mir Kaffee angeboten würde? War das nicht zu gefährlich? Ich schaute den mich immer noch begleitenden Beamten mit fragenden Augen an, der nickte mir aufmunternd zu und sagte: »Das ist eine gute Gelegenheit, Herr Egg, gleich ein paar unserer Leute kennenzulernen. Und keine Sorge, bei Herrn F. sind Sie in guten Händen.« Er hatte also gemerkt, wie unsicher ich war – und der Gefangene bestimmt auch. Ganz schön peinlich. Erst später erfuhr ich, dass Herr F. wegen mehrerer Betrugstaten verurteilt worden war; Gewalt war von ihm also tatsächlich nicht zu befürchten.

So saß ich also kurze Zeit später in einem kleinen Raum, der trotz seiner wohnlichen Einrichtung unverkennbar eine Gefängniszelle war. Das Fenster war weit oben angebracht und außen mit einem schweren Eisengitter versehen, die massive Holztür hatte in der Mitte ein Guckloch und eine Klappe für das Essen. Beides wurde zwar nicht mehr benutzt, doch der Einbau anderer Türen wäre wohl zu teuer gewesen. Um mich herum saßen bald drei, dann vier und schließlich sogar fünf Männer mit muskulösen, teils tätowierten Armen, alle in der gleichen einfachen Kleidung. Es roch nach Schweiß, Bohnerwachs, selbstgedrehten Zigaretten und billigem Kaffee. Ich erklärte nochmals meinen Auftrag, das Konzept der Anstalt zu beschreiben und dass ich auch erste Ergebnisse festhalten sollte. »Dann wird es wohl am besten sein, wenn Sie mit jedem Einzelnen von uns ausführlich sprechen«, schlug einer der Männer vor. »Wir sind zwar alle Knackis, aber jeder hat doch seine eigene Geschichte.« Die anderen nickten zustimmend. So einfach hatte ich mir das nicht vorgestellt, und das war auch der Weg, den ich in der kommenden Zeit gehen sollte.

Nun hatte ich etwas Mut gefasst, und ließ mir von meinen

Gastgebern den üblichen Tagesablauf und einige Regeln des Hauses erklären. Jeder von ihnen hatte anscheinend schon vorher längere Zeit in anderen Gefängnissen verbracht und konnte deshalb Vergleiche zu dieser neuen Anstalt ziehen. Dabei merkte ich, dass die Gefangenen die Unterschiede zu einem normalen Knast zwar sehr wohlwollend kommentierten, gleichzeitig aber über verschiedene Einschränkungen klagten. Auch diese Sozialtherapie war schließlich immer noch ein Gefängnis. »Was vermissen Sie denn hier am meisten hier?«, wollte ich zum Abschluss meines Zellenbesuchs neugierig wissen. Wie aus einem Munde schallte mir spontan der Ruf »Sex!!!« entgegen. Ich schämte mich für meine dumme Frage und verabschiedete mich rasch. Erst später lernte ich jedoch, dass diese Antwort keineswegs die einhellige und ehrliche Meinung aller Insassen war, doch sie war »politisch korrekt«. Sie entsprach dem Bild, das Gefangene gerne von sich zeichnen: harte Männer, denen nur eine schöne Frau und etwas Geld fehlt und die irgendwie Pech hatten in ihrem Leben oder sich zu einer Dummheit hatten hinreißen lassen. Die Wirklichkeit war allerdings meist viel komplizierter.

In den folgenden Wochen erstellte ich mir einen Zeitplan und einen Leitfaden mit Fragestellungen für meine Interviews. Regelmäßig ging ich nun in die Anstalt und sprach dann jeweils mit einem, manchmal auch mit zwei Gefangenen pro Tag über deren Leben, deren Taten, deren Aufenthalt im Gefängnis und natürlich auch über deren Hoffnungen und Vorstellungen für die Zukunft. Während ich ursprünglich nur etwa eine Stunde für jedes Gespräch eingeplant hatte, dauerten diese meist viel länger, manchmal einen halben Tag. Die Gesprächsinhalte gingen dabei oft weit über die eigentlich vorgesehenen Themen hinaus.

Auch mit allen Bediensteten der Anstalt sollte ich damals Gespräche führen, das erwies sich allerdings als wesentlich schwieriger. Nicht wenige fühlten sich nämlich durch meine Arbeit kontrolliert, da sie nicht wussten, wie vertraulich ihre Angaben behandelt würden. Ich entschloss mich deshalb zu einer schriftlichen und anonymen Befragung der Bediensteten, doch auch dabei blieb manche Frage unbeantwortet. Immerhin hatte ich am Ende meine Aufgabe termingerecht erfüllt, mein »Auftraggeber« Professor Toman war zufrieden und die Anstalt offenbar auch.

Eigentlich hätte ich mich nun wie geplant wieder anderen beruflichen Themen zuwenden können, zumal auch die lange ersehnte Assistentenstelle endlich in greifbare Nähe gerückt war. Doch nach den sechs Monaten im Knast konnte ich nicht einfach zur Tagesordnung übergehen. Was ich gesehen, gehört, erlebt hatte, die Geschichten der Männer, ihre manchmal sehr leidvollen Kindheitserfahrungen, ihre schlimmen Taten und ihre teilweise hilflosen Erklärungen dazu, aber auch ihre Bemühungen um Wiedergutmachung und ihre Hoffnungen, es im Rahmen einer zweiten Chance besser zu machen – all dies ließ mich nicht mehr los. Ich war ein anderer geworden. Ich wollte, nein, ich musste mehr darüber erfahren.

Zunächst ergänzte ich mein Wissen über Strafrecht, Kriminologie und Strafvollzug. Ein paar Jahre später promovierte ich mit einer empirischen Vergleichsstudie über die Wirksamkeit sozialtherapeutischer Maßnahmen im Strafvollzug. Meine beiden Nebenfächer im Rigorosum, der mündlichen Doktorprüfung, waren Kriminologie und Psychopathologie. Als Assistent erhielt ich später auch Gelegenheit, an rechtspsychologischen Gutachten mitzuwirken, bis ich schließlich auch selbst als Sachverständiger von Gerichten angefragt wurde, wie ich das bereits in Kapitel »Wer sagt die Wahrheit?« geschildert habe.

Curriculum – Ausbildung nach festen Regeln

Mein eigener beruflicher Werdegang ist allerdings weder typisch noch eignet er sich als Vorbild für Personen, die sich in Zukunft ebenfalls rechtspsychologisch betätigen möchten. Zudem haben sich die Ausbildungsmöglichkeiten für Rechtspsychologie an deutschen Hochschulen in den letzten Jahren und Jahrzehnten gründlich gewandelt. Erforderlich ist freilich nach wie vor ein Psychologiestudium, das in der Vergangenheit meist mit einem Diplom abgeschlossen wurde; im Zuge des Bologna-Prozesses erfolgte in den letzten Jahren jedoch eine allgemeine Umstellung auf die konsekutiven Studiengänge mit den Abschlüssen Bachelor und Master. An manchen deutschen Hochschulen werden bereits im Bachelor-Studiengang Lehrveranstaltungen in Rechtspsychologie angeboten, eine weitere Spezialisierung kann dann im Rahmen eines Master-Studiengangs erfolgen.[1]

Daneben gibt es eine 1995 von der Föderation Deutscher Psychologenvereinigungen verabschiedete Möglichkeit der Weiterbildung zur Fachpsychologin oder zum Fachpsychologen für Rechtspsychologie. Dabei handelt es sich um ein berufsbegleitendes Programm aus Theorieseminaren und praktischen Übungen Wesentliche Leitidee für die Schaffung dieses Curriculums war, eine erweiterte und vertiefte wissenschaftliche und berufliche Qualifikation für die psychologische Tätigkeit im Rechtswesen zu erreichen. Damit soll auch gegenüber Auftraggebern und Abnehmern rechtspsychologischer Leistungen dokumentiert werden, dass in Ergänzung zu einem abgeschlossenen Psychologiestudium besondere Kenntnisse und erweiterte Kompetenzen für die psychologische Tätigkeit im Recht erworben wurden. Das Verzeichnis der auf diese Weise zertifizierten Psychologinnen und Psychologen einschließlich der entsprechenden Kontaktdaten ist öffentlich zugänglich, es umfasst derzeit (im Sommer 2015) knapp 280 Personen.[2]

Eine ähnliche Entwicklung hat es in der Vergangenheit auch in der Psychiatrie gegeben. So vergibt die Deutsche Gesellschaft für Psychiatrie und Psychotherapie, Psychosomatik und Nervenheilkunde (DGPPN) seit einigen Jahren das Zertifikat »Forensische Psychiatrie«[3]. Vorausgesetzt werden neben einer Facharztanerkennung für Psychiatrie (oder Psychiatrie und Psychotherapie) eine mindestens dreijährige Fortbildung in forensischer Psychiatrie, der Nachweis von mindestens 240 Stunden theoretischer Ausbildung in speziellen Seminaren sowie der Nachweis von mindestens 70 eigenen forensisch-psychiatrischen Gutachten, die von einem zertifizierten Psychiater supervidiert, also beurteilt sein müssen. Zudem wird eine einjährige klinische Fortbildung in einer Klinik des Maßregelvollzugs oder einer stationären Einrichtung des Justizvollzuges verlangt. Mehr als 200 Personen haben dieses Zertifikat inzwischen erworben, und auch hier ist die entsprechende Gutachterliste öffentlich zugänglich.[4]

Selbstverständlich sind Gerichte und Behörden nicht daran gebunden, ausschließlich solche Sachverständige zu beauftragen, die in derartigen Listen geführt werden, obwohl es sich dabei immerhin um Personen handelt, die eine spezifische Weiterbildung nach den Regeln des jeweiligen Berufsverbands absolviert haben. Daraus ergibt sich zwar ein beachtenswertes Angebot, eine Auswahl möglicher Gutachter, eine Verpflichtung, nur auf diese Sachverständigen zurückzugreifen, lässt sich hieraus jedoch nicht ableiten.

Umgekehrt gewährleistet der Erwerb einer Zusatzqualifikation in Rechtspsychologie oder forensischer Psychiatrie keineswegs automatisch eine hohe Qualität von Gutachten, schon gar nicht für alle möglichen Fragestellungen. Neben der Erfüllung formaler Kriterien kommt es sicher auch auf die praktischen Erfahrungen des jeweiligen Gutachters an. Wer zum Beispiel in der Vergangenheit ausschließlich aussagepsychologische Gutachten erstellt hat, der sollte nicht ohne Weiteres zu komplexen Progno-seentscheidungen herangezogen werden, obwohl beide Themengebiete im Rahmen des Rechtspsychologie-Curriculums erörtert werden. Dies schließt natürlich nicht aus, dass man sich als Gutachter schrittweise auch in neue Themengebiete einarbeitet. Man wird also bei einem neuen Auftrag selbstkritisch prüfen müssen, ob man der Fragestellung gewachsen ist oder nicht und ob man dafür gegebenenfalls sein Fachwissen erweitern muss.

Zum Sachverständigen wird bestellt ...

Eine optimale Kommunikation zwischen dem beauftragenden Gericht und einem Sachverständigen als Auftragnehmer, so wie ich das in der Regel auch erlebe, stelle ich mir so vor, dass das Gericht zunächst anfragt, ob man einen speziellen Gutachtenauftrag annehmen möchte und in welcher Zeit mit einem Abschluss der Arbeit gerechnet werden kann. Zwar besteht nach § 75 StPO eine grundsätzliche Pflicht zur Erstattung eines Gutachtens, wenn man das entsprechende Fachgebiet »öffentlich zum Erwerb ausübt« – wer also als Sachverständiger tätig ist, kann bei Aufträgen nicht beliebig Ja oder Nein sagen –, doch sind solche Voranfragen zweifellos erlaubt und in der Regel auch für beide Seiten sinnvoll.

Als Ablehnungsgründe durch den Sachverständigen kommen zwar vor allem Terminprobleme oder – seltener – die eventuelle Befangenheit infrage, wenn man beispielsweise mit einem Verurteilten oder dessen Opfer bereits anderweitig zu tun hatte oder persönlich verbunden ist. Ein Sachverständiger sollte sich aber nicht scheuen, zuzugeben, dass seine Expertise in einem konkreten Fall eventuell nicht ausreichend sein könnte. Ich weiß natürlich, dass es nicht einfach ist, seine eigene Inkompetenz einzugestehen; doch spätestens bei der Überprüfung eines Gutachtens durch einen Obergutachter könnte ein leichtfertig übernommener Gutachtenauftrag zum Bumerang werden.

Erneut zeigt sich hier eine Problematik, an deren Entstehung, aber auch an deren Bewältigung beide Seiten – Gericht und Gutachter – beteiligt sind oder beteiligt sein sollten. Gerichte leiden nicht selten unter einem hohen Termindruck und wollen einen Vorgang, einen Fall, in der Regel zügig bearbeiten. Die Einschaltung von Sachverständigen trägt gewöhnlich nicht zur Beschleunigung eines Verfahrens bei, sondern kann unerwartete Verzögerungen nach sich ziehen. Wie schön, wenn es dann Gutachter gibt, die man seit Jahren kennt und auf deren Termintreue man sich verlassen kann! Warum also sollte man sich die Mühe machen, nach neuen, unbekannten Gutachtern zu suchen? Dieses Prinzip, dass es gewissermaßen »Hausgutachter« gibt, ist im Grundsatz nicht zu beanstanden, ja verständlich, zumindest dann, wenn es sachgerecht angewandt wird. Ist freilich ein Fall zu bearbeiten, bei dem außergewöhnliche Umstände vorliegen, die für die Beantwortung etwa der Frage der Schuldfähigkeit bedeutsam sein könnten, wäre ein Gericht dennoch gut beraten, sich nicht einfach auf den vertrauten »Hausgutachter« zu verlassen. Es sollte zumindest ergänzend nach Sachverständigen mit speziellen Fachkenntnissen zu suchen. Umgekehrt sollte ein Gutachter aber auch den Mut haben, die Einbeziehung spezialisierter Fachkollegen anzuregen oder gar den gesamten Auftrag zurückzuweisen.

An dieser Stelle möchte ich auch kurz auf die mir immer wieder gestellte Frage eingehen, ob man als Betroffener einen Gutachter ablehnen und einen anderen wählen kann. Die Antwort ist eindeutig: In einem Strafverfahren obliegt die Auswahl eines Sachverständigen ausschließlich dem Richter (§ 73 Abs. 1 StPO). Dieser kann sich dabei freilich an den Vorschlägen von Staatsanwaltschaft und Verteidigung orientieren, was auch oft geschieht. Für die Ablehnung eines Sachverständigen gilt nach

§ 74 StPO, dass dies »aus denselben Gründen, die zur Ablehnung eines Richters berechtigen« erfolgen kann. Gemeint ist dabei vor allem die in § 24 StPO geregelte Ablehnung »wegen Besorgnis der Befangenheit«. Liegt also ein Grund vor, der geeignet
ist, Misstrauen gegen die Unparteilichkeit eines Sachverständigen zu rechtfertigen, so kann eine solche Ablehnung im Prozess
beantragt werden. Die letzte Entscheidung darüber obliegt freilich wieder dem Gericht. Ebenso ist es möglich, einen »eigenen«
Sachverständigen zu laden oder einen Beweisantrag zur Anhörung eines anderen oder eines weiteren Sachverständigen zu
stellen (§§ 219, 220 StPO). Doch auch hier entscheidet am Ende
das Gericht. Unter Umständen wird man als Betroffener also einen Gutachter akzeptieren müssen, mit dem man – aus welchen
Gründen auch immer – nicht einverstanden ist.

Freilich ist niemand verpflichtet, mit einem Gutachter zu ko-
operieren. Ich habe eine derartige Verweigerung, wenn auch
selten, schon einige Male erlebt. Für mich stellt sich in einem
solchen Fall die Frage, wie ich damit umgehen soll. Ist man als
Gutachter beauftragt, muss man – wie oben erwähnt – dieser
Pflicht nachkommen. Andererseits entspricht ein Gutachten
nach Aktenlage aber nicht den Grundsätzen einer ordnungs-
gemäßen psychologischen Diagnostik. Dazu gehört immer ein
ausführliches psychologisches Gespräch, eine Exploration, mit
der zu beurteilenden Person. Was also soll man tun? In der Vergangenheit habe ich dann zwar eine »psychologische Stellungnahme« zu der jeweiligen Fragestellung des Gerichts erstellt,
habe dabei aber deutlich darauf hingewiesen, dass wegen der
Unmöglichkeit einer eigenen Exploration die Aussagekraft des
Gutachtens und die Qualität meiner Antworten eingeschränkt
sind.

Mindeststandards der Begutachtung

Doch zurück zu den Bestrebungen, die Qualität von Gerichtsgutachten auch angesichts der dargestellten Konsequenzen zu verbessern. Neben den erwähnten Qualifizierungsprogrammen der Fachverbände, mit deren Hilfe spezialisiertes Fachpersonal zur Erstattung von Gerichtsgutachten ausgebildet werden soll, zählt hierzu auch die vor einigen Jahren veröffentlichte Formulierung von Mindeststandards oder Mindestanforderungen für Gutachten im Bereich von Schuldfähigkeit[5] und Kriminalprognose[6]. Das besondere Merkmal dieser Empfehlungen ist, dass sie von einer interdisziplinär zusammengesetzten Arbeitsgruppe vorgelegt wurden und damit gewissermaßen das gemeinsame Anforderungsprofil aus der Sicht von Jurisprudenz, Psychiatrie/Medizin und Psychologie repräsentieren. Die Gruppe entstand in der Folge des bereits in Kapitel »Wer sagt die Wahrheit?« zitierten BGH-Urteils vom 30. Juli 1999, mit dem »wissenschaftliche Anforderungen an aussagepsychologische Begutachtungen« formuliert wurden, die seither als Standard, als »State of the Art« der Glaubhaftigkeitsbegutachtung, gelten.

Selbstverständlich gewährleistet die bloße Einhaltung äußerer Kriterien nicht automatisch eine hohe Genauigkeit oder Zuverlässigkeit gutachterlicher Feststellungen. Doch ein Anfang zur Steigerung des Qualitätsniveaus psychiatrisch-psychologischer Gutachten wurde durch die Formulierung von »Mindestanforderungen« zweifellos gemacht. Obwohl sich diese Mindestanforderungen in erster Linie an Fachkollegen wenden, sehe ich darin auch ein wichtiges Hilfsmittel für Betroffene von Gutachten, die damit nicht mehr den Eindruck haben müssen, einer Art Geheimkunst hilflos ausgeliefert zu sein, sondern damit eine Richtschnur für einen ersten Qualitätscheck von Gutachten erhalten. Worum geht es bei diesen Standards? Hier kurz ein paar wesentliche Punkte.

Die Arbeitsgruppe unterscheidet zwischen formellen und inhaltlichen Mindestanforderungen. Formell meint hier unter anderem, dass der Gutachtenauftrag (Auftraggeber, Fragestellung) und dessen Durchführung (Zeit, Ort, Umfang) im schriftlich vorgelegten Gutachten exakt wiederzugeben sind. Alle verwendeten Erkenntnisquellen (Akten, Exploration, Tests, Zusatzuntersuchungen) sind detailliert aufzulisten und deren Ergebnisse angemessen zu protokollieren. Der Text soll klar und übersichtlich gegliedert und insgesamt transparent und nachvollziehbar formuliert sein. Es muss zum Beispiel eindeutig erkennbar sein, woher die im Gutachten verwendeten Angaben stammen. Dabei ist deutlich zu trennen zwischen der bloßen Auflistung von Akteninhalten oder der Wiedergabe von Gesprächen und der anschließenden Kommentierung oder Interpretation dieser Angaben.

Äußert ein Gutachter jenseits fachwissenschaftlich gesicherter Erkenntnisse subjektive Meinungen oder Vermutungen, dann muss auch dies deutlich hervorgehoben werden. Erst recht sind Unklarheiten, Lücken und Schwierigkeiten der Begutachtung offenzulegen. Es ist keine Schande, wenn ein Gutachter mitteilt, dass er mit den zur Verfügung stehenden Daten nicht alle Fragen beantworten konnte und dass deshalb weiterer Aufklärungsbedarf besteht, vielmehr ist das Verschweigen solcher Grenzen ein Verstoß gegen seine Verpflichtung zur umfassenden Information über die Aussagekraft seiner Arbeit. Generell sollte auf die Vorläufigkeit schriftlicher Gutachten ausdrücklich hingewiesen werden, sofern diese später in einem mündlichen Hauptverfahren verwendet werden sollen.

Inhaltlich wird eine vollständige Wiedergabe der erhobenen Daten, insbesondere zu den Bereichen, die für die Fragestellung wesentlich sind, verlangt. Dies betrifft etwa eine detaillierte Darlegung der Tatbegehung. Bei Sexualdelikten zählt dazu auch eine ausführliche Darstellung der sexuellen Entwicklung, eine sogenannte Sexualanamnese. Ich selbst habe es mir seit einigen Jahren angewöhnt, jedes psychologische Gespräch einer Begutachtung komplett mit einem Diktiergerät aufzuzeichnen – natürlich nur, wenn ich dafür die Erlaubnis der untersuchten Personen erhalte. In meinen Gutachten gebe ich dann den Gesprächsinhalt möglichst wortgetreu wieder. Nur so wird deutlich, was tatsächlich besprochen wurde und worauf sich meine Aussagen im zweiten Hauptteil des Gutachtens, in dem sowohl die bereits vorhandenen als auch die von mir erhobenen Informationen interpretiert werden, beziehen.

Kernstück jeder psychologischen Begutachtung ist – wie schon erwähnt – die Exploration. Dabei handelt es sich um ein Gespräch, das sich durch seine inhaltliche Ausgestaltung einerseits deutlich von einem Verhör, andererseits aber auch von einer Plauderei im Alltag oder einem simplen Abhaken vorgefertigter Fragelisten unterscheidet. Der Sachverständige hat dabei vor allem die Aufgabe des aufmerksamen Zuhörers, denn er will ja die Sicht des Probanden, der untersuchten Person, erfahren. Suggestivfragen, abwertende Bemerkungen oder gar Vorwürfe sind daher ebenso zu unterlassen wie das Einbringen eigener Standpunkte oder Meinungen (»Ich mache das immer so.«). Dieses Vorgehen muss aus dem Untersuchungsbericht des Gutachtens deutlich werden.

Für ein Explorationsgespräch muss auch hinreichend Zeit zur Verfügung stehen, nicht zuletzt deshalb, weil es für einen Probanden eine der wenigen Gelegenheiten, vielleicht sogar die einzige Möglichkeit ist, sich ausführlich zu sich und seinem Leben zu äußern. Unter Umständen ist daher ein einziger Gesprächstermin nicht ausreichend, insbesondere bei einer umfangreichen Biografie und komplexen Fragestellungen.

Ein weiterer wichtiger inhaltlicher Punkt bei der Abfassung eines Gutachtens ist die Benennung und Erläuterung der neben dem Explorationsgespräch verwendeten Untersuchungsmethoden. Bei psychologischen Tests bedeutet dies, dass man deren Aufbau, Zielsetzung und Erkenntnismöglichkeiten einschließlich der jeweiligen Grenzen erklärt. Es ist zwar nicht möglich, im Rahmen eines Gutachtens umfassend über Testpsychologie zu berichten, dennoch sollten psychologische Laien nicht nur mit unverständlichen Zahlenwerten und nicht nachvollziehbaren Schlussfolgerungen abgespeist werden.

Beachtung der Menschenwürde

Neben diesen Mindestanforderungen, die auf konkrete Gutachtenfragen ausgerichtet sind, bilden darüber hinaus auch allgemeine ethische Richtlinien wichtige Rahmenbedingungen für die Arbeit von Gerichtsgutachtern. In der Psychologie wurden solche Standards von den beiden Berufsverbänden BDP und DGPs beschlossen, sie sind zugleich Teil der offiziellen Berufsordnung.[7] Darin wird vor allem das besondere Vertrauensverhältnis zu jenen Personen thematisiert, über die eine psychologische Expertise zu erstellen ist. Sie sind nicht als bloße Untersuchungsobjekte zu behandeln, sondern – unabhängig vom jeweiligen Anlass – stets als Menschen, deren Würde und Selbstbestimmungsrecht jederzeit zu beachten ist. Daraus folgt unter anderem eine Pflicht zur Aufklärung über alle wesentlichen Maßnahmen und die Betonung der Freiwilligkeit der Teilnahme an der psychodiagnostischen Untersuchung. Niemand soll durch Tricks, Täuschung oder gar Zwang zu Aussagen gebracht werden, die er nicht auch von sich aus machen würde.

So sind bereits die Rahmenbedingungen einer Begutachtung – Wer ist der Auftraggeber? Was ist die Fragestellung? Welche Daten werden erhoben und wer erhält davon Kenntnis? – gegenüber einem Probanden stets von Anfang an offenzulegen. Und auch die Aufzeichnung von psychologischen Gesprächen auf Datenträger setzt, wie schon erwähnt, selbstverständlich das Einverständnis der Betroffenen voraus. Besondere Sorgfaltspflicht gilt jedoch für die Durchführung des Explorationsgesprächs, dem Kern der eigenen Befunderhebung. Damit ist nicht nur die spezielle Methodik dieses »Interviews« gemeint, etwa das gezielte Nachfragen bei Themen, die psychologisch relevant erscheinen, zum Beispiel Äußerungen zu wichtigen Bezugspersonen, Verlusten und Traumatisierungen, sondern auch und vor allem die dabei gezeigte Grundhaltung, die Rolle, die man als Sachverständiger gegenüber einem Probanden einnimmt.

Ich selbst sehe mich beispielsweise niemals als Detektiv oder Rätselknacker, also als jemanden, der versucht, einem Zeugen, Angeklagten oder Verurteilten dessen innerste Geheimnisse abzujagen, oder der ihn irgendwie erwischen oder überführen will. Und ich will auch niemanden lediglich als »Fall« betrachten, als Informationsquelle für psychologische Diagnosen oder zur Erstellung von Täter- oder Opferprofilen. Eine Exploration ist für mich zuerst und zuletzt immer die Begegnung mit einem Menschen, nicht in meinem Privatleben zwar, sondern ausschließlich in der Ausübung meines Berufes. Jeder Mensch aber hat eine Biografie, hat Personen, die für ihn wichtig und lebensbestimmend waren oder sind, hat Sorgen, Nöte und Ängste ebenso erlebt wie freudige Ereignisse und Glücksmomente. Auch wenn es letzten Endes immer um die Beantwortung der an mich gerichteten gutachterlichen Fragestellung gehen muss - bei einer Prognosebegutachtung bedeutet dies, etwas über Risiken zukünftiger Straftaten auszusagen –, ist das umfassende Kennenlernen des jetzt vor mir sitzenden Menschen aus meiner Sicht die unverzichtbare Voraussetzung für die Erfüllung meiner Aufgabe.

Aus vielen Gesprächen weiß ich, dass sich nicht jeder vorstellen kann, mit einem Mörder oder Vergewaltiger stundenlang an einem Tisch zu sitzen und über dessen Leben zu sprechen. »Wie können Sie so einem noch die Hand schütteln?«, werde ich manchmal gefragt. »Spielen Sie da nur den freundlichen Gut-menschen oder lässt Sie das wirklich alles kalt?« Nein, kalt las-sen mich schwere Sexual- und Gewaltdelikte – und damit habe ich hauptsächlich zu tun – wahrlich nicht. Ich bin genauso ent-setzt wie jeder andere, wenn ich von gequälten, missbrauchten Kindern oder auch vom Tod von Menschen erfahre, die für ihre Zivilcourage ihr Leben lassen mussten, wie Dominik Brunner im September 2009 am S-Bahnhof Solln oder Tuğçe Albayrak im November 2014 auf dem Parkplatz vor einem Schnellrestau-rant in Offenbach.

Zum Glück haben sich jedoch die Straftaten, um die es bei meinen Expertisen geht, nicht in meiner unmittelbaren Umge-bung, in meinem Freundes- oder Bekanntenkreis oder gar in meiner Familie ereignet. Sonst wäre ich sicherlich befangen und damit als Gutachter ungeeignet. Diese persönliche und oft auch zeitliche Distanz hilft mir, trotz schrecklicher Ereignisse in der Biografie von Probanden mich diesen Menschen aufmerksam zuzuwenden und meine gutachterliche Aufgabe zu erfüllen. Je-denfalls ist mir das bisher, soweit ich dies selbst beurteilen kann, immer gelungen. Ich will aber nicht ausschließen, dass mich ein Gutachtenauftrag auch einmal zu sehr belasten und überfordern könnte.

Eine nicht immer einfach zu lösende Aufgabe bei gerichts-psychologischen Gutachten ist der richtige Umgang mit vertrau-lich gewonnenen Informationen. Zwar unterliegen Psycholo-gen ebenso wie Ärzte der gesetzlich festgelegten Schweigepflicht (§ 203 StGB); sie dürfen also Privatgeheimnisse, die ihnen im Rahmen ihrer Berufsausübung bekannt geworden sind, nicht gegenüber Dritten offenbaren. Andererseits ist ein Sachverstän-diger aber verpflichtet, alle ihm gegenüber gemachten Angaben in seinem Gutachten zu verwerten und an den Auftraggeber, an das Gericht, weiterzugeben.

Wiederholt habe ich es bei einer Begutachtung, etwa eines

Strafgefangenen, erlebt, dass ich gebeten wurde, Einzelheiten des Gesprächs zu verschweigen: »Was ich Ihnen jetzt sage, dürfen Sie aber nicht aufschreiben.« In diesen Fällen weise ich wie schon zu Beginn einer Exploration noch einmal darauf hin, dass es ein solches Schweigerecht für mich in diesem Fall nicht gibt. Der zu begutachtende Gefangene hat zwar das Recht zu schweigen, entweder vollständig oder auch nur bezüglich einzelner Fragen, denn das Gespräch ist freiwillig. Er kann aber mit einem Gutachter nicht darüber verhandeln, welche Informationen dieser an das Gericht weitergibt und was er für sich behält. Es ist wichtig, dass diese Grundregel in jedem Einzelfall offen und deutlich kommuniziert wird. Wer einem Gerichtsgutachter etwas sagt, muss also damit rechnen, dass der Auftraggeber diese Informationen erfährt. Wer das nicht möchte, sollte deshalb entsprechende Mitteilungen unterlassen.

Eine Nichtbeachtung dieses Grundsatzes würde zu einer Konfusion der Rolle und Aufgabe eines Sachverständigen führen. Dadurch würde nämlich eine neue, hochproblematische Vertraulichkeit geschaffen, mit der die Verpflichtung eines Sachverständigen zu Neutralität und Unparteilichkeit verletzt würde. Mit der offenen Mitteilung und strikten Einhaltung dieser Regel, auf die ich grundsätzlich zu Beginn eines Gesprächs hinweise, habe ich in der Vergangenheit gute Erfahrungen gemacht. Das ist vor allem dann wichtig, wenn ich, etwa bei einem Serieneinbrecher mit zahlreichen über Jahre verteilten Straftaten, den Eindruck habe, dass bislang nicht alle von ihm verübten Einbrüche aufgeklärt werden konnten und es sein könnte, dass er mir dies jetzt gestehen möchte. Das darf er natürlich, doch er muss wissen, dass dieses Bekenntnis Eingang in das Gutachten finden wird und darum nachteilige Folgen für ihn haben könnte. Ein Geheimhalten oder nachträgliches Herausstreichen aus dem Text ist nicht möglich. Sollte ich also merken, dass mir jemand etwas »vertraulich« sagen möchte, wiederhole ich noch einmal den Hinweis auf mein fehlendes Schweigerecht gegenüber dem Auftraggeber.

Eine andere Konsequenz der Neutralitätspflicht von Gutachtern, die sich aus dem sogenannten Sachverständigeneid (§ 79 StPO)[8] herleiten lässt, besteht darin, dass es selbstverständlich keine parteilichen, also einseitig ausgerichteten Gutachten und erst recht keine Gefälligkeitsgutachten geben darf. Sachverständige sind Gehilfen des Gerichts, sie sollen zur Wahrheitsfindung beitragen. Deshalb können sie weder die Rolle eines Verteidigers einnehmen und sich zum Fürsprecher eines Angeklagten oder Verurteilten machen noch dürfen sie sich als Unterstützer der Opfer einer Straftat sehen oder irgendwelche andere Interessen vertreten. Dass dies nicht immer leichtfällt, habe ich bei einigen meiner Fallbeispiele in diesem Buch versucht aufzuzeigen. Dennoch führt an der strikten Einhaltung des Neutralitätsprinzips für einen Sachverständigen kein Weg vorbei. Wo dies nicht möglich ist, etwa weil man das Tatopfer aus einer früheren privaten oder beruflichen Begegnung kennt, sollte man einen Gutachtenauftrag wegen »Besorgnis der Befangenheit« gar nicht erst annehmen.

Zu den Rechten eines Sachverständigen gehört auch, dass die von ihm erbrachte Leistung zwar die Erfüllung einer gesetzlich definierten Pflicht darstellt (§ 75 StPO), es sich dabei aber nicht um eine ehrenamtlich, also unentgeltlich ausgeübte Tätigkeit handelt. Vielmehr besteht ein Anspruch auf Vergütung, der für Gutachten im Auftrag von Gerichten, Staatsanwaltschaften und anderen Justizbehörden sogar gesetzlich festgelegt ist. Das entsprechende Justizvergütungs- und Entschädigungsgesetz (JVEG), das unter anderem auch die Entschädigung von Zeuginnen und Zeugen regelt, sieht für Sachverständige nicht nur die Erstattung von Auslagen wie Fahrtkosten, Kopien und Schreibarbeiten vor, sondern auch ein Honorar, das nach Stundensätzen – für den jeweils erforderlichen Aufwand – berechnet wird. Konkret unterscheidet das JVEG dabei 16 verschiedene Honorargruppen, aufgeteilt nach Sachgebieten, Leistungen und Fragestellungen. Medizinische und psychologische Gutachten mit hohem Schwierigkeitsgrad, dazu zählen auch Gutachten zur Schuldfähigkeit und zur Kriminalprognose, wurden im Gesetz der Gruppe mit dem höchsten Stundensatz (100 Euro) zugeordnet. Da solche Gutachten in der Regel mit umfangreichen Gesprächen und Aktenauswertungen verbunden sind, ergibt sich nicht selten ein Gesamtaufwand von 40, 50 oder noch mehr Stunden. Dies bedeutet, dass das Honorar für ein psychiatrisches oder psychologisches Gerichtsgutachten insgesamt ohne weiteres 4000 oder 5000 Euro betragen kann. Das ist nicht wenig. Mit Recht wird man daher von einer solchen Expertise eine hohe fachliche Qualität erwarten dürfen.

Schmeichelei und Versuchung

Immer wieder werde ich gefragt, ob und wie ich erkennen kann, ob sich ein von mir zu beurteilender Straftäter lediglich verstellt, um eine günstige Beurteilung zu erhalten. Das ist eine berechtigte Frage, denn obwohl ich als Sachverständiger zur Neutralität verpflichtet bin, wäre es naiv zu glauben, dass ich auch von den jeweils von mir untersuchten Personen, den Probanden, als neutrale Person wahrgenommen werde und stets nur offene und ehrliche Auskünfte erhalte. Selbstverständlich möchte ein Angeklagter, selbst wenn er geständig ist und seine Tat bereut, in der Regel ein möglichst mildes Urteil erhalten. Die Beeinflussung eines Gutachters könnte, so glauben sicher viele, mit Blick auf dieses Ziel günstig sein. Auch ein bereits verurteilter und in Strafhaft einsitzender Täter oder ein Patient im forensischen Maßregelvollzug dürfte an seiner möglichst baldigen Freilassung zumeist großes Interesse haben. Was liegt da näher, als einem

Gutachter irgendwie zu zeigen, dass man gewiss nichts mehr anstellen wird und deshalb eine gute Sozialprognose verdient? Mit
Halbwahrheiten und geschönten Darstellungen wird man also
rechnen müssen. Ist es denn überhaupt realisierbar, sich in diesem Dickicht von möglichen Übertreibungen, Schmeicheleien
und falschen Behauptungen zurechtzufinden?

Bei nüchterner Betrachtung ist die psychologische Begutachtung eines Angeklagten oder Verurteilten oder auch eines Zeugen lediglich der Spezialfall einer menschlichen Kommunikation, bei der die jeweiligen Interaktionspartner zwar durch ein
vorgegebenes Ziel miteinander verbunden sind, aber dennoch
unterschiedliche Interessen verfolgen (können). Eine vergleichbare Situation im Alltag wäre etwa ein Vorstellungsgespräch
im Rahmen einer Bewerbung. Während der Arbeitgeber eine
Person sucht, die seinen Erwartungen an den zu besetzenden
Arbeitsplatz möglichst ideal entspricht, und er sich daher ein
umfassendes und objektives Bild von den Bewerberinnen und
Bewerbern machen möchte, werden die Personen auf der anderen Seite des Tisches sich möglichst positiv präsentieren wollen.
Schließlich wollen sie ja die ausgeschriebene Stelle erhalten. Wer
also etwa regelmäßig Probleme damit haben sollte, nach einem
ausgedehnten Wochenende am Montag wieder pünktlich auf-
zustehen und rechtzeitig zur Arbeit zu kommen, der wird diese
Schwäche sicher nicht gleich beim Vorstellungsgespräch erwähnen. Stattdessen wird ein Bewerber seine guten Zeugnisse, seine
große Berufserfahrung und sein starkes Interesse an dem Job in
den Vordergrund rücken.

Nichts anderes gilt für einen Angeklagten, der bei der Beurteilung seiner Schuldfähigkeit vor allem von seiner angeblich
schweren Kindheit erzählt, um den Gutachter und das Gericht
milde zu stimmen – »er kann ja nichts dafür«. Und ein Strafgefangener, der vorzeitig aus der Haft entlassen werden möchte,
kann behaupten, bei ihm seien jetzt alle Probleme gelöst. Ich er-

warte deshalb gar nicht, dass mir in einer Exploration hauptsächlich persönliche Schwächen und Schwierigkeiten vermittelt werden, sondern gehe von vornherein davon aus, dass mir meist eine relativ einseitige Darstellung präsentiert wird, bei der vor allem positive, günstig erscheinende Aspekte hervorgehoben werden. Versuche, mich durch schöne Worte zu beeinflussen, irritieren mich deshalb in der Regel nicht; ich sehe sie als Ausdruck eines gut nachvollziehbaren Wunsches nach Verbesserung der eigenen Situation. Allerdings kommt es mir bei meinen Explorationen gar nicht so sehr auf Absichtserklärungen, Meinungen oder in den Raum gestellte Behauptungen an, ich frage vielmehr nach möglichst konkreten, überprüfbaren Angaben. Dazu ein kurzes Beispiel:

Wie ich bereits in Kapitel »Blick in die Zukunft« erläutert habe, spielt bei einer Kriminalprognose – neben der Vorgeschichte, der Beurteilung der Tat und der Haftzeit – die Zukunftsperspektive eines Gefangenen eine große Rolle. Bei deren Einschätzung verlasse ich mich nicht auf allgemeine Bemerkungen wie: »Ich bin jetzt reifer geworden und habe alles im Griff.« Oder auch: »Anders als früher überlege ich jetzt immer erst, bevor ich handle.« Das kann zwar alles richtig sein, es könnte sich aber auch um verbale Nebelkerzen handeln, die mich glauben lassen sollen, es sei alles in bester Ordnung. Ich hake deshalb in solchen Fällen immer nach und frage nach Beispielen, nach realen Situationen in der Vergangenheit und in der Gegenwart, die diese Aussage untermauern können. Je konkreter und anschaulicher die dann geschilderten Erläuterungen sind, desto eher lässt sich daraus ein belastbares Gesamtbild ableiten.

Allerdings fasse ich meine Rolle als Gutachter nicht so auf, dass ich einem Probanden zunächst und grundsätzlich misstraue und nach dem Motto »Haltet den Dieb!« lediglich nach Schwachstellen seiner Aussage suche. Ein möglichst entspanntes, ohne Zeitdruck und enge Vorgaben geführtes Gespräch ist die beste Voraussetzung, zuverlässige und verwertbare Informationen zu gewinnen. Auch deshalb ist es wichtig, dass ein Gutachter die Exploration eines Probanden persönlich durchführt und nicht an eine Hilfsperson delegiert, selbst dann nicht, wenn diese fachlich qualifiziert sein sollte. Die eigenverantwortliche Bewertung der Ergebnisse eines psychologischen Gesprächs kann nur derjenige leisten, der dieses Gespräch selbst geführt hat. Das ist ein für mich wesentlicher Grundsatz, der aber anscheinend nicht immer beachtet wird.

Druck von außen

»Spielt nicht auch die Beeinflussung von außen eine wichtige Rolle bei der Erstellung von Gerichtsgutachten?«, fragen Sie jetzt vielleicht. Was ist mit den Erwartungen der Ankläger, der Staatsanwaltschaft, mit den Wünschen der Verteidigung und nicht zuletzt mit dem Druck der Öffentlichkeit, der Medien? Kann man sich als Sachverständiger wirklich frei äußern oder besteht nicht die Gefahr, irgendwelchen Zwängen nachzugeben und ein Gutachten am Ende so hinzubiegen, dass es passt? Gerne würde ich darauf jetzt antworten, dass das alles gar kein Problem sei und dass Gerichtsgutachter über jeden derartigen Zweifel erhaben sind. Doch so einfach ist das nicht.

Ich habe es zwar noch nie erlebt, dass jemand ganz offen versucht hat, mich bei meinen Gutachten in eine bestimmte Richtung zu drängen, geschweige denn wurden mir jemals direkte Vorgaben hinsichtlich eines gewünschten Ergebnisses gemacht, doch subtile Andeutungen und versteckte Signale kenne ich schon. Was kann man dagegen tun? Oder noch besser: Wie lassen sich solche Einmischungsversuche verhindern?

Eine perfekte Lösung für solche Bedrängnisse und Schwierigkeiten habe ich leider nicht, professionelle Sachlichkeit und eine objektive, neutrale Grundhaltung lassen sich nicht erzwingen. Es wird auch auf den jeweiligen Einzelfall ankommen, wie man sich gegen einen von außen kommenden Erwartungsdruck wehren kann und sollte. Mir selbst hilft es zum Beispiel sehr, wenn ich besonders schwierige Fälle mit vertrauten Fachkollegen besprechen kann. Auch wenn die letzte Verantwortung für ein von mir bearbeitetes Gutachten stets in meinen Händen bleibt, vermitteln mir solche Fallkonferenzen dennoch gelegentlich neue Sichtweisen und Relativierungen, die mich einerseits zum Nachdenken zwingen und mich andererseits ermutigen, meine Position klar zu vertreten.

Besonders ärgerlich kann der Erwartungsdruck sein, der durch die Berichterstattung in den Medien hervorgerufen wird. Handelt es sich nämlich um ein Strafverfahren gegen eine prominente Person oder um ein Verbrechen, das bundesweit Aufmerksamkeit erlangte, nehmen Medienberichte nicht selten die Gestalt einer Vorverurteilung an. Lange bevor die Beweisaufnahme abgeschlossen und ein Urteil gesprochen wurde, hat es dann den Anschein, als ob die Schuldfrage bereits geklärt sei und auch das erforderliche Strafmaß schon feststehe. In solchen Fällen versuchen Journalisten, Blogger und selbst ernannte Experten die Rolle eines heimlichen Richters einzunehmen, oft ohne genau Kenntnis der Fakten, aber mit umso mehr Engagement. Dieser Druck kann sich auch nachteilig auf die Arbeit von Gerichtsgutachtern auswirken.

Ein besonders übles Beispiel hierfür war der Prozess gegen den Wettermoderator Jörg Kachelmann vor dem Landgericht Mannheim in den Jahren 2010/2011. Kachelmann wurde beschuldigt, eine Frau, zu der er vorher eine intime Beziehung unterhalten hatte, nach einem Streit vergewaltigt zu haben. Kachelmann bestritt dies nachdrücklich, vorgelegte Sachbeweise, Verletzungsspuren des mutmaßlichen Opfers und ein angeblich bei der Tat benutztes Messer, waren nicht eindeutig – es stand also Aussage gegen Aussage. Sehr früh zeichnete sich in der Berichterstattung über diesen Fall eine Aufspaltung in zwei Lager ab. Während der SPIEGEL und die ZEIT den Angeklagten Kachelmann unterstützten und ihn als das eigentliche Opfer ansahen, waren die Medien der Verlage Springer und Burda auf der Seite der Anklage. Die journalistische Deutung der gegen Kachelmann erhobenen Vorwürfe beschränkte sich dabei nicht nur auf Artikel in Zeitungen und Zeitschriften, sondern setze sich auch in TV-Talkshows fort, die bisweilen den Charakter eines »Fernsehgerichts« annahmen. Ein trauriger Höhepunkt dieser Medienschlacht war ein bissiges Streitgespräch zwischen der Gerichtsreporterin Gisela Friedrichsen vom SPIEGEL und der Feministin Alice Schwarzer, die den Prozess für die BILD-Zeitung kommentierte, in der ARD-Sonntagsrunde von Anne Will im Sommer 2010.[9]

Auf Drängen der Verteidigung veranlasste die Staatsanwaltschaft im Ermittlungsverfahren die Erstellung eines aussagepsychologischen Gutachtens durch meine Kollegin Luise Greuel. Im Hauptverfahren äußerten sich auch noch mein Kollege Günter Köhnken und weitere Sachverständige zur Frage der Glaubhaftigkeit der Aussagen der Nebenklägerin. Ein eindeutiger Erlebnisbezug der belastenden Aussagen konnte von den Sachverständigen nicht festgestellt werden, Köhnken hielt sogar eine bewusste Falschaussage für möglich. Daraus und aus anderen problematischen Punkten der Beweisaufnahme ergaben sich nach Ansicht des Gerichts schließlich begründete Zweifel an der Schuld von Kachelmann, der deshalb nach dem bekannten Zweifelsgrundsatz des Strafprozesses (»in dubio pro reo«) am 31. Mai 2011 freigesprochen wurde.

Soweit ich dies von außen einschätzen kann, haben Greuel und Köhnken sich damals alle Mühe gegeben, trotz des gewaltigen Mediensturms und der damit verbundenen kontroversen Erwartungen, ihre gutachterliche Aufgabe unparteiisch und in Ruhe zu erfüllen. Ich selbst bin jedoch froh, dass mir eine ähnlich schwere Zerreißprobe bislang erspart geblieben ist. Obwohl ich nachhaltig dafür eintrete, dass die Tätigkeit von Gerichtsgutachtern nicht im Geheimen stattfinden sollte, sondern der öffentlichen Diskussion und gegebenenfalls auch Kritik bedarf, stellt ein Verfahren wie der Kachelmann-Prozess für alle Beteiligten eine schwere, ja grenzwertige Belastung dar. Im Übrigen zeigt dieses Strafverfahren, das aus verschiedenen Gründen wahrlich kein Ruhmesblatt der deutschen Rechtsgeschichte darstellt, dass auch durch die Einschaltung einer Vielzahl von Gutachtern am Ende daraus kein eindeutiges Ergebnis resultieren muss. So stellte das Gericht in der mündlichen Urteilsbegründung unter anderem fest, dass der Freispruch nicht darauf beruht, »dass die Kammer von der Unschuld von Herrn Kachelmann und damit im Gegenzug von einer Falschbeschuldigung der Nebenklägerin überzeugt ist«.[10]

Wenn Gutachter sich irren

Der Albtraum eines jeden Gutachters ist, dass sich seine Feststellungen im Nachhinein als falsch erweisen und dass dadurch Menschen zu Schaden kommen. Was geschieht in solchen Fällen? Womit muss ein Gutachter rechnen, wenn er sich geirrt hat?

Wenn jemand ein Haus bauen lässt, bei dem schon nach kurzer Zeit das Dach undicht wird oder die Heizung streikt, dann wird man den verantwortlichen Architekten oder die beauftragten Handwerker in die Pflicht nehmen. Und wenn Sie ein neues Auto kaufen, bei dem die Bremsen plötzlich versagen, und es zu einem schweren Unfall kommt, dann stehen große Schadenersatzsummen im Raum, für die im Zweifel der Händler oder der Fahrzeughersteller haften muss. Obwohl es bei den genannten Beispielen zu langwierigen Rechtsstreitigkeiten kommen kann, wird am Ende irgendjemand die Verantwortung übernehmen und die Zeche bezahlen müssen. Was aber gilt bei Gerichtsgutachten? Welches Risiko geht ein Sachverständiger bei seiner Arbeit ein?

Die Antwort darauf ist im Prinzip ganz einfach, denn die Haftung eines gerichtlichen Sachverständigen ist in § 839a BGB gesetzlich geregelt. Darin heißt es:

> *Erstattet ein vom Gericht ernannter Sachverständiger vorsätzlich oder grob fahrlässig ein unrichtiges Gutachten, so ist er zum Ersatz des Schadens verpflichtet, der einem Verfahrensbeteiligten durch eine gerichtliche Entscheidung entsteht, die auf diesem Gutachten beruht.*

Schauen wir uns diesen Paragraphen einmal näher an. Es geht dabei um einen Schaden, der infolge einer gerichtlichen Entscheidung entstanden ist, bei der das Gutachten eines Sachverständigen eine wesentliche, das heißt kausale Rolle gespielt hat. Wenn wir dabei einmal außer Acht lassen, dass eine Ersatzpflicht dann nicht eintritt, »wenn der Verletzte vorsätzlich oder fahrlässig unterlassen hat, den Schaden durch Gebrauch eines Rechtsmittels abzuwenden« (§ 839 Abs. 3 BGB), dann sind noch zwei weitere Punkte wesentlich:

Es muss sich um ein »unrichtiges Gutachten« handeln, das »vorsätzlich oder grob fahrlässig« erstellt wurde. Bei einem psychologischen Gutachten könnte zum Beispiel eine fehlerhafte Tatsachenfeststellung, etwa eine nur oberflächlich geführte Exploration oder eine lückenhafte Auswertung der verfügbaren Akten, zu einer derartigen Wertung führen. Entsprechendes gilt für Fehler bei Schlussfolgerungen aus den vorliegenden Anknüpfungstatsachen (zum Beispiel frühere Urteile, Begutachtungen, Stellungnahmen etc.) und den selbst erhobenen Befundtatsachen. Dabei muss, um das Kriterium der »groben Fahrlässigkeit« zu erfüllen, die für ein solches Gutachten übliche Sorgfalt in besonders schwerem Maße verletzt worden sein. Im Gegensatz dazu wird ein bloßes Übersehen oder Außerachtlassen einzelner Punkte, ein, wenn man so will, »normaler Fehler« also, noch nicht ausreichend sein, um mit Bezug auf diesen Paragraphen mit Erfolg eine Schadensersatzklage zu führen.

Salopp formuliert, könnte man sagen, dass ein Gutachter immer dann damit rechnen muss, für einen Schaden zu haften, wenn dieser durch eine grobe Fehlleistung von ihm verursacht wurde. Dagegen wird ein Schaden aufgrund eines geringfügigen Irrtums keine derartigen Konsequenzen nach sich ziehen. Wie so oft steckt der Teufel bei dieser scheinbar einfachen Regelung aber im Detail. Wann ist ein Fehler grob, wann einfach? Welche Schlussfolgerungen sind angemessen, welche nicht? Was gehört zum unverzichtbaren Standard einer Begutachtung, und was sind fachlich erlaubte Optionen oder individuelle Gestaltungsmöglichkeiten? Die von mir bereits erwähnten »Mindestanforderungen« für Gutachten zur Schuldfähigkeit und zur Kriminalprognose könnten zwar geeignet sein, eine Grundlage für die Beantwortung derartiger Fragen zu liefern, dennoch hält sich die Zahl entsprechender Gerichtsverfahren in engen Grenzen. Meine diesbezüglichen Recherchen erbrachten jedenfalls nur sehr wenige Ergebnisse. Zwei davon will ich hier kurz erwähnen; in beiden Fällen handelt es sich um Schadensersatzforderungen wegen mutmaßlich unrichtiger Gutachten zur Beurteilung der Glaubhaftigkeit von Zeugenaussagen.

Bei dem ersten Fall[11] geht es um das Gutachten einer Psychologin, die in einem vor dem Landgericht Münster geführten Strafverfahren wegen schweren sexuellen Missbrauchs im Auftrag der Staatsanwaltschaft ein Gutachten über die Glaubhaftigkeit der Angaben eines damals 13-jährigen Mädchens erstellt hatte. Das Mädchen hatte seinen Vater Ludger C. beschuldigt, mehrfach von ihm missbraucht worden zu sein. Die Gutachterin bewertete diese Aussagen als glaubhaft. Zwar wurde der Mann in der 2008 geführten Hauptverhandlung – wenn auch eher halbherzig – freigesprochen, ihm war aber durch die vorher erlittene Untersuchungshaft und durch die auf das Gutachten gestützte Anklage ein persönlicher Schaden entstanden, für den er Entschädigung verlangte. Mein Kollege Günter Köhnken erhielt dazu vom Landgericht Duisburg, vor dem die Klage geführt wurde, den Auftrag, das ursprüngliche Glaubhaftigkeitsgutachten der Psychologin zu bewerten. Er stellte darin grobe Mängel fest und bezeichnete es als unbrauchbar; die in dem BGH-Urteil von 1999 festgelegten Mindestanforderungen an aussagepsychologische Gutachten seien in wesentlichen Punkten nicht erfüllt. Das Landgericht Duisburg verurteilte daraufhin die Psychologin im März 2014 zur Zahlung von 6000 Euro Schmerzensgeld an den früheren Angeklagten Ludger C.

Ein ähnlicher Fall wurde im Januar 2015 vor dem Landgericht Saarbrücken verhandelt (Az. 3 O 295/13)[12]. Dabei ging es um Norbert K., der im Jahr 2004 wegen schweren sexuellen Missbrauchs zu einer Freiheitsstrafe von drei Jahren verurteilt worden war. Er war von seiner ehemaligen Pflegetochter beschuldigt worden, sie wiederholt im Intimbereich berührt und missbraucht zu haben. K. hatte diese Taten stets bestritten, Grundlage des Urteils war das aussagepsychologische Gutachten einer Sachverständigen der Universitätsklinik Homburg. Sie hatte die Aussagen des Mädchens »mit hoher Wahrscheinlichkeit als glaubhaft« eingestuft. Die gegen das Urteil eingelegte Revision wurde durch Beschluss des Bundesgerichtshofs als unbegründet verworfen. Ebenso scheiterten zwei Wiederaufnahmeanträge von Norbert K. vor dem Landgericht Saarbrücken im Jahr 2005.

Die Belastungszeugin ging nun einen Schritt weiter und erhob 2005 gegen Norbert K. Klage auf Zahlung von Schmerzensgeld wegen der angeblichen Missbrauchshandlungen. Diese Klage wurde jedoch 2007 vom Landgericht Saarbrücken in erster Instanz abgelehnt, da es die Missbrauchsvorwürfe als nicht nachgewiesen ansah und insbesondere die gutachterliche Einschätzung zur Glaubhaftigkeit der belastenden Aussagen nicht teilte. Auf die Berufung der Klägerin hin gab das Saarländische Oberlandesgericht 2008 ein erneutes Gutachten zur Beurteilung der Glaubhaftigkeit in Auftrag, das aber erst Mitte 2010 vorgelegt wurde. Dieser neue Gutachter kam zu einer völlig anderen Einschätzung. Er orientierte sich dabei an den aussagepsychologischen Prinzipien, die der BGH in seinem Urteil von 1999 festgeschrieben hatte, und gelangte schließlich zu der Auffassung, dass die belastenden Angaben der ehemaligen Pflegetochter nicht als erlebnisbegründet einzuschätzen seien. Das Saarländische Oberlandesgericht wies die Berufung und damit die Schmerzensgeldforderung schließlich im Juli 2011 zurück.

Daraufhin stellte Norbert K. im August 2011 ein drittes Wiederaufnahmegesuch, das zunächst erneut vom Landgericht Saarbrücken abgelehnt, dann aber doch ein Jahr später durch Beschluss des Saarländischen Oberlandesgerichts zugelassen wurde. In dem darauffolgenden Wiederaufnahmeverfahren vor dem Amtsgericht Neunkirchen wurde Norbert K. schließlich im November 2013 freigesprochen, nachdem die inzwischen erwachsen gewordene Zeugin in der mündlichen Verhandlung die Aussage verweigert hatte. Sie wollte sich offenbar nicht selbst belasten.

Von seiner ursprünglich dreijährigen Freiheitsstrafe hatte Norbert K. insgesamt 683 Tage in verschiedenen Justizvollzugsanstalten abgesessen. Für diese zu Unrecht erlittene Strafhaft bekam er vom Staat Haftentschädigung in Höhe von 25 Euro pro Tag, insgesamt 17075 Euro also. Das Landgericht Saarbrücken verurteilte schließlich mit Bezug auf § 839a BGB die psychologische Gutachterin des ursprünglichen Strafverfahrens wegen ihres grob fahrlässig erstellten fehlerhaften Gutachtens und der daraus folgenden rechtswidrigen Inhaftierung von Norbert K. zur Zahlung eines Schmerzensgelds in Höhe von 50000 Euro plus Zinsen.

Das Urteil des Landgerichts Saarbrücken war zwar bei der Drucklegung dieses Buches im Sommer 2015 noch nicht rechtskräftig, dennoch verdeutlicht dieser Fall, dass bei nachweisbar unrichtigen Gerichtsgutachten auf den jeweiligen Sachverständigen hohe Ersatzleistungen zukommen können. Dies sollte allen, die für Gerichte und Behörden Gutachten erstellen, vor Augen führen, dass sie nicht beliebig schalten und walten können und dass sie schon gar keine heimlichen Richter sein sollten. Auch der manchmal zu hörende Hinweis, dass man lediglich als »Gehilfe« tätig gewesen sei, die eigentliche Entscheidung aber vom Gericht getroffen wurde, ist zwar im Prinzip richtig, verkennt aber die in § 839a BGB definierte grundsätzliche Haftung eines Sachverständigen.

Gerichtsgutachter sind also nicht unangreifbar und über jeden Zweifel erhaben, sondern sind gehalten, die Standards und Prinzipien ihres Faches zu beachten. Sie sollen und müssen sich jederzeit ihrer Verantwortung stellen. Dabei können solche Urteile mahnende Wegweiser sein, sie sind aber nicht schon der »Königsweg«. Schließlich wäre es nicht sinnvoll, massenhaft gegen Sachverständige zu klagen, deren Gutachten möglicherweise Fehler enthalten.

Einerseits ist nämlich nicht auszuschließen, dass ein Gutachten trotz einiger formaler Mängel am Ende doch zu einem richtigen Ergebnis geführt hat, selbst wenn das vielleicht von den jeweils Betroffenen nicht in jeder Hinsicht akzeptiert wird. Andererseits gewährleistet das bloße Einhalten formaler Regeln nicht automatisch eine hohe Qualität und ein sachlich fundiertes Resultat. Und drittens muss ein Gutachten nicht schon deshalb fehlerhaft erstellt worden sein, weil sich im Nachhinein die darin enthaltenen Schlussfolgerungen nicht bestätigen ließen. So kann etwa ein Prognosegutachten nur die zum Zeitpunkt der Gutachtenerstellung bekannten Informationen berücksichtigen. Werden jedoch später Fakten bekannt, die bis dahin nicht vorlagen, oder gibt es neue, nicht vorhersehbare Ereignisse im Leben der zu beurteilenden Person, kann dies zu einer völligen Revision der bisherigen Prognoseeinschätzung führen, ohne dass man sagen könnte, bei dem früheren Gutachten seien grobe Fehler gemacht worden.

Die Verbesserung der Gültigkeit und Zuverlässigkeit von Gerichtsgutachten – das Qualitätsmanagement also – ist ein vielschichtiger und dauerhafter Prozess, kein einmaliger Akt. Elementare Meilensteine dabei sind die Schaffung spezialisierter Studiengänge und Curricula, die Formulierung und Beachtung von Mindestanforderungen und Standards der Begutachtung einschließlich ethischer Grundprinzipien. Ein weiterer wichtiger Punkt ist die Verpflichtung von Gutachtern zu lebenslanger Fortbildung. Die im Sachverständigeneid (§ 79 StPO) enthaltene Aufgabe, ein Gutachten stets nach »bestem Wissen und Gewissen« zu erstatten, bedeutet nämlich auch die Kenntnis der für die jeweilige Fragestellung relevanten wissenschaftlichen Befunde. Auch diese sind freilich immer in Bewegung, nie an einem endgültigen Punkt. Was wir heute über die Risikofaktoren von Rückfalltaten oder über Beeinflussbarkeit von Zeugenaussagen wissen, unterscheidet sich deutlich von den Erkenntnissen, die uns vor wenigen Jahrzehnten zur Verfügung standen. Und möglicherweise wird vieles von dem, was wir heute als gesichertes Wissen ansehen, schon in naher Zukunft als »Schnee von gestern« gelten. Diese sozusagen ständige Vorläufigkeit unseres Wissens mag man beklagen, man kann aber auch mit dem Philosophen und Dichter Gotthold Ephraim Lessing (1729–1781) der Ansicht sein, dass die Suche nach der Wahrheit köstlicher ist als deren gesicherter Besitz.

Die Qualitätsverbesserung psychowissenschaftlicher Gerichtsgutachten ist zwar primär eine Aufgabe von Psychiatrie und Psychologie, doch auch die Justiz selbst, die Gutachtenaufträge erteilt und Gutachten für ihre Entscheidungen heranzieht, kann Wesentliches dazu beitragen. Das fängt schon bei der Auswahl des jeweiligen Sachverständigen an, dessen Qualifikation nicht nur allgemein, sondern auch bezogen auf den jeweiligen Fall und die konkrete Fragestellung berücksichtigt werden sollte. Das vielerorts praktizierte Prinzip sogenannter »Hausgutachter« steht, wie bereits erwähnt, einer solchen Qualitätsprüfung im Wege.

Von entscheidender Bedeutung ist auch, dass sich die richterliche Beurteilung eines Gutachtens nicht nur auf formale rechtliche Aspekte beschränken sollte, vielmehr ist eine eigenverantwortliche Bewertung zu fordern, damit Sachverständige eben nicht zu heimlichen Richtern werden können, indem sie das spätere Urteil quasi vorwegnehmen.[13] Dies setzt freilich voraus, dass sich Richterinnen und Richter selbst sachkundig machen müssen. Dafür ist es weder erforderlich noch notwendig, dass sie selbst zu Psycho-Experten werden – schließlich bräuchten sie dann nicht mehr den Rückgriff auf die Sachkunde von Spezialisten. Sie sollten aber hinreichend vertraut sein mit den jeweiligen Methoden und Vorgehensweisen, damit sie die gutachterlichen Daten und Schlussfolgerungen angemessen nachvollziehen und im Zweifel an den entscheidenden Punkten die richtigen Fragen stellen können.

Für die Vermittlung dieses Wissens gibt es Fortbildungsmöglichkeiten im Rahmen der Deutschen Richterakademie[14] oder landesspezifischer Bildungseinrichtungen, doch auch jede Gerichtsverhandlung bietet die Möglichkeit, sich über den jeweils konkreten Fall und die spezifische Fragestellung hinaus Sachkenntnisse zu erwerben. Diese »Fortbildung vor Ort« hat sogar den Charme des gegenseitigen Lernens, setzt aber voraus, dass Richter wie Sachverständige bereit sind, einander zuzuhören, bei offenen Punkten nachzufragen und die jeweiligen Rollen und Aufgaben zu beachten.

Ich selbst habe jedenfalls in der Vergangenheit durch meine Teilnahme an Gerichtsverhandlungen außerordentlich viel gelernt über die juristischen Regeln eines Strafprozesses und über die Schwierigkeiten der Wahrheitsfindung, mehr als aus manchem klugen Vortrag oder Fachaufsatz. Auf diesem Weg will ich gerne weitergehen. Umgekehrt hoffe ich allerdings, dass ich mit meinen Gutachten nicht nur dazu beigetragen habe, die fallbezogenen Fragen zu klären, sondern dass ich auch einige allgemeine Aspekte meiner Arbeit, der psychologischen Bearbeitung juristischer Fragestellungen, darstellen konnte.

Zu guter Letzt

Meine abschließenden Arbeiten am Manuskript dieses Buches wurden Ende März 2015 durch die Nachricht vom tragischen Ende des Germanwings-Fluges 4U9525 jäh unterbrochen. Zunächst ging man bei dieser Katastrophe von einem technischen Defekt aus, zwei Tage später wurde dann aber mitgeteilt, der Copilot der Maschine, Andreas L., habe den Absturz des Flugzeuges absichtlich herbeigeführt und damit sich selbst und 149 andere Menschen in den Tod gerissen. Es hieß, er habe unter einer schweren psychischen Erkrankung gelitten, sei deswegen bereits früher ärztlich behandelt, dann aber doch wieder flugtauglich geschrieben worden.

Wie üblich bei spektakulären Gewalttaten, erreichten mich auch hier sofort zahlreiche Anfragen von Medien, die mich baten, das unfassbare Geschehen »psychologisch einzuordnen«, wie das im journalistischen Jargon heißt. Als Kriminalpsychologe müsse ich doch erklären können, was einen Menschen zu einer solchen Tat veranlasst. Natürlich bin ich zu einer derartigen Ferndiagnose nicht in der Lage, schon gar nicht zu einer »psychologischen Autopsie«, denn die Person, um die es geht, lebt nicht mehr, und alles, was man jetzt an Krankenakten, beruflichen Unterlagen oder Mitteilungen von Angehörigen und Bekannten bekommen könnte, würde man zwangsläufig unter dem Eindruck des durch Andreas L. herbeigeführten Absturzes betrachten. Das erschwert eine sachlich-neutrale Diagnose, und deshalb wird bei der Aufklärung dieses Falles vieles verborgen bleiben, womit Raum entsteht für etliche Spekulationen und Mutmaßungen.

Obwohl es gegen Andreas L. kein Strafverfahren geben kann und deshalb auch die Bewertung seiner Schuldfähigkeit nicht gerichtlich geklärt werden muss, wirft dieser offenbar bewusst herbeigeführte Flugzeugabsturz doch die Frage auf, ob man in vergleichbaren Fällen einen geplanten Suizid, mit dem zugleich auch zahlreiche Menschen ihr Leben lassen müssen, nicht rechtzeitig im Vorfeld erkennen kann. Damit sind wir wieder bei zwei zentralen Themen dieses Buches, der Qualität psychiatrisch-psychologischer Gutachten und den Möglichkeiten der Kriminalprognose.

Mit Erstaunen habe ich in diesem Zusammenhang von dem Vorschlag gelesen, alle Flugzeugpiloten zukünftig regelmäßig mit psychologischen Tests zu untersuchen, um festzustellen, ob bei ihnen eine Suizidgefahr oder gar die Möglichkeit einer Gewalttat nach dem Muster von Andreas L. besteht. Einen ähnlichen Vorschlag gab es übrigens 2002 nach dem Amoklauf im Erfurter Gutenberg-Gymnasium. Allen Ernstes glaubten damals manche besorgten Eltern und Lehrer, dass es möglich sei, durch eine spezielle Psychopathie-Checkliste frühzeitig jene Schüler zu identifizieren, die einen Amoklauf planen oder in nächster Zeit planen könnten.

Glücklicherweise wurde dieser Vorschlag damals nicht umgesetzt. Einerseits sind Amokläufe an Schulen ausgesprochen seltene Ereignisse, jedenfalls in Deutschland. Noch seltener sind absichtlich herbeigeführte Flugzeugabstürze nach dem Muster von Andreas L. Selbst wenn es möglich wäre, Psychotests zu konstruieren, die einen Hinweis auf ein entsprechendes Risiko geben könnten, müsste man mit einer nicht geringen Zahl falsch positiver Zuschreibungen rechnen. Etliche Menschen würden dadurch also in einen schlimmen, aber falschen Verdacht geraten, während die wenigen tatsächlich problematischen Personen vielleicht doch übersehen würden, weil es ihnen gelingen könnte, ihre seelischen Nöte zu verbergen.

Allerdings ist die Hoffnung, derartige Tests zu entwickeln, überzogen. Es ist schon schwer genug, für jemanden, der nachweislich bereits mindestens eine schwere Straftat begangen hat, hinreichend genau abzuschätzen, ob er es erneut tun könnte. Eine Art vorauseilende oder Frühwarn-Diagnostik, die Mörder, Amokläufer oder Flugzeugattentäter bereits lange vor einer möglichen Tat identifizieren kann, gehört dagegen ins Reich von Fantasie und Science-Fiction.

Zwar sind Gefahrenabwehr und die Vermeidung von Risiken wichtige Aufgaben, nicht nur der Kriminal- und Gesundheitspolitik, sondern auch für jeden Einzelnen. Insofern war es richtig, nach dem Amoklauf in Erfurt intensiv zu fragen, wie sich ähnliche Vorfälle vermeiden lassen. Auch die Flugzeugkatastrophe vom März 2015 muss in ihrer Entstehung genau analysiert werden, um daraus sinnvolle Schritte zur Reduzierung von Risiken abzuleiten. Dazu könnte auch eine andere, intensivere Form der Überprüfung des Gesundheitszustandes von Piloten zählen. Am Ende des Tages werden wir aber damit leben müssen, nicht alle Gefahren für unser Leben immer rechtzeitig erkennen und abwenden zu können.

Neben völlig überzogenen Erwartungen an kriminalprognostische Bewertungen gehört umgekehrt auch die Sorge vor krassen Fehleinschätzungen und unrichtigen Gutachten zum öffentlichen Diskurs über die Tätigkeit von forensischen Sachverständigen. Dies ist angesichts der möglicherweise fatalen Folgen für solche »Gutachten-Opfer« mehr als verständlich. In den vergangenen Kapiteln habe ich versucht aufzuzeigen, wie psychiatrisch-psychologische Expertisen im Bereich von Strafrecht und Strafvollzug erstellt werden, welchen Regeln sie folgen und folgen sollen und wo ihre Möglichkeiten, aber auch ihre Grenzen liegen. Dies sollte keine Schönfärberei sein, sondern sollte Ihre Kenntnisse und Ihre Kritikfähigkeit auf diesem Gebiet stärken.

Am Ende dieses Buches fragen Sie sich vielleicht, wie Sie dieses Wissen zukünftig anwenden können. Sie haben nun zwar erfahren, dass forensische Gutachter keine heimlichen oder gar unheimlichen Richter sein sollen, sondern gehalten sind, sich darauf zu beschränken, ihre Sachkunde in den Dienst von Strafgerichten, Staatsanwaltschaften und anderen Behörden zu stellen, unparteiisch und nach bestem Wissen und Gewissen. Dass es dabei bleibt und dass die Expertenmeinungen wissenschaftlich fundiert und sachlich angemessen geäußert werden, ist einerseits eine Aufgabe von Psychiatrie und Psychologie, die durch spezielle Aus- und Fortbildungsmaßnahmen und durch die Formulierung von Mindeststandards in der jüngsten Vergangenheit zwar solide Grundlagen geschaffen haben; deren Umsetzung und Weiterentwicklung wird freilich eine Daueraufgabe bleiben. Auch von der Justiz, die Gutachten in Auftrag gibt und bei ihren Entscheidungen verwertet, darf erwartet werden, dass sie die Arbeit von Sachverständigen im Sinne eines kritischen Dialogs aufmerksam begleitet und hinterfragt. Das blinde Vertrauen auf Hausgutachter, die unkommentierte Übernahme gutachterlicher Stellungnahmen in Urteile und Beschlüssen, mit dem Ergebnis, dass justizielle Entscheidungen durch Psycho-Sachverständige vollständig vorweggenommen werden, sollte also nachhaltig vermieden werden.

Was aber können Sie selbst tun, wenn Sie privat oder beruflich mit einem psychiatrisch-psychologischen Gerichtsgutachten konfrontiert werden? Wie können Sie als Laie die Qualität eines solchen Gutachtens beurteilen? Eine ebenso schwere wie nicht ohne Weiteres zu beantwortende Frage, der ich allerdings nicht mit einem schlichten »Es kommt darauf an« ausweichen will. Stattdessen möchte ich Ihnen einige wesentliche Punkte nennen, die sich zumindest für einen ersten Gutachten-Check eigenen:

1) Mein erster Ratschlag lautet: »Keine Angst vor großen Tieren.« Auch der renommierteste Sachverständige mit vielen Titeln und langjähriger Berufserfahrung ist weder allwissend noch unfehlbar. Er muss es sich daher im Zweifel gefallen lassen, dass an ihn dieselben kritischen Fragen gerichtet werden wie an einen Berufsanfänger.

2) Lassen Sie sich nicht blenden von der bloßen Seitenzahl, vom Umfang eines Gutachtens. Nicht selten wird durch einen überbreiten Rand und einen großen Zeilenabstand eine besonders gründliche Leistung lediglich vorgetäuscht. Entscheidend ist aber immer der Inhalt, nicht die Menge des bedruckten Papiers.

3) Ein anderer beliebter Trick, die Bedeutung eines Gutachtens optisch aufzublasen, besteht darin, über lange Strecken hinweg Aktenauszüge und andere längst bekannte Inhalte zu zitieren, ohne diese weiter zu bewerten und ohne dass dabei ersichtlich wäre, inwieweit dies für die Beantwortung der konkreten Fragestellung hilfreich ist. Zwar sollten in einem Gutachten die jeweils wesentlichen Anknüpfungstatsachen zusammenfassend dargestellt und beurteilt werden, wenn allerdings weit mehr als die Hälfte eines Gutachtens aus der wortgetreuen Wiedergabe von geläufigen Akteninhalten besteht, dann hat sich ein Gutachter dafür vielleicht ein Fleißbildchen, aber noch keine guten Noten verdient.

4) Eine ähnliche Unsitte ist das seitenweise Zitieren aus Lehrbüchern und Fachaufsätzen (vornehmlich denen des Sachverständigen); kurze Fußnoten oder Literaturhinweise dürften hier in der Regel ausreichend sein. Ein Gutachter sollte nämlich nicht bloß demonstrieren, dass er ein Experte für die jeweilige Fachliteratur ist, sondern vor allem zeigen, dass er in der Lage ist, dieses Wissen auf den aktuellen Fall anzuwenden.

5) Gerichtsgutachten sind keine Stellungnahmen für Fachkol-

legen, sondern sollen der Justiz Entscheidungshilfen bei der Beantwortung schwieriger rechtlicher Fragen geben. Daraus folgt, dass ein Gutachten möglichst so abzufassen ist, dass es auch von medizinischen oder psychologischen Laien hinreichend gut verstanden werden kann. Zwar wird man in der Regel auf die Verwendung von Fachbegriffen nicht ganz verzichten können, mit etwas Mühe lässt sich aber vieles erläutern und »benutzerfreundlich« formulieren. Ein Gutachten wird nicht dadurch besser, dass es mit vielen komplizierten Ausdrücken und umständlichen Satzkonstruktionen versehen wird. Es gewinnt stattdessen durch eine verständliche Sprache und eine klare Ausdrucksweise. Lassen Sie sich also nicht beeindrucken von einem Geschwurbel aus Fremdwörtern und exotischen Formulierungen, sondern verlangen Sie einen lesbaren Text.

6) Dies gilt in ähnlicher Weise auch für die Gliederung eines Gutachtens. Wie in einem guten Fachaufsatz sollte es einem Leser stets möglich sein, die einzelnen Arbeitsschritte des Sachverständigen nachzuvollziehen. Schon auf den ersten Seiten sollten der Auftrag, die Fragestellung, der Untersucher, der Proband und andere wichtige Details der Expertise benannt werden. Eine Gliederung soll dabei helfen, die verschiedenen Stufen des Gutachtens zu verdeutlichen. Am Ende sollte die Ausgangsfrage eindeutig beantwortet werden. Wenn eine solche Struktur fehlt und Sie sich im Text verirren sollten, schieben Sie es nicht auf Ihre vermeintliche Unkenntnis, sondern fordern Sie Transparenz und eine klare Darstellung ein.

7) Um ein Gutachten verstehen und dessen Qualität bewerten zu können, ist es notwendig, dass die grundlegende Methode und die einzelnen Arbeitsschritte angemessen erklärt werden. Werden Sie also ruhig stutzig, wenn Sie in einem Gutachten auf eine Fülle von psychologischen Aussagen oder

medizinischen Befunden (»Kopf und Gliedmaßen frei beweglich«, »keine Verdauungsprobleme«, »emotional schwingungsfähig«) stoßen sollten, ohne dass Sie erkennen können, welchen Zweck diese Feststellungen für die Beantwortung der Gutachtenfrage haben. Psychiatrisch-psychologische Expertisen sollten stets hypothesengeleitet erstellt werden und nicht aus einem Sammelsurium von möglicherweise oder irgendwie interessant erscheinenden Daten bestehen.

8) Fragen Sie sich am Ende eines Gutachtens stets, ob Sie einen plausiblen »roten Faden« erkennen konnten und ob die vom Sachverständigen gezogenen Schlussfolgerungen und die Beantwortung der Ausgangsfrage von Ihnen verstanden werden. Sie müssen nicht unbedingt derselben Meinung sein wie der Gutachter, doch die Logik seines Vorgehens sollte schlüssig sein. Finden Sie dagegen Brüche in der Gedankenkette oder gar offene Widersprüche, dann könnte dies nur ein Darstellungsproblem sein, vielleicht ist es aber auch ein Hinweis auf eine Schwäche des Gutachtens. Haken Sie also sicherheitshalber nach!

9) In den vorausgehenden Abschnitten habe ich wiederholt auf sogenannte Mindestanforderungen für forensische Gutachten (Glaubhaftigkeit, Schuldfähigkeit, Kriminalprognose) hingewiesen, die zwar im strengen Sinne nicht bindend sind, aber doch so etwas wie eine von zahlreichen Expertinnen und Experten (aus der Justiz und den Psychowissenschaften) vertretene Leitlinie darstellen. Diese Standards wurden nicht in geheimen Papieren festgehalten, sondern an mehreren Stellen veröffentlicht. Es ist daher ratsam, wenn Sie sich bei der kritischen Durchsicht von Gerichtsgutachten auch auf diese Regeln beziehen.

10) Eine kleine Bitte habe ich allerdings noch: Unklare Punkte und offene Fragen können zwar Zweifel an der Plausibilität und Brauchbarkeit eines Gutachtens wecken, aber auch hier

sollte eine Art Unschuldsvermutung gelten. Bevor Sie also leichtfertig mit dem Zeigefinger auf ein vermeintlich grottenschlechtes Gutachten deuten, sollten Sie nach Möglichkeit zuerst noch einmal genauer nachfragen und – falls möglich – den Dialog mit dem jeweiligen Gutachter suchen. In besonders problematischen Fällen kann es sinnvoll sein, den Rat anderer Sachverständiger einzuholen, eventuell sogar ein Zweit- oder Obergutachten zu verlangen.

Am Ende meines Streifzugs durch die Gerichtspsychologie wünsche ich Ihnen, dass Sie in Zukunft die Arbeit meiner Kolleginnen und Kollegen nicht primär als Problem, als dunkle Geheimwissenschaft oder als potenziell gefährliche Tätigkeit ansehen, sondern als einen Aufgabenbereich, der trotz mancher Mängel und Schwächen grundsätzlich dazu da ist, eine wichtige soziale und rechtliche Funktion zu erfüllen. Um diesem hohen Anspruch zu genügen, reicht es nicht aus, durch eine Verbesserung von Forschung und Lehre sowie durch die Schaffung formaler Kriterien und Standards eine solide Basis für qualitativ hochwertige Expertisen zu schaffen, vielmehr sehe ich darin auch eine gesamtgesellschaftliche Aufgabe.

Je mehr Personen über grundlegende Prinzipien und Methoden der forensischen Psychologie und Psychiatrie Bescheid wissen, je transparenter dieser Bereich insgesamt wird, desto besser lassen sich mögliche Schwachstellen identifizieren und Fehler korrigieren. Aber auch Skandalisierungen und Sensationsberichte, die auf bloßer Effekthascherei aufgebaut sind und rasch zu einer oberflächlichen Be- und Verurteilung führen können, lassen sich von einer informierten Öffentlichkeit leichter durchschauen. Bohren Sie also ruhig nach – und bleiben Sie kritisch.

Dank

Dieses Buch wurde vor dem Hintergrund meiner langjährigen Tätigkeit als forensischer Gutachter geschrieben. Allen Menschen, denen ich auf diesem Weg begegnet bin und von denen ich lernen durfte, möchte ich danken.

Ein weiterer Dank gilt Herrn Dr. Alexander Weber, der mir die Idee zu diesem Buch gab, sowie Frau Gila Keplin, Literarische Agentur Simon, für ihre Geduld und ausdauernde Unterstützung bei der Erstellung des Konzepts und der Vermittlung des Verlagsvertrages.

Meinem Kollegen Werner Sohn danke ich für konstruktive Kritik und viele anregende Bemerkungen. Besonderen Dank schulde ich Frau Eva Rosenkranz, die durch das ebenso nachsichtige wie gründliche Lektorieren meines Manuskriptes wesentlich zur Entstehung des Buches beigetragen hat.

Nicht zuletzt danke ich den Mitarbeiterinnen und Mitarbeitern des C. Bertelsmann Verlages, insbesondere Herrn Johannes Jacob, für die hervorragende Betreuung und die sorgfältige Herstellung des Buches.

Anmerkungen

Wer sagt die Wahrheit?

1 Jaffa, S. (1903). Ein psychologisches Experiment im kriminalistischen Seminar der Universität Berlin. Beiträge zur Psychologie der Aussage, 1, 79–99.

2 A.a.O., S. 80.

3 Eine moderne Variante ist z. B. die Vorführung eines Videofilms mit einem simulierten Verkehrsunfall, dessen Hergang anschließend von den »Augenzeugen« geschildert werden soll.

4 Stern, W. (1902). Zur Psychologie der Aussage Zeitschrift für die gesamte Strafrechtwissenschaft, 22, 315–370.

5 Stern, W. (1926). Jugendliche Zeugen in Sittlchkeitsprozessen. Ihre Behandlung und psychologische Begutachtung. Ein Kapitel der forensischen Psychologie. Leipzig: Quelle & Meyer.

6 Siehe: Steller, M. (2013). Vier Jahrzehnte forensische Aussagepsychologie. Praxis der Rechtspsychologie, 23 (1), 11–32.

7 Ausführlich siehe: Volbert, R. & Steller, M. (2014). Glaubhaftigkeit. In: T. Bliesener, F. Lösel & G. Köhnken (Hrsg.). Lehrbuch Rechtspsychologie (S. 391–407). Bern: Huber.

8 Diese darf aber nur durch einen approbierten Arzt und – abgesehen von wenigen Ausnahmefällen – lediglich auf Anordnung eines Richters durchgeführt werden.

9 § 55 Abs. 2 StPO: Der Zeuge ist über sein Recht zur Verweigerung der Auskunft zu belehren.

10 Gemeint ist eine Medizinisch-Psychologische Untersuchung (MPU), die üblicherweise an Begutachtungsstellen des TÜV durchgeführt wird, im Widerspruchsfall aber auch zu einem Obergutachten an einer Universität führen kann.

11 Insbesondere §§ 250–252 StPO.

12 § 258 StPO, Abs. 2, zweiter Halbsatz: »dem Angeklagten gebührt das letzte Wort«.

13 Zwischen dem Eingang der Anklageschrift und der Eröffnung oder Nicht-
eröffnung des Hauptverfahrens (§§ 199 ff. StPO).

14 I swear to tell the truth, the whole truth and nothing but the truth, so help
me God.

15 »… nach bestem Wissen die reine Wahrheit gesagt und nichts verschwiegen« (§ 64 StPO).

16 Freud, A. (1936). Das Ich und die Abwehrmechanismen. Frankfurt am
Main: Fischer-TB (2012).

17 Freud, S. (1914). Erinnern, Wiederholen und Durcharbeiten. Studien-
ausgabe, Schriften zur Behandlungstechnik. Frankfurt am Main: Fischer
(1975).

18 Loftus, E., & Ketcham, K. (1997). Die therapierte Erinnerung. Über den
zweifelhaften Versuch, sexuellen Missbrauch erst Jahre später nachzuwei-
sen. Bergisch Gladbach: Bastei Lübbe.

19 Loftus, E. F. & Pickrell, J. E. (1995). The formation of false memories. Psychiatric Annals, 25, 720–725.

20 Volbert, R. (1999). Determinanten der Aussagesuggestibilität bei Kindern.
Experimentelle und Klinische Hypnose, 15, 55–78.

21 Duve, T. (1996). Die Hexenjäger(innen). Anmerkungen zum Thema Kin-
desmißbrauch. SPIEGEL special 8, 52–56.

22 Steller, M. (1998). Aussagepsychologie vor Gericht – Methodik und Probleme von Glaubwürdigkeitsgutachten mit Hinweisen auf die Wormser
Missbrauchsprozesse. Recht & Psychiatrie, 16, 11–18.

23 Aktuelle Fassung: Zuschlag, B. (2006). Richtlinien für die Erstellung psychologischer Gutachten. Berlin: Deutscher Psychologen Verlag.

24 Eine solche »Stellungnahme« ist übrigens kein »Obergutachten«, weil
auch dafür eine eigene Befunderhebung notwendig wäre. Es geht dabei
lediglich um die Plausibilität und Nachvollziehbarkeit des beurteilten Gutachtens.

25 §§ 407 ff. StPO

26 BGHSt 45, 164, ausführlich dazu: Praxis der Rechtspsychologie (1999), 9,
(2), 113–125.

27 Diese Vorgehensweise hat nichts mit Vorurteilen oder Misstrauen gegenüber Zeugenaussagen zu tun, es ist lediglich ein Arbeitsschritt, der eine
neutrale, unvoreingenommene Beurteilung des (möglichen) Realitätsge-
halts von Aussagen gewährleisten soll.

28 Auch wenn dies in dem BGH-Urteil nicht so begründet wurde, entspricht
dieses Nullhypothesen-Prinzip dem allgemeinen Vorgehen bei der Beweis-
würdigung in einem Strafverfahren, also dem sog. »Prinzip der Unschuldsvermutung«: Ein Angeklagter ist danach so lange als unschuldig anzusehen, bis diese Annahme durch die vorgelegten Beweise widerlegt wird.

29 Insbesondere Urteil des BGH, 17.12.1998 – 1 StR 156/98. Ausführlich dazu: Praxis der Rechtspsychologie (1999), 9, (Sonderheft).

Blick in die Zukunft

1 Krüger, H. & Zietz, K. (1933). Das Verifikationsproblem. Zeitschrift für angewandte Psychologie, 45, 21–53.
2 Andrews, D. A. & Bonta, J. (1995). LSI-R: The Level of Service Inventory-Revised. Toronto: Multi-Health Systems.
Dahle, K.-P., Harwardt, F. & Schneider-Njepel, V. (2012) LSI-R. Inventar zur Einschätzung des Rückfallrisikos und des Betreuungs- und Behandlungsbedarfs von Straftätern. Deutsche Version des Level of Service Inventory-Revised nach Don Andrews und James Bonta. Göttingen u. a.: Hogrefe.

Täterbehandlung ist kein Allheilmittel

1 So z. B. in § 2 des Hessischen Gesetzes über den Vollzug der Freiheitsstrafe und der Sicherungsverwahrung (HStVollzG).
2 Bonta, J., & Andrews, D. A. (2007). Risk-need-responsivity model for offender assessment and rehabilitation. Rehabilitation, 6. Download: https://cpoc.memberclicks.net/assets/Realignment/risk_need_2007-06_e.pdf
3 Steinhilper, M. (2008). Naikan im Strafvollzug Veränderung durch Selbsterkenntnis und Selbstverantwortung. In: F. Dünkel, K. Drenkhahn & C. Morgenstern (Hrsg.), Humanisierung des Strafvollzugs – Konzepte und Praxismodelle (S. 147–153). Mönchengladbach: Forum Verlag Godesberg.

Schuld und Strafe

1 Die Vorstellung, dass menschliches Handeln nicht durch kausale Faktoren (mit)bestimmt, sondern lediglich durch einen freien Willen gesteuert wird.
2 So definierte das Reichsstrafgesetzbuch von 1871 den Beginn der Strafmündigkeit mit der Vollendung des 12. Lebensjahrs (§ 55 RStGB).
3 § 3 JGG, Satz 1: Ein Jugendlicher ist strafrechtlich verantwortlich, wenn er zur Zeit der Tat nach seiner sittlichen und geistigen Entwicklung reif genug ist, das Unrecht der Tat einzusehen und nach dieser Einsicht zu handeln.
4 Die derzeit gültige Fassung trat am 1. Januar 1975 in Kraft und sollte zumindest sprachlich dringend reformiert werden.

5   § 21 Verminderte Schuldfähigkeit: Ist die Fähigkeit des Täters, das Unrecht der Tat einzusehen oder nach dieser Einsicht zu handeln, aus einem der in § 20 bezeichneten Gründe bei Begehung der Tat erheblich vermindert, so kann die Strafe nach § 49 Abs. 1 gemildert werden.

6   Selbstverständlich ist eine lebenslange Unterbringung in einem psychiatrischen Krankenhaus nicht die Regel, sondern eine relativ seltene Ausnahme. Das Gesetz schreibt vor, dass die Voraussetzungen zur weiteren Vollstreckung einer solchen Maßregel mindestens einmal pro Jahr zu überprüfen sind (§ 67e StGB). Gleichwohl ist eine generelle Höchstfrist der psychiatrischen Unterbringung nicht vorgesehen.

7   So in Hessen: § 13 Abs. 8 HStVollzG.

8   Rosenhan, D. L. (1973). On Being Sane in Insane Places. Science, Vol. 179, No. 4070, P. 250–258.

9   Das Hören von Stimmen in dialogischer oder kommentierender Form gilt in der Psychopathologie von Kurt Schneider (1887–1967) als »Symptom ersten Ranges« für Schizophrenie.

10 Heute: »bipolare affektive Störung«.

11 Das ist sicher richtig, doch der Vergleich hinkt. Blut ist etwas Reales, aber eine Stimme, die angeblich »hohl« sagt? Und niemand, der in einer Notaufnahme Blut ausspuckt, ansonsten aber keine Symptome zeigt, würde danach 52 Tage lang stationär festgehalten werden.

12 In der mathematischen Statistik unterscheidet man zwischen einem Fehler 1. Art oder Alpha-Fehler bei irrtümlich falscher Zuschreibung (etwa einer Krankheit) und einem Fehler 2. Art oder Beta-Fehler bei einer falsch-negativen Entscheidung.

13 Spitzer, R. L. (1975). On Pseudoscience in Science, Logic in Remission, and Psychiatric Diagnosis: A Critique of Rosenhan's »On Being Sane in Insane Places«. Journal of Abnormal Psychology, Vol. 84 (5), 442–452.

14 Dieses »Diagnostic and Statistical Manual of Mental Disorders« wurde inzwischen in der fünften Version veröffentlicht (DSM-V), die seit Ende 2014 auch in deutscher Übersetzung vorliegt.

15 Die aktuell gültige Ausgabe des ICD (International Statistical Classification of Diseases and Related Health Problems, deutsch: Internationale statistische Klassifikation der Krankheiten und verwandter Gesundheitsprobleme) hat die Versionsnummer 10. An einer Version 11 wird bereits gearbeitet, sie soll 2017 erscheinen.

16 Slater, L. (2010). Von Menschen und Ratten. Die berühmten Experimente der Psychologie. Weinheim und Basel: Beltz. (englisches Original: 2004).

17 Auf der Website des »Deutschen Forensik-Bundes e. V.« (www.forensikbund.de), der sich für die Unterstützung von forensisch-psychiatrischen

Patienten und deren Bezugspersonen einsetzt, finden sich dazu interessante Beispiele und Erfahrungsberichte.

18 Über einen ähnlich folgenschweren Fall berichtete auch der SPIEGEL 16/2015, S. 44–46.

19 Buzmann, S. (2012). Schockgefroren: Wie ich 86 Tage in der Gewalt meines Peinigers überlebte. Köln: Lübbe.

20 Eine Schizophrenie in Verbindung mit geistiger Behinderung.

21 Beförderungserschleichung gemäß § 265a StGB.

Wege und Irrwege

1 Für weitere Informationen und Links siehe die Website der Fachgruppe Rechtspsychologie in der Deutschen Gesellschaft für Psychologie (DGPs): http://www.dgps.de/fachgruppen/rechts/ sowie die Website der Sektion Rechtspsychologie im Berufsverband Deutscher Psychologinnen und Psychologen (BDP): http://www.bdp-rechtspsychologie.de/

2 http://www.rechtspsychologie-bdp.de/fachpsychologen/

3 http://www.dgppn.de/karriere/zertifizierungen/zertifikatforensik.html

4 http://www.dgppn.de/dgppn/struktur/referate.'forensik.html

5 Boetticher, A., Nedopil, N., Bosinski, H. A.G., Saß, H. (2005). Mindestanforderungen für Schuldfähigkeitsgutachten. Neue Zeitschrift für Strafrecht, 25, 57–62.

6 Boetticher, A., Kröber, H., Müller-Isberner, R., Böhm, K. M., Müller-Metz, R. & Wolf, T. (2006). Mindestanforderungen für Prognosegutachten. Neue Zeitschrift für Strafrecht, 26, 537–544.

7 http://www.bdp-verband.org/bdp/verband/ethik.shtml

8 Durch diesen Eid, der allerdings nur selten verlangt wird, soll ein Sachverständiger bestätigen, dass er »das Gutachten unparteiisch und nach bestem Wissen und Gewissen erstattet« hat.

9 http://www.sueddeutsche.de/medien/medierfall-kachelmann-schuldig-anne-wills-fernsehgericht-tagt-1.982200

10 http://de.wikipedia.org/wiki/Kachelmann-Prozess

11 Siehe: SPIEGEL 9/2015, S. 44-45.

12 SZ, 09.03.2015, S. 3. Für das vollständige Urteil siehe: http://www.rechtsprechung.saarland.de/cgi-bin/laender_rechtsprechung/sl_frameset.py

13 Dazu deutlich: BGH-Beschluss vom 25.05.2011, Az. 2 StR 585/10.

14 http://www.deutsche-richterakademie.de

Register